T0279702

EL ARTE DE LO IMPOSIBLE

STEVEN KOTLER

EL ARTE DE LO IMPOSIBLE

Cómo alcanzar tu máximo rendimiento y llegar
más lejos de lo que nunca habías imaginado

URANO
Argentina – Chile – Colombia – España
Estados Unidos – México – Perú – Uruguay

Para mi madre y mi padre

Desde niño, sueñas con lo que puedes lograr. En cuanto te acercas a ese sueño, aparece otro. Siempre deseas seguir aprendiendo, seguir evolucionando. Esta es la meta. La puedes alcanzar con la punta de los dedos. Y entonces te das cuenta de que esa no es realmente la meta. Lo imposible está un poco más lejos, así que vas hasta allí y la acaricias de nuevo. Si haces esto durante mucho tiempo, te acostumbras.

MILLAS DAISHER

Índice

Tercera parte
Creatividad

Cuarta parte
Flow

Introducción

Una fórmula para lo imposible

INNOVACIÓN EXTREMA

Este es un libro sobre lo que se necesita para conseguir lo imposible. Realmente, es un libro práctico para gente poco práctica. Está diseñado específicamente para aquellos de nosotros con estándares completamente irracionales para nuestro propio rendimiento y expectativas totalmente irrazonables para nuestras vidas.

Las definiciones son útiles.

Imposible, tal y como utilizo la palabra aquí, es un tipo de innovación extrema. Los que abordan lo imposible no sólo innovan en la materia, sino también en la mente. Como categoría, lo imposible es todo aquello que nunca se ha hecho antes y que, según la mayoría, nunca se hará. Son las hazañas que superan tanto nuestras capacidades como nuestra imaginación. Están más allá de nuestros sueños más salvajes en el sentido más literal. Avances que cambian el paradigma. Kilómetros en cuatro minutos. Encestar en el último segundo. Llamamos a esta categoría capital *I*, de Imposible.

Pero también hay una *i* minúscula de imposible. Se aplican las mismas reglas, ya que siguen siendo las cosas que están más allá de nuestras capacidades y nuestra imaginación, sólo que a una escala diferente. Los imposibles con i *minúscula* son aquellas cosas que creemos que son imposibles para nosotros. Son las hazañas que nadie, ni siquiera nosotros mismos, al menos durante un tiempo, imaginó que seríamos capaces de realizar.

Al crecer en Cleveland, Ohio, mi deseo de convertirme en escritor era una *i* minúscula de imposible. Aparte de poner la pluma sobre el papel a diario, no tenía ni idea de cómo proceder. No conocía a ningún escritor. No conocía a nadie que quisiera ser escritor. No había un camino discernible de A a B. No había Internet, pocos libros, nadie a quien preguntar. Aquel era mi propio imposible.

En este sentido, averiguar cómo cobrar por hacer lo que te gusta es otra *i* minúscula imposible. También lo es salir de la pobreza, superar un trauma profundo, convertirse en empresario, llegar a director general, artista, músico, comediante o atleta de éxito, o, en general, ser un experto en lo que haces. ¿Cuál es el hilo conductor de estos logros? No hay un camino claro entre los puntos y, estadísticamente, hay muy pocas probabilidades de éxito.

Sin embargo, no hay ningún secreto. Después de décadas investigando este tema y entrenando a personas para que superen esas probabilidades, he aprendido repetidamente la misma lección: si dedicas tu vida a lograr imposibles de bajo nivel, a veces, en el camino, puedes terminar logrando un imposible de alto nivel.

Así que, aunque este es un libro basado en las lecciones aprendidas de personas que han logrado la *I* mayúscula de Imposible, está destinado a ser utilizado por cualquier persona interesada en lograr la *i* minúscula de imposible. Dicho esto, los imposibles con *i* minúscula puede que no sean para todo el mundo.

Hay una diferencia sustancial entre la superación personal y la persecución de lo imposible. Esto último puede ser bastante más peligroso y mucho menos divertido. Hasta donde yo sé, lo único más difícil que el trabajo emocional de perseguir la verdadera excelencia es el trabajo emocional de no perseguir la verdadera excelencia. Y, para ser claros, este no es un libro sobre la felicidad o la tristeza. Hay muchos otros libros que tratan esos temas, pero, para nuestro propósito, la felicidad o la tristeza son sólo lo que sucede en el camino para lograr lo imposible o no lograr lo imposible. *Más importante* no suele significar *más agradable.*

Esto lo aprendí por las malas.

Llegué a la pregunta de qué se necesita para conseguir lo imposible por la vía del periodismo. Me hice periodista a principios de la década de 1990. En aquella época, los deportes de acción y aventura —esquí, surf, snowboard, paracaidismo, escalada y otros similares— estaban empezando a captar la atención del público. Los X Games* estaban en marcha, los Gravity Games** también. Y los medios de comunicación empezaban a interesarse por estos temas.

Pero, por aquel entonces, no había muchos periodistas que supieran mucho de estos deportes. Esto significaba que, si sabías escribir y hacer surf, o escribir y esquiar, o escribir y escalar, había trabajo. Ciertamente, yo no sabía hacer ninguna de esas cosas muy bien, pero me atraían esos deportes y estaba desesperado por conseguir trabajo. Así que mentí a mis editores y tuve la suerte de pasar la mayor parte de los siguientes diez años persiguiendo a atletas profesionales por las montañas y cruzando océanos.

Resulta que, si no eres un atleta profesional y te pasas todo el tiempo persiguiendo a atletas profesionales por montañas y cruzando océanos, vas a romperte cosas. Yo me rompí muchas. Dos pulgares destrozados, dos clavículas rotas, tres manguitos rotatorios desgarrados, cuatro costillas rotas, los dos brazos, la muñeca en seis trozos, ambas rótulas, sesenta y cinco fracturas en las piernas, el coxis, el ego.

---

* Evento anual de deportes extremos organizado, producido y transmitido por el grupo mediático de deportes de los Estados Unidos ESPN y Star+. Reúne a profesionales de diversas disciplinas de todo el mundo.

** Competición multideportiva que se originó en Providence, Rhode Island, dividida en ediciones de invierno y verano. Contaba con diversos deportes extremos como el patinaje en línea agresivo, el monopatín, el motocross de estilo libre, el estilo libre de BMX y el snowboard.

Como he dicho, perseguir lo imposible tiene un coste.

Pero, ¿en qué se tradujo todo este quebranto en el mundo real? Lo que pasó: salía, hacía esto o lo otro, y luego me veía obligado a quedarme en el sofá durante unos meses. Pero, cuando volvía, el progreso que veía era impresionante. Era increíble. Y no tenía ningún sentido.

Las hazañas que, tres meses antes, se consideraban absolutamente imposibles —nunca se habían logrado, nunca iban a hacerlo— no sólo se alcanzaban, sino que se repetían. «Era una locura», explica la leyenda del snowboard Jeremy Jones.[1] «Cosas que eran imposibles por la mañana eran posibles por la tarde. Literalmente. Las reglas que se cumplían al pie de la letra, reglas que habían estado en vigor desde el principio de los deportes [de aventura], reglas como no hagas esto porque morirás, cambiaban a diario, a veces cada hora.»

El surf, por ejemplo, es una actividad antigua, que se remonta a más de mil años. Durante la mayor parte de ese tiempo, el progreso fue excepcionalmente lento. En el milenio que transcurrió entre el siglo IV d.C., cuando se inventó este deporte, y 1996, la mayor ola que se había surfeado era de siete metros.[2] Todo lo que superaba esa cifra se consideraba fuera del alcance de las posibilidades humanas. Muchos pensaban que las leyes de la física prohibían a los surfistas montar olas de más de siete metros.[3] Sin embargo, hoy en día, apenas dos décadas y media después, los surfistas montan habitualmente olas de dieciocho metros de altura y remolcan en olas de más de treinta metros de altura.[4]

Al principio de este libro, cuando describí lo imposible como una forma de *innovación extrema*, me refería exactamente a esto. Y cuando vi que el surf y casi todos los demás deportes de aventura estaban experimentando tanta innovación extrema, me llamó la atención, pero no sólo por las razones obvias.

Claro, estos atletas estaban logrando lo imposible y esto exigía una explicación. Pero, lo más importante: eran *estos atletas*.

A principios de la década de 1990, los atletas de deportes de acción y aventura eran un montón de macarras no demasiado agraciados por la naturaleza. Casi todos los que conocí procedían de entornos extremadamente difíciles. Muchos venían de hogares desestructurados. Tuvieron una infancia dura. Tenían muy poca educación. Casi no tenían dinero. Sin embargo, ahí estaban, con una asombrosa puntualidad, abriéndose camino a través de lo imposible y, en el proceso, redefiniendo los límites de nuestra especie.

«El periodismo», le gustaba decir a uno de mis antiguos editores, «es el mejor trabajo del mundo porque de vez en cuando te encuentras en la cama con la historia… y es bastante rara vista de cerca».

Esta fue una de esas veces.

Es casi imposible describir lo que se siente al salir con tus amigos, ya sabes, los que también salieron anoche, se tomaron once chupitos de tequila, se fumaron una onza de hierba, tomaron ácido, construyeron un salto de esquí gigante contra el lateral de un viejo autobús escolar aparcado en la parte trasera del aparcamiento de la zona de esquí, vertieron grandes cantidades de gasolina sobre el autobús, prendieron fuego a ese montón de chatarra, se pusieron los esquís y utilizaron la vieja camioneta Chevy de alguien para remolcarse mutuamente a través del parking helado y saltar a velocidades superiores a los ochenta kilómetros por hora para ganar los cinco dólares que alguien apostó por la persona que pudiera hacer el mejor salto mortal, porque, ya sabes, pagar el alquiler no es fácil en un pueblo de esquí.

Y, al día siguiente, esos mismos amigos se adentrarían en la montaña y harían algo que nunca en la historia registrada se había hecho y que nadie creía que se haría jamás. «Esto es mágico», escribió Thomas Pynchon.[5] «Bueno, pero no necesariamente fantástico.»

Necesitaba entender por qué estaba ocurriendo esto, cómo estaba ocurriendo, y —a ser posible sin autobuses escolares en llamas— si podía ocurrirme a mí o a ti. En otras palabras, estaba desesperado por encontrar la fórmula. También estaba bastante convencido de que había una fórmula. Y me sentía así porque, aunque estas hazañas eran alucinantes, no era la primera vez que mi mente alucinaba.

MI HERMANO PEQUEÑO NO ERA MÁGICO

La primera vez que vi lo imposible tenía nueve años. Era 1976, el año del bicentenario de la Independencia de Estados Unidos, y el proveedor de imposibles era mi hermano menor. Tenía siete años.

Era el final de la tarde. Mi hermano había llegado de casa de un amigo, saludó a mamá y sacó del bolsillo de sus vaqueros manchados de barro una pelota roja y brillante de esponja. Tenía unos dos centímetros de diámetro y el color de un camión de bomberos.

Sujetando la pelota con la punta de los dedos de la mano derecha, la colocó tranquilamente en la izquierda, cerró el puño en torno a ella y levantó el dedo índice para que todos lo viéramos. Alguien —quizás yo, quizás mamá— le pidió que soplara. Mamá hizo los honores. Y entonces mi hermano abrió los dedos e hizo que me explotara la cabeza. La pelota había desaparecido. Quiero decir, puf. Había desaparecido.

Estaba bastante seguro de que mi hermano acababa de conseguir lo imposible.

Ahora, por supuesto, para la mayoría, una bola de esponja que se desvanece no es un truco tan limpio. Pero yo tenía nueve años y nunca había visto un truco de magia. En aquellas condiciones, «ahora lo ves, ahora no» era una experiencia realmente desconcertante.

Desconcertante en dos frentes.

Primero, lo obvio: la maldita pelota había desaparecido. En segundo lugar, lo menos obvio: mi hermano pequeño no era mágico.

De eso estaba seguro. En nuestros siete años de convivencia, nada de lo que había hecho desafiaba las leyes de la física. No había habido levitaciones accidentales y, cuando desapareció la taza de café favorita de papá, nadie acusó a mi hermano de teletransportarla a otras dimensiones. Así que, aunque había logrado lo imposible, si mi hermano no era mágico, tenía que haber una explicación. Tal vez un conjunto de habilidades. Tal vez un proceso.

Fue una constatación sorprendente. Significaba que era imposible tener una fórmula. Y más que cualquier cosa que hubiera deseado, quería conocer esa fórmula. Lo que explica en gran medida lo que sucedió después...

Empecé a estudiar prestidigitación. Trucos de cartas, de monedas, incluso esas malditas pelotas de esponja. A los once años, prácticamente vivía en la Caja de Pandora, la tienda de magia local. Y vi muchos imposibles en la Caja de Pandora.

En los años setenta, la magia estaba en pleno apogeo. Los mejores magos solían salir de gira y, por razones que escapan a mi comprensión, paraban en Cleveland, Ohio, que es donde ocurrió todo esto. Era un ridículo golpe de suerte. Significaba que, tarde o temprano, todos los que eran alguien en ese mundo llegaban a mi mundo. Como resultado, pude ver lo imposible, de cerca y todo el tiempo.

La principal lección de aquellos años fue que, por muy alucinantemente improbable que pareciera un truco, siempre había una lógica comprensible en el fondo. Lo imposible siempre tenía una fórmula y, lo más extraño, si me esforzaba, a veces podía descubrir esa fórmula. Como le gustaba decir a uno de mis primeros maestros de magia: «Muy pocas cosas son imposibles con diez años de práctica».

A este mismo mentor le gustaba señalar que la historia está plagada de imposibles. Nuestro pasado es un cementerio de ideas que han construido nuestro mundo. El sueño de volar es muy antiguo. Hemos tardado cinco mil años en pasar del primer dibujo de un humano alado en una cueva a que los hermanos Wright inscribieran su despegue en Kitty Hawk en los libros de récords, pero no nos hemos detenido ahí. Después vinieron los vuelos transatlánticos, los vuelos espaciales y el primer alunizaje. En todos los casos, lo imposible se hizo posible porque alguien descubrió la fórmula. «Claro», decía mi mentor, «si no conoces la fórmula, parece magia. Pero ahora sabes lo que pasa».

De un modo u otro, estas ideas nunca me abandonaron.

Por eso, cuando los deportistas de acción empezaron a realizar hazañas imposibles con frecuencia, supuse que había una fórmula. También supuse que se podía aprender. Por supuesto, pagué esta suposición con huesos rotos y facturas de hospital. De hecho, mucho antes de descubrir cómo estaban logrando lo imposible, llegué a la conclusión de que si no dejaba de perseguir a estos atletas mientras intentaba descubrir cómo estaban logrando lo imposible, no iba a vivir mucho tiempo.

Así que llevé mi obsesión por esta cuestión a otros ámbitos. En casi todos los ámbitos imaginables, las artes, las ciencias, la tecnología, la cultura, los negocios, fui a la caza de la fórmula. ¿Qué hace falta para que los individuos, las organizaciones e incluso las instituciones suban de nivel de forma significativa? ¿Qué se necesita para lograr un cambio de paradigma? Y, en pocas palabras, si podemos dejar de lado la hipérbole y desentrañar el sentido práctico, ¿qué se necesita para lograr lo imposible? Las respuestas que he descubierto han sido la base de la mayoría de mis libros. *Tomorrowland* fue el resultado de una investigación de dos décadas sobre aquellos inconformistas innovadores que convirtieron las ideas de la ciencia ficción en tecnología de base científica y lograron lo imposible: soñaron el futuro.[6] En *Bold*, examiné a emprendedores advenedizos como Elon Musk, Larry Page, Jeff Bezos y Richard Branson, personas que crearon imperios empresariales imposibles en tiempos casi récord, y a menudo en ámbitos en los que nadie creía que se pudiera siquiera iniciar un negocio.[7] *Abundancia* trataba de individuos y pequeños grupos que abordan y resuelven retos mundiales imposibles como la pobreza, el hambre y la escasez de agua, retos tan grandes que apenas hace una década eran competencia exclusiva de las grandes empresas y los grandes gobiernos.[8] Y así sucesivamente.

¿Qué aprendí con todo este trabajo? La misma lección que aprendí haciendo magia. Cuando lo imposible se hace posible, siempre hay una fórmula.

De nuevo, voy a servirme de definiciones.

Utilizo el término *fórmula* del mismo modo que los informáticos hablan de *algoritmos*, como una secuencia de pasos que cualquiera puede reproducir para obtener resultados consistentes. Y aunque el resto de este libro está dedicado a explicar esta fórmula, hay un par de preguntas clave que vale la pena responder por adelantado.

ESCALAS DE BIOLOGÍA

¿Por qué hay una fórmula para lo imposible? Esta es la primera cuestión que debemos abordar.

La biología es la respuesta.

Como seres humanos, todos hemos sido moldeados por eones de evolución. Como resultado, compartimos la misma maquinaria básica. En el Flow Research Collective estudiamos la neurobiología del máximo rendimiento humano. La neurobiología estudia la estructura y el funcionamiento del sistema nervioso, es decir, las partes del sistema nervioso, incluido el cerebro, cómo funcionan esas partes y cómo trabajan juntas.[9] En otras palabras, estudiamos el sistema nervioso humano cuando alcanza su mejor momento. Después, tomamos lo que hemos aprendido y lo utilizamos para entrenar a una gran variedad de personas, desde miembros de las fuerzas especiales de EE. UU. hasta ejecutivos de empresas de la lista Fortune 100 y gente del público en general. Sin embargo, como nuestros entrenamientos se basan en la neurobiología, funcionan para todo el mundo. Dicho de otro modo, en el colectivo tenemos un dicho: «La personalidad no escala. La biología, sí». Lo que queremos decir es que, en el campo del máximo rendimiento, con demasiada frecuencia, alguien descubre lo que le funciona y entonces asume que funcionará para otros. Pero en realidad esto ocurre muy pocas veces.

Lo más frecuente es que el tiro salga por la culata.

El problema es que la personalidad es extremadamente individual. Los rasgos que desempeñan un papel fundamental en el máximo rendimiento (como la tolerancia al riesgo o el lugar que ocupa el individuo en la escala de introversión a extroversión) están codificados genéticamente, son neurobiológicos y son difíciles de cambiar. Si a esto le añadimos todas las posibles influencias ambientales que se derivan de las variaciones en el entorno cultural, los medios económicos y el estatus social, el problema se agrava. Por todas estas razones, lo que funciona para mí seguramente no funcionará para ti.

La personalidad no tiene escala.

La biología, en cambio, escala. La evolución la ha diseñado para que funcione para todos. Y esto nos dice algo importante acerca de la decodificación de lo imposible: si podemos ir por debajo del nivel de personalidad, por debajo de la psicología retorcida y a menudo subjetiva del máximo rendimiento, y decodificar la neurobiología fundamental, entonces podemos sacar a la luz el mecanismo. Un mecanismo biológico básico. Diseñado por la evolución, presente en la mayoría de los mamíferos y en todos los seres humanos.

Y esto nos lleva a la siguiente pregunta: ¿Cuál es la fórmula biológica para lo imposible?

La respuesta es el *flow*.

El *flow* se define como «un estado óptimo de conciencia en el que nos sentimos lo mejor posible y rendimos al máximo»[10]. Es el estado creado por la evolución que favorece el máximo rendimiento. Por eso, en todos los ámbitos, siempre que lo imposible se hace posible, el *flow* desempeña un papel estelar. La neurobiología del *flow* es el mecanismo que subyace al arte de lo imposible. Por supuesto, describir el *flow* como un «estado óptimo de conciencia» no nos lleva muy lejos. Más concretamente, el término se refiere a esos momentos de atención extasiada y de absorción total en los que uno se concentra tanto en la tarea que tiene entre manos que todo lo demás desaparece. La acción y la conciencia se funden. El sentido del yo se desvanece. El tiempo pasa de forma extraña. Y el rendimiento se dispara.

El impacto del *flow* en nuestras capacidades físicas y mentales es considerable.[11] En el aspecto físico, la fuerza, la resistencia y el tiempo de reacción muscular aumentan significativamente, mientras que la sensación de dolor, de esfuerzo y agotamiento disminuyen significativamente.

Sin embargo, los mayores impactos son cognitivos. La motivación y la productividad, la creatividad y la innovación, el aprendizaje y la memoria, la empatía y el entorno.

La conciencia mental, la cooperación y la colaboración se disparan, en algunos estudios hasta un 500 % por encima de la línea base.

Y esto nos lleva a nuestra última pregunta: ¿Por qué la evolución creó un estado de conciencia que aumenta todas estas habilidades?

La evolución dio forma al cerebro para permitir la supervivencia. Pero la propia evolución se ve impulsada por la disponibilidad de recursos. La escasez de recursos es siempre la mayor amenaza para nuestra supervivencia, por lo que es el mayor motor de la evolución. Y sólo hay dos respuestas posibles a esta amenaza. Se puede luchar por los recursos que disminuyen, o se puede ir a explorar, ser creativo, innovador y cooperativo, y crear nuevos recursos.

Esto es lo que explica que el *flow* amplifique nuestras habilidades. Esta gran variedad resulta ser todo lo que necesitas para luchar, huir, explorar o innovar. Y como lo imposible es una forma de innovación extrema, esto explica que el *flow* esté siempre presente cuando lo imposible se hace posible. Es tautológico. El *flow* es a la innovación extrema lo que el oxígeno es a la respiración: es la biología del alto rendimiento.

Sin embargo, esta es una historia que ya describí en otro lugar.

Y aunque esta base ampliará sin duda aquella investigación, mi principal objetivo es desgranar una idea igualmente crucial: cuando se trata de abordar lo imposible, el *flow* es necesario pero no suficiente.

Conseguir lo imposible —o, para el caso, subir significativamente tu rendimiento— por supuesto requiere *flow*, pero también requiere entrenar muchas de las habilidades que el *flow* aumenta: motivación, aprendizaje y creatividad. Esto puede parecer confuso, incluso contradictorio, pero el camino hacia lo imposible es largo, y habrá largos tramos que tendremos que recorrer sin *flow*. Es más, para manejar la amplificación masiva que proporciona el estado de *flow*, necesitamos una base excepcionalmente estable. Si un coche choca contra un muro a quince kilómetros por hora, se abolla el guardabarros. Si choca contra ese mismo muro a 160 kilómetros por hora, se abollará mucho más que el guardabarros. Lo mismo ocurre con el *flow*.

Por estas y otras razones, vamos a dedicar el resto de este libro a explorar un cuarteto de habilidades cognitivas: *motivación*, *aprendizaje*, *creatividad* y flow. Llegaremos a comprender por qué estas habilidades son tan cruciales para el máximo rendimiento. Veremos cómo funcionan en el cerebro y en el cuerpo. Y utilizaremos esta información para acelerar significativamente nuestro camino hacia lo imposible. Pero antes de hacer todo esto, vale la pena considerar estas mismas habilidades desde una perspectiva un poco más filosófica.

EL HÁBITO DE LA INFERIORIDAD

El filósofo James Carse utiliza los términos «juegos finitos» y «juegos infinitos» para describir las principales formas de vivir y jugar aquí en la Tierra.[12] Un juego finito es precisamente eso: finito. Tiene un número finito de opciones y jugadores, los ganadores y perdedores están claramente definidos y hay un conjunto de reglas establecidas. Son el ajedrez o las damas, sin duda, pero también la política, los deportes y la guerra.

Los juegos infinitos son lo contrario. No tienen ganadores ni perdedores claros, no hay un marco temporal establecido para el juego ni reglas fijas. En los juegos infinitos, el campo de juego es mutable, el número de participantes cambia constantemente y el único objetivo es seguir jugando. El arte, la ciencia y el amor son juegos infinitos. Y lo más importante: también lo es el máximo rendimiento.

El máximo rendimiento no es algo que se gana. No hay reglas fijas, ni plazos establecidos para la competición, y el campo de juego es tan grande o tan pequeño como tú decidas vivir tu vida. Sin embargo, el máximo rendimiento es un juego infinito, pero no del todo.

El máximo rendimiento es un tipo inusual de juego infinito. Puede que no se pueda ganar, pero sí se puede perder. El brillante psicólogo de Harvard William James lo explicó así: «El individuo humano vive normalmente muy dentro de sus límites; posee diversos poderes que habitualmente no utiliza. Se energiza por debajo de su máximo, y se comporta por debajo de su óptimo. En las facultades más elementales, la coordinación, el poder de inhibición y el control, en todos los aspectos concebibles, su vida se contrae como el campo de visión de un sujeto histérico, pero con menos excusa, porque el pobre histérico está enfermo, mientras que, en el resto de nosotros, es sólo un hábito empedernido, el hábito de la inferioridad de nuestro ser, lo cual es malo».[13]

La idea de James es que la razón por la que no vivimos a la altura de nuestro potencial es que no tenemos el hábito de vivir a la altura de nuestro potencial. Hemos automatizado los procesos equivocados. Estamos jugando el juego equivocado. Y eso es malo.

James escribió esas palabras a finales del siglo XIX, en el primer libro de psicología para estudiantes que se publicó. La versión más moderna se debe al guionista Charlie Kaufman y las primeras líneas de la película de 2002 *Confesiones de una mente peligrosa*: «Cuando eres joven, tu potencial es infinito. Puedes hacer cualquier cosa, de verdad. Puedes ser Einstein. Puedes ser DiMaggio. Luego llegas a una edad en la que lo que podrías ser deja paso a lo que has sido. No fuiste Einstein. No fuiste nada. Ese es un mal momento».[14]

¿Qué sabemos con seguridad?

Tienes una oportunidad en esta vida, y vas a pasar un tercio de ella durmiendo. Entonces, ¿qué vas a hacer con los dos tercios restantes? Esa es la única pregunta que importa.

¿Significa esto que pierdes el juego infinito si no eres un físico que cambia de paradigma o un jugador de béisbol que rompe récords? No. Significa que pierdes por no intentar jugar a tope, por no intentar hacer lo imposible, sea lo que sea para ti.

Todos somos capaces de mucho más de lo que creemos. Esta es la principal lección que me ha enseñado toda una vida de máximo rendimiento. Cada uno de nosotros, aquí y ahora, tiene la posibilidad de ser extraordinario. Sin embargo, esta capacidad extraordinaria es una propiedad emergente, que sólo surge cuando nos forzamos hacia el límite de nuestras capacidades. Más allá de nuestra zona de confort es donde descubrimos quiénes somos y qué podemos ser. En otras palabras, la única forma real de descubrir si eres capaz de conseguir lo imposible —sea lo que sea para ti— es intentar conseguir lo imposible.

Esta es otra razón por la que el máximo rendimiento es un juego infinito. Pero también es la razón por la que el cuarteto de habilidades que constituye el núcleo de este libro es tan importante. La *motivación* es lo que te hace entrar en este juego; el *aprendizaje* es lo que te ayuda a seguir jugando; *la creatividad* es la forma de dirigirlo; y *el flow* es la forma de impulsar los resultados más allá de todas las normas racionales y expectativas razonables. Ese, amigos míos, es el verdadero arte de lo imposible.

Bienvenidos al juego infinito.

Primera parte

La motivación

Si esta vida no es una verdadera guerra, en la que vencer significa ganar algo eternamente para el universo, no es mejor que una obra de teatro privada de la que uno puede retirarse a voluntad. Pero la sentimos como una verdadera lucha, como si hubiera algo realmente salvaje en el universo que nosotros… debemos redimir.

WILLIAM JAMES [1]

1

La motivación, explicada

La premisa central de este libro es que lo imposible tiene una fórmula. Cada vez que vemos que lo imposible se convierte en posible, estamos asistiendo al resultado final de un cuarteto de habilidades —motivación, aprendizaje, creatividad y *flow*— aplicadas de forma experta y aumentadas de forma significativa.

El objetivo de este libro es utilizar la ciencia para descifrar estas habilidades. Queremos llegar a los mecanismos biológicos básicos que hacen que cada una de ellas funcione, y luego utilizar lo que aprendamos para hacer que funcionen mejor, que es realmente lo que quiero decir con hacer que nuestra biología trabaje *para* nosotros en lugar de *contra* nosotros. En la práctica, vamos a trabajar a través de cuatro secciones principales, explorando sucesivamente la motivación, el aprendizaje, la creatividad y el *flow*. En cada sección, voy a desglosar lo que la ciencia puede decirnos sobre cómo funcionan estas habilidades en el cerebro y el cuerpo, y luego, mediante una serie de ejercicios, te enseñaré las mejores formas de aplicar esta información en tu propia vida.

Empezaremos por la motivación, que es lo que nos hace emprender el camino del máximo rendimiento. Sin embargo, la motivación, tal y como la utilizan los psicólogos, es en realidad un cajón de sastre que engloba tres subconjuntos de habilidades: el impulso, el valor y los objetivos.

El impulso, que es el tema de los dos capítulos siguientes, se refiere a poderosos motivadores emocionales como la curiosidad, la pasión y el propósito. Son sentimientos que *impulsan* el comportamiento de forma automática.[1] Este es el gran problema. Cuando la mayoría de la gente piensa en la motivación, en realidad está pensando en la persistencia, es decir, en lo que necesitamos para seguir adelante una vez que nuestro impulso nos ha abandonado. Pensemos en el impulso más sencillo: la curiosidad. Cuando sentimos curiosidad por un tema, hacer el esfuerzo de aprender más sobre ese tema no nos parece un trabajo duro. Requiere empeño, sin duda, pero se *siente* como un juego. Y cuando el trabajo se convierte en un juego, es una forma de saber con certeza que estás jugando el juego infinito.

Los objetivos, el tema del capítulo 4, consisten en saber exactamente a dónde queremos llegar. Por una serie de razones neurobiológicas que se analizarán más adelante, cuando sabemos a dónde queremos llegar, lo hacemos mucho más rápido. Como el camino hacia lo imposible es largo por definición, necesitaremos este impulso de aceleración para lograr nuestra misión.

El valor, el tema del capítulo 5, es lo que la mayoría de la gente piensa cuando se habla de motivación. Es la persistencia, la determinación y la fortaleza, es decir, la capacidad de continuar con el viaje sin importar las dificultades que se presenten.

Pero nos estamos adelantando.

Por ahora, nuestra búsqueda comienza con el *impulso*. Y la razón es sencilla: realmente no hay otra opción.

LA PSICOLOGÍA DEL IMPULSO

Perseguir lo imposible exige profundizar a diario. Lao-tse no se equivocaba: un viaje de mil millas comienza con un primer paso.[2] Pero sigue siendo un viaje de mil millas. Cuesta arriba, en la oscuridad, en ambos sentidos.

Dado que lo imposible es siempre un camino arduo, los artistas de élite nunca dependen de una única fuente de combustible para mantenerse en el camino. Y esto es válido tanto para el combustible físico como para el psicológico.

En el aspecto físico, aunque no es el objetivo de este libro, los deportistas de élite siempre intentan dormir y hacer ejercicio lo suficiente y mantener una hidratación y nutrición adecuadas. Ellos «almacenan» —es decir, cultivan, amplifican y equilibran— los requisitos fundamentales para producir energía física.

Igualmente crucial es que los artistas de élite almacenen fuentes de combustible psicológico. Cultivan y equilibran impulsores como la curiosidad, la pasión y el propósito. Al almacenar estas fuentes de energía mental, garantizan el acceso a demanda a todos los combustibles emocionales más potentes de la vida.

¿Qué nos impulsa?

Una forma de pensar en esta cuestión es desde un punto de vista evolutivo. Sabemos que la escasez impulsa la evolución. Cualquier problema que se plantee en la búsqueda de recursos es un problema que la evolución nos ha llevado a resolver durante millones de años.

Piensa en la evolución como un videojuego con dos niveles principales. Para ganar en el primer nivel, el jugador debe obtener más recursos —alimentos, agua, refugios, parejas, etc.— que los demás jugadores de la partida. En el segundo nivel, el jugador debe convertir esos recursos en hijos y ayudarles a sobrevivir, ya sea teniendo tantos que no haya forma de que los predadores puedan comérselos a todos (que es lo que hacen los peces), o manteniendo a esos niños a salvo y enseñándoles a obtener recursos por sí mismos (que es el método humano).

En ambos niveles, la adquisición de recursos es clave.

Como se ha dicho, sólo hay dos estrategias disponibles. O bien se lucha por recursos menguantes, o bien se es creativo y se obtienen más recursos. Por lo tanto, cuando hablamos del impulso desde una perspectiva evolutiva, de lo que realmente estamos hablando es de los combustibles psicológicos que dinamizan los comportamientos que mejor resuelven la escasez de recursos: luchar/huir y explorar/innovar.

El miedo es un motor psicológico porque nos impulsa a luchar por las fuentes de recursos, a huir y evitar convertirnos en recursos de otros, o a hacer las maletas con la familia y cruzar un océano en busca de, ya lo has adivinado, más recursos. La curiosidad es otro motor porque nos hace preguntarnos si habrá más recursos al otro lado del océano. La pasión nos impulsa a dominar las habilidades necesarias para navegar con éxito por ese océano. Los objetivos nos impulsan porque nos dicen qué recursos estamos tratando de encontrar al otro lado de ese océano y la razón por la que vamos a intentar encontrarlos.

Y esta lista continúa.

Para hacer las cosas más manejables, los científicos dividen nuestros impulsores psicológicos en dos categorías: *extrínsecos* e *intrínsecos*.[3] Los impulsores extrínsecos son recompensas externas que nos damos a nosotros mismos. Son cosas como el dinero, la fama y el sexo, y son definitivamente potentes. El dinero se traduce en comida, ropa y refugio, por lo que, para el cerebro, nuestro deseo de obtenerlo es como una necesidad básica de supervivencia. La fama puede parecer trivial, pero la gente famosa suele tener mucho más acceso a los recursos —alimentos, agua, refugio, parejas, etc.—, por lo que estamos programados para desearla. Y el sexo es la única forma que tiene el ser humano de ganar el juego de la supervivencia evolutiva, por eso el sexo vende y los bares están siempre llenos los viernes por la noche.

Los impulsores intrínsecos son lo contrario. Se trata de fuerzas psicológicas y emocionales como la *curiosidad*, la *pasión*, el *sentido* y el *propósito*. El placer del *dominio*, que es la sensación de un trabajo bien hecho, es otro ejemplo potente. La *autonomía*, el deseo de ser dueño de la propia vida, es otro ejemplo.

Durante la mayor parte del siglo pasado, los investigadores creían que los impulsores extrínsecos eran los más poderosos, pero esto ha cambiado en las últimas décadas, ya que ahora conocemos mejor los impulsores intrínsecos.

Lo que ahora sabemos es que hay una jerarquía de motivación en el trabajo. Los motores externos son fantásticos, pero sólo hasta que nos sentimos seguros y protegidos, es decir, hasta que tenemos suficiente dinero para pagar la comida, la ropa y la vivienda y nos quede un poco para divertirnos. En dólares estadounidenses y en la economía actual, la investigación muestra que esto se sitúa en torno a los 75.000 dólares al año.[4] Si se mide el nivel de felicidad de los estadounidenses, como descubrió el premio Nobel Daniel Kahneman, aumenta en proporción directa a los ingresos, pero sólo hasta que se ganan unos 75.000 dólares al año. A partir de ese momento, empiezan a divergir enormemente. La felicidad se desvincula de los ingresos porque, una vez que podemos satisfacer nuestras necesidades básicas, el atractivo de todas las cosas que se necesitan para satisfacerlas empieza a perder su brillo.

Cuando los impulsores extrínsecos empiezan a desaparecer, los impulsores intrínsecos toman el relevo. En los negocios, vemos cómo las empresas intentan motivar a sus empleados. Cuando los trabajadores ya se sienten justamente compensados por su tiempo —es decir, una vez que esa cifra empieza a superar los 75.000 dólares al año—, los grandes aumentos y las primas anuales no mejorarán su productividad ni su rendimiento. Una vez superada esa línea de necesidades básicas, los empleados quieren recompensas intrínsecas. Quieren tener el control de su propio tiempo (autonomía), quieren trabajar en proyectos que les interesen (curiosidad/pasión) y quieren trabajar en proyectos que importen (significado y propósito). De esta forma se manifiesta la evolución en el trabajo. No es que la evolución nos permita dejar de jugar al juego de «conseguir más recursos», sino que nuestra estrategia evoluciona. Una vez satisfechas las necesidades básicas, puedes dedicarte a conseguir, bueno, lo has adivinado, *más recursos en serio:* para ti, para tu familia, para tu tribu, para tu especie. Aunque algo como «sentido y propósito» pueda parecer un motor, en realidad es la forma que tiene la evolución de decir: *Bien, ya tienes suficientes recursos para ti y tu familia. Ahora es el momento de ayudar a tu tribu o a tu especie a conseguir más.* Esta es también la razón por la que, a nivel cerebral, realmente no hay mucha diferencia entre los impulsores. Sean impulsores intrínsecos o impulsores extrínsecos, no importa.

Al final, como muchas cosas de la vida, todo se reduce a la neuroquímica.

LA NEUROQUÍMICA DE LA RECOMPENSA

La motivación es un mensaje. Es el cerebro diciendo: *Oye, levántate del sofá, haz esta cosa, es superimportante para tu supervivencia.* Para enviar este mensaje, el cerebro se apoya en cuatro componentes básicos: la neuroquímica y la neuroelectricidad, que son los mensajes propiamente dichos, y la neuroanatomía y las redes, que son los lugares donde se envían y reciben esos mensajes.

Los mensajes en sí son básicos.[5] En el cerebro, las señales eléctricas sólo tienen un significado: haz más de lo que estás haciendo.

Si entra suficiente electricidad en una neurona, ésta se dispara y envía la electricidad a la siguiente neurona. Si se vierte suficiente electricidad en la siguiente neurona, ésta también se dispara. Es como el agua en el cubo en una noria. Si se vierte suficiente agua en un cubo, tarde o temprano se derrama en el siguiente cubo, y en el siguiente. Es así de mecánico.

Las señales químicas son igualmente sencillas, aunque pueden tener uno de dos significados: haz más de lo que estás haciendo o haz menos de lo que has estado haciendo.

Sin embargo, los neuroquímicos no son inteligentes. Cuando decimos que los neuroquímicos transmiten mensajes (hacer *más de esto* o *hacer menos de aquello*), *ellos mismos* son los mensajes. En el interior de las sinapsis, que es el pequeño espacio entre las neuronas donde los neuroquímicos hacen su trabajo, hay receptores. Cada receptor tiene una forma geométrica particular. Cada neuroquímico tiene una forma geométrica particular. O bien estas formas encajan (de modo que la gota redonda de neuroquímico encaja en el agujero redondo del receptor) o no lo hacen. Si la llave redonda del neuroquímico dopamina encaja dentro de la cerradura redonda de un receptor de dopamina, entonces el mensaje se envía.

La neuroanatomía y las redes, por su parte, son los lugares donde se envían y reciben esos mensajes, los lugares en los que algo sucede. [6]

La neuroanatomía describe estructuras cerebrales específicas: la ínsula o el córtex prefrontal medial. Pero, en el cerebro, las estructuras están diseñadas para realizar funciones específicas. El córtex prefrontal medial, por ejemplo, ayuda a la toma de decisiones y a la recuperación de recuerdos a largo plazo. [7] Por tanto, si un mensaje concreto de «haz más» llega al córtex prefrontal medial, el resultado es una toma de decisiones y una recuperación de la memoria a largo plazo más afinadas.

Las redes, por su parte, se refieren a las estructuras cerebrales que están conectadas entre sí mediante conexiones directas o estructuras que tienden a activarse al mismo tiempo. [8] Por ejemplo, la ínsula y el córtex prefrontal medial están conectados entre sí y suelen trabajar al mismo tiempo, lo que los convierte en importantes centros de la llamada «red por defecto».

Cuando el cerebro quiere motivarnos, envía un mensaje neuroquímico a través de una de las siete redes específicas. [9] Estas redes son dispositivos antiguos que se encuentran en todos los mamíferos, y que se corresponden con el comportamiento que están diseñados para producir. Hay un sistema para el *miedo*, otro para la *ira y el enfado*, y un tercero para el *dolor* o lo que se conoce técnicamente como «angustia por separación». El sistema de la *lujuria* nos impulsa a procrear; el sistema de *cuidado/crianza* nos impulsa a proteger y educar a nuestros niños. Sin embargo, cuando hablamos de impulso (la energía psicológica que nos empuja hacia adelante) nos referimos en realidad a los dos últimos sistemas: *juego/compromiso social* y *búsqueda/deseo*.

El sistema de *juego/compromiso social* tiene que ver con todas las cosas divertidas que hacíamos de niños: correr, saltar, perseguir, pelear y, por supuesto, socializar. Los científicos supusieron en su día que el objetivo del juego era la práctica. Practicamos la pelea hoy porque mañana podría haber una pelea real por la supervivencia. Ahora sabemos que el juego está diseñado principalmente para enseñarnos las reglas y la interacción social. Cuando estás jugando con tu hermano pequeño y mamá te grita: «No te metas con alguien más pequeño que tú», está dando en el clavo. El objetivo del juego es enseñarnos lecciones como «la fuerza no hace el bien». Es la forma que tiene la naturaleza de instruirnos en la moralidad.[10]

Y esa instrucción se produce automáticamente. Cuando jugamos, el cerebro libera dopamina y oxitocina, dos de nuestras «sustancias químicas de recompensa» más importantes. Son drogas del placer que nos hacen sentir bien cuando logramos, o intentamos lograr, cualquier cosa que satisfaga una necesidad básica de supervivencia.

La dopamina es la principal sustancia química de recompensa del cerebro, seguida de cerca por la oxitocina.[11] Sin embargo, la serotonina, las endorfinas, la norepinefrina y la anandamida también desempeñan su papel. La sensación placentera creada por cada una de estas sustancias químicas nos impulsa a actuar y, si esa acción tiene éxito, refuerza nuestro comportamiento en la memoria.

Además, los neuroquímicos están especializados. La dopamina está especializada en impulsar todas las manifestaciones del deseo, desde nuestros apetitos sexuales hasta nuestra búsqueda de conocimiento. Sentimos su presencia en forma de excitación, entusiasmo y deseo de dar sentido a una situación. Cuando tu teléfono suena y tienes curiosidad por comprobarlo, es la dopamina la que actúa. La necesidad de descifrar la teoría de los agujeros negros, el deseo de escalar el Everest, el deseo de poner a prueba tus límites... eso también es dopamina.

La norepinefrina es similar pero diferente. Es la versión cerebral de la adrenalina, a veces llamada noradrenalina. Este neuroquímico produce un enorme aumento de la energía y el estado de alerta, estimulando tanto la hiperactividad como la hipervigilancia. Cuando estás obsesionado con una idea, no puedes dejar de trabajar en un proyecto o no puedes dejar de pensar en la persona que acabas de conocer, la norepinefrina es la responsable.

La oxitocina produce confianza, amor y amistad.[12] Es el neuroquímico «social» que lo sustenta todo, desde la felicidad matrimonial a largo plazo hasta las empresas cooperativas que funcionan bien. Sentimos su presencia como alegría y amor. Promueve la confianza, sustenta la fidelidad y la empatía y aumenta la cooperación y la comunicación.

La serotonina es una sustancia química calmante y tranquila que proporciona una suave elevación del estado de ánimo.[13] Es esa sensación de satisfacción que aparece después de una buena comida o un gran orgasmo, y es parcialmente responsable de esas ganas de dormir la siesta después de la comida y el coito. También parece desempeñar un papel en la satisfacción y el contento, la sensación del trabajo bien hecho.

Las endorfinas y la anandamida, nuestras dos últimas sustancias químicas del placer, son productoras de felicidad suprimiendo el dolor. Ambas eliminan el estrés, sustituyendo el peso de la vida cotidiana por una sensación eufórica de felicidad relajada. Es esa sensación de «todo está bien en el mundo» que aparece durante experiencias como la euforia del corredor o cuando volvemos a tomar impulso.

Sin embargo, la neuroquímica de la recompensa no se limita a la forma en que funcionan los neuroquímicos individuales, ya que a menudo estamos motivados por combinaciones de neuroquímicos. La dopamina más la oxitocina es la mezcla que hay detrás del placer de jugar. La pasión (que lo incluye todo, desde la pasión de un artista por su oficio hasta la pasión del amor romántico) se basa en la combinación de norepinefrina y dopamina.[14]

El *flow* puede ser el mayor cóctel neuroquímico de todos. Este estado parece mezclar las seis sustancias químicas más importantes del cerebro y puede ser una de las pocas ocasiones en las que se obtienen las seis a la vez. Esta potente mezcla explica por qué la gente describe el *flow* como su «experiencia favorita», mientras que los psicólogos se refieren a él como «el código fuente de la motivación intrínseca».

El *sistema de búsqueda/deseo* es el segundo sistema que desempeña un papel importante en el impulso. A veces llamado «sistema de recompensa», es una red que ayuda a los animales a adquirir los recursos que necesitan para sobrevivir. «En su forma pura, [el sistema de búsqueda] provoca una exploración intensa y entusiasta y… una excitación anticipatoria [y] un aprendizaje», escribe Jaak Panksepp, el neurocientífico que descubrió estos siete sistemas.[15] «Cuando se activa por completo, el sistema de búsqueda llena la mente de interés y motiva a los organismos a buscar *sin esfuerzo* las cosas que necesitan»: las cursivas son mías.

He puesto «sin esfuerzo» en cursiva por una razón. Si conseguimos afinar el sistema correctamente, los resultados aparecen automáticamente. Piensa en la pasión.

Cuando sentimos pasión, no tenemos que esforzarnos para seguir haciendo la tarea. Gracias a la dopamina y la norepinefrina, esto sucede de forma automática.

Todos los días me despierto a las 4 de la mañana y me pongo a escribir. ¿Esto requiere determinación? De vez en cuando. Pero, la mayoría de las veces, la determinación se ocupa de sí misma, porque tengo curiosidad, pasión y propósito. Cuando me despierto, me entusiasma ver adónde me llevan las palabras. Incluso en esas noches de mierda en las que me despierto con pánico, me desquito escribiendo. La escritura es el lugar al que corro cuando necesito correr. Mi oficio es mi salvación. Y si hablas con alguien que haya perseguido lo imposible, escucharás una historia similar.

Pensemos en el difunto y gran esquiador y paracaidista Shane McConkey.[16] Tanto como cualquier otro atleta de la historia, McConkey amplió los límites de las posibilidades humanas, no sólo logrando lo imposible, sino haciéndolo una y otra vez. Y si se le pregunta a Mc-Conkey cómo lo ha conseguido, su respuesta suele hacer hincapié en la importancia del impulso intrínseco: «Hago lo que me gusta. Si haces lo que quieres hacer todo el tiempo, eres feliz. No vas a trabajar todos los días deseando hacer otra cosa. Me levanto y voy a trabajar todos los días y estoy contento. No me molesta».

El mismo impulso neuroquímico que ayudó a Shane McConkey a lograr lo imposible está disponible para todos nosotros. Es nuestra biología básica la que lo produce, el empuje de nuestros combustibles emocionales más importantes, hábilmente preparados para el máximo impulso.

LA RECETA DEL IMPULSO

En los próximos dos capítulos, vamos a aprender a *almacenar* (es decir, cultivar, ajustar, amplificar y desplegar) nuestros cinco impulsores intrínsecos más potentes: curiosidad, pasión, propósito (capítulo 2), autonomía y dominio (capítulo 3). Nos centramos en esta pila de cinco porque son nuestros motores más poderosos y porque están neurobiológicamente diseñados para trabajar juntos.

La curiosidad es el punto de partida, porque la biología está diseñada para ello.[17] Se trata de tener un interés básico por algo, respaldado neuroquímicamente por un poco de norepinefrina y dopamina. Y aunque la curiosidad por sí sola es un potente motor, también es un ingrediente fundamental de la pasión, que es un motor aún mayor. Así, aprenderemos a convertir ese destello de curiosidad en la llama de la pasión añadiendo mucho más combustible neuroquímico (norepinefrina y dopamina) a nuestro fuego intrínseco.

Luego vienen el sentido y el propósito, que requieren conectar nuestra pasión individual con una causa mucho más grande que nosotros mismos. Una vez que esto sucede, vemos que la oxitocina se añade a la ecuación y un aumento aún mayor de los aspectos básicos del rendimiento como la concentración, la productividad, la resiliencia y el fuego intrínseco arden mucho más. [18]

Por último, una vez que se tiene un objetivo, hay que añadir los dos principales impulsores intrínsecos: la autonomía y el dominio. Más concretamente, una vez que se tiene un propósito, el sistema exige autonomía, que es la libertad para perseguir ese propósito. A continuación, el sistema exige dominio, que es el deseo de mejorar continuamente las habilidades necesarias para perseguir ese propósito.

Como puedes ver, es un almacén de cosas bien escogidas. Pero si lo ordenas correctamente, la vida será emocionante, interesante, llena de posibilidades y de significado. Este aumento de la energía es una de las razones por las que perseguir lo imposible puede ser más fácil de lo que parece en un principio: si los impulsores intrínsecos están bien preparados, nuestra biología trabaja a nuestro favor en lugar de en nuestra contra. En resumen, el acto de perseguir lo imposible nos ayuda a perseguir lo imposible.

2

La receta de la pasión

A lo largo de este capítulo, vamos a empezar a almacenar impulsores intrínsecos, aprendiendo a cultivar la curiosidad, convertirla en pasión y transformar los resultados en propósito. No se trata de un proceso de un día para otro. Algunos pasos pueden llevar semanas; otros pueden durar meses. Tómate el tiempo necesario para hacerlo bien. No querrás estar dos años persiguiendo tu pasión para descubrir que en realidad sólo era una fase. Es mejor que ahora te tomes el tiempo necesario para definir los impulsores intrínsecos, porque dentro de dos años, si descubres que te has equivocado, te sentirás muy frustrado por tener que empezar de nuevo. En el máximo rendimiento, a veces hay que ir despacio para ir rápido. Esta es una de esas veces.

HAZ UNA LISTA

La forma más fácil de empezar a almacenar impulsores intrínsecos es haciendo una lista. Si puedes, escribe esta lista en un cuaderno en lugar de en un ordenador.

Existe una poderosa relación entre el movimiento de las manos y la memoria, lo que significa que, para el aprendizaje, el lápiz y el papel triunfan siempre sobre el ordenador portátil y el teclado.[1]

Empieza por anotar veinticinco cosas por las que sientas curiosidad. Y por curiosidad, lo único que quiero decir es que, si tuvieras un fin de semana libre, te interesaría leer un par de libros sobre el tema, asistir a algunas conferencias y, tal vez, mantener una o dos conversaciones con un experto.

A la hora de escribir esta lista, sé lo más específico posible. No te limites a interesarte por el fútbol, el punk rock o la comida. Estas categorías son demasiado vagas para ser útiles. En su lugar, siente curiosidad por la mecánica de bloqueo de pases necesaria para jugar de defensa izquierdo; la evolución del punk político desde Crass hasta Rise Against; o la posibilidad de que los saltamontes se conviertan en la principal fuente de alimentación humana en los próximos diez años. La especificidad proporciona al sistema de reconocimiento de patrones del cerebro la materia prima que necesita para establecer conexiones entre las ideas. Cuanto más detallada sea la información, mejor.

BÚSQUEDA DE INTERSECCIONES

Una vez completada la lista, busca los lugares en los que se cruzan estas veinticinco ideas. Tomemos el ejemplo anterior. Digamos que tanto los saltamontes como fuente de alimento como la técnica de jugar de lateral izquierdo están en tu lista. Pues bien, si te interesa la mecánica del bloqueo de pases, probablemente también te interesen los requisitos nutricionales necesarios para jugar de lateral izquierdo. Los insectos son excepcionalmente ricos en proteínas, ¿podrían ser un buen alimento para los futbolistas?

La cuestión es que la curiosidad, por sí sola, no es suficiente para crear una verdadera pasión. Simplemente no se produce suficiente neuroquímica para la motivación que requiere. En su lugar, debes buscar lugares donde se crucen tres o cuatro elementos de tu lista de curiosidades. Si puedes detectar la superposición entre múltiples elementos, bueno, vas por buen camino. Hay energía de verdad ahí.

Cuando se cruzan múltiples corrientes de curiosidad, no sólo se amplía el compromiso, sino que se crean las condiciones necesarias para el reconocimiento de patrones o la vinculación de nuevas ideas.[2] El reconocimiento de patrones es lo que hace el cerebro a un nivel muy básico. Es esencialmente el trabajo fundamental de la mayoría de las neuronas. Por ello, cada vez que reconocemos un patrón, el cerebro nos recompensa con un pequeño chorro de dopamina.

La dopamina, como todos los neuroquímicos, desempeña muchas funciones diferentes en el cerebro. Ya hemos hablado de un par de ellas en algunas secciones. Aquí queremos ampliar esta idea, centrándonos en las otras cuatro tareas que realiza la dopamina.

En primer lugar, la dopamina es una poderosa droga de concentración. Cuando está en nuestro sistema, la atención se centra en la tarea que tenemos entre manos. Nos sentimos excitados, comprometidos y más propensos a sentir el *flow*.

En segundo lugar, la dopamina ajusta la relación señal-ruido en el cerebro, lo que significa que el neuroquímico aumenta la señal, disminuye el ruido y, como resultado, nos ayuda a detectar más patrones. Hay un bucle de retroalimentación. Obtenemos dopamina cuando detectamos por primera vez un vínculo entre dos ideas (un patrón), y la dopamina que obtenemos nos ayuda a detectar aún más vínculos (reconocimiento de patrones). Si alguna vez has hecho un crucigrama o un sudoku, el pequeño subidón de placer que sientes cuando rellenas una respuesta correcta es dopamina. ¿La razón por la que tendemos a rellenar varias respuestas seguidas? Es la dopamina la que ajusta la relación señal-ruido y nos ayuda a detectar aún más patrones. Por eso las ideas creativas tienden a ser una espiral y una buena idea suele llevar a la siguiente, y a la siguiente, y a la siguiente.

En tercer lugar, la dopamina es una de las sustancias químicas de recompensa mencionadas anteriormente, una droga que produce el cerebro para impulsar el comportamiento.[3] La dopamina produce una sensación realmente agradable. La cocaína está considerada como la droga más adictiva del mundo, pero lo único que hace la cocaína es obligar al cerebro a liberar grandes cantidades de dopamina, para luego bloquear su recaptación.[4] Y el placer que produce esta sustancia química es la clave de la pasión. Cuanta más dopamina obtengas, más divertida y adictiva será la experiencia; cuanto más divertida y adictiva sea la experiencia, más ganas tendrás de repetirla.

Por último, la dopamina, como todos los neuroquímicos, amplifica la memoria.[5] Esto también es automático. Una forma rápida de resumir cómo funciona el aprendizaje en el cerebro: cuantos más neuroquímicos aparezcan durante una experiencia, más probable será que esa experiencia pase del almacenamiento a corto plazo al almacenamiento a largo plazo. La mejora de la memoria es otro papel clave que desempeñan los neuroquímicos: etiquetan las experiencias como «importante, guardar para más tarde».

Al apilar las motivaciones, es decir, superponer la curiosidad sobre la curiosidad, estamos aumentando el impulso pero no el esfuerzo. Esto es lo que ocurre cuando nuestra propia biología interna hace el trabajo pesado por nosotros. Trabajarás más, pero no notarás el esfuerzo. Además, como la dopamina proporciona una serie de beneficios cognitivos adicionales (mayor concentración, mejor aprendizaje, reconocimiento más rápido de patrones), también trabajarás de forma más inteligente. Estas son dos razones más por las que perseguir lo imposible podría ser un poco más fácil de lo que sospechabas.

JUGAR CON LAS INTERSECCIONES

Ahora que has identificado los puntos en los que se solapan las curiosidades, juega con esas intersecciones durante un tiempo. Dedica entre veinte y treinta minutos al día a escuchar podcasts, ver vídeos, leer artículos, libros, lo que sea, sobre cualquier aspecto de esa coincidencia. Si te interesa la gestión de la cadena de suministros en el sector sanitario y también sientes curiosidad por la inteligencia artificial, es el momento de explorar las ventajas y desventajas que la inteligencia artificial aporta a la gestión de la cadena de suministros en el sector sanitario.

O, volviendo a nuestro ejemplo anterior, si los insectos como fuente de proteínas y la mecánica de jugar de lateral izquierdo son tus puntos de partida, entonces es el momento de jugar en su intersección: ¿cuáles son los requisitos nutricionales para conseguir un alto rendimiento en los deportes de contacto? ¿Pueden los insectos satisfacer esos requisitos?

El objetivo es alimentar esas curiosidades poco a poco, y hacerlo a diario. Esta estrategia de crecimiento lento aprovecha el software de aprendizaje inherente en el cerebro.[6] Cuando se avanza en el conocimiento poco a poco, se da al inconsciente adaptativo la oportunidad de procesar esa información. En el estudio de la creatividad, este proceso se conoce como «incubación».[7] Lo que realmente ocurre es el reconocimiento de patrones. Automáticamente, el cerebro empieza a buscar conexiones entre la información más antigua que ya tienes aprendida y la más nueva que estás aprendiendo. Con el tiempo, esto se traduce en más patrones, más dopamina, más motivación y, finalmente, un poco de experiencia.[8]

Y es una experiencia que llega con menos esfuerzo.

Cuando jugamos con información por la que sentimos curiosidad, no obligamos al cerebro a hacer nuevos descubrimientos. No hay presión, lo cual es útil, ya que el exceso de estrés disminuye nuestra capacidad de aprendizaje.[9] En su lugar, vemos qué conexiones hace nuestro cerebro de forma natural, a través de la fase de incubación, y luego dejamos que nuestra biología haga el trabajo duro por nosotros. Dejamos que nuestro sistema de reconocimiento de patrones encuentre conexiones entre las curiosidades que aún hacen que sintamos mayor curiosidad, que es como se cultiva la pasión.

Sin embargo, para aumentar las posibilidades de establecer esas conexiones, presta atención a dos conjuntos de detalles: tanto la historia del tema como el lenguaje técnico utilizado para describirlo.

La historia es una narración. Cada tema es un viaje de la curiosidad. Alguien tenía una pregunta, alguien respondió a esa pregunta, y esto llevó a otra pregunta. Y a otra. Y a otra. Por suerte para nosotros, a nuestro cerebro le encanta la narrativa, que no es más que el reconocimiento de patrones a lo largo del tiempo.[10] Si prestas atención a los detalles históricos mientras juegas con un nuevo tema, tu cerebro unirá naturalmente estos detalles en una secuencia narrativa coherente a través de nuestra necesidad biológica de relacionar la causa con el efecto.[11] Es automático. También obtendrás un poco de dopamina en el camino, a medida que reconozcas esos patrones históricos, y esto aumentará la curiosidad y amplificará la motivación aún más.

Una vez que el cerebro construye esa narración, funciona como un gigantesco árbol de Navidad. Todos los pequeños detalles que aprendes por el camino son los ornamentos. Pero tener este gran árbol, esta estructura general, hace que esos adornos sean más fáciles de colgar. No hay que esforzarse tanto para recordarlos. Esta narración histórica se convierte en un palacio de la memoria de facto, que te permite tomar una nueva pieza de información y encajarla correctamente en su lugar exacto. Si construimos esa narrativa, veremos cómo aumentan los índices de aprendizaje y disminuye el tiempo que tardaremos en dominar el tema que hayamos elegido.

El lenguaje técnico que rodea a un tema es el segundo lugar en el que hay que poner la atención. ¿Por qué? La jerga, aunque molesta, es precisa. A menudo, gran parte de la explicación de un tema está contenida en el lenguaje técnico que lo rodea. El ejemplo obvio es «humano» frente a «*Homo sapiens*». Ambos términos apuntan en la misma dirección, pero la versión latina no sólo contiene la cosa (un humano) sino también su historia evolutiva (género y especie), además de un pequeño comentario de color (al parecer, alguien pensó una vez que éramos «simios sabios»). Así, entender el lenguaje interno de un tema permite ver las ideas y el tejido conectivo que las mantiene unidas. *Homo sapiens* no sólo nombra la cosa, sino que te dice que la cosa desciende de los simios y es más inteligente que los simios, o, al menos, eso le parece.

Lo más importante para nuestra búsqueda es a dónde nos lleva este proceso. Conocer la historia de un tema y el lenguaje técnico que lo rodea ayuda a conversar con otros sobre estas ideas. Esas conversaciones son fundamentales para el siguiente paso.

LLEGAR AL PÚBLICO

Cultivar una verdadera pasión no es un proceso de un día. No basta con jugar en los puntos donde se cruzan múltiples curiosidades. Ciertamente, hay cierta energía emocional en esas intersecciones. Sin duda, la neuroquímica que subyace a esta energía ayuda a transformar la curiosidad en pasión. Pero para encender realmente ese fuego y asegurarte de que vas por el buen camino, vas a necesitar amplificar esa pasión con una serie de «éxitos públicos». Un éxito público no es otra cosa que la retroalimentación positiva de los demás. Cualquier tipo de refuerzo social aumenta la neuroquímica del bienestar, lo que aumenta la motivación.[12] La atención positiva de los demás hace que el cerebro libere más dopamina que la que obtenemos sólo con la pasión. También añade oxitocina a la ecuación. La combinación de dopamina y oxitocina recompensa la «interacción social», creando sentimientos de confianza y amor que son fundamentales para nuestra supervivencia.[13] Y la sensación de bienestar de esta recompensa se retroalimenta, aumentando aún más nuestra curiosidad, lo que constituye el bucle de retroalimentación neurobiológica que forma la base de la verdadera pasión.

Por lo tanto, en este punto del proceso, es el momento de hacer amigos. Pero camina antes de correr. Hacer que las cosas lleguen al público no requiere dar una charla TED. Unas simples conversaciones con desconocidos pondrán las cosas en marcha. Entra en el bar de tu barrio, empieza a charlar con quien se siente a tu lado y enséñale las cosas que te has estado enseñando a ti mismo.

Luego, hazlo de nuevo. Habla con otro desconocido, cuéntales tus ideas a unos cuantos amigos o únete a una reunión dedicada al tema. Una comunidad online. Un club de lectura. Y, si no existe ninguno, crea el tuyo propio.

Por último, es importante dar estos pasos en orden. Es conveniente que pases un poco de tiempo jugando en las intersecciones de tus curiosidades antes de hacerlas públicas. Cuando empiezas a investigar estas intersecciones, se genera un gran entusiasmo, pero es importante que lo guardes para ti durante un tiempo. Cuando entres en cualquier conversación querrás hacerlo con ideas propias y teniendo algo que decir. Ser un principiante absoluto no tiene nada de satisfactorio ni de apasionante. Saber poco a menudo es desagradable. Pero ser capaz de aportar algo al diálogo, tener unas cuantas ideas propias y unos cuantos éxitos públicos construidos a partir de esas ideas, es acercarse a la velocidad de escape.

TRANSFORMAR LA PASIÓN EN PROPÓSITO

La pasión es un potente motor. Sin embargo, a pesar de todas sus ventajas, la pasión puede ser una experiencia bastante egoísta. Estar totalmente obsesionado significa que estás totalmente obsesionado. No hay mucho espacio para otras personas. Pero si vas a abordar lo imposible, tarde o temprano vas a necesitar ayuda externa. Por lo tanto, en este punto del proceso, es el momento de transformar el fuego de la pasión en el combustible para disparar tu propósito.

Fueron los psicólogos de la Universidad de Rochester Edward Deci y Richard Ryan los primeros en descubrir este combustible.[14] En el próximo capítulo conoceremos mejor a estos científicos y su trabajo. Por ahora, basta con saber que, a mediados de la década de 1980, este dúo introdujo la «teoría de la autodeterminación» y, con ella, su concepto de «afinidad». Desde entonces, la teoría de la autodeterminación se ha convertido en la teoría dominante en la ciencia de la motivación, y la afinidad sigue siendo un componente fundamental.

Su idea original era sencilla: como criaturas sociales, los humanos tenemos un deseo innato de conexión y cariño. Queremos estar conectados con otras personas y queremos cuidar de otras personas. A un nivel biológico básico, necesitamos *relacionarnos* con otros para sobrevivir y prosperar; y, como resultado, estamos motivados neuroquímicamente para satisfacer esta necesidad.

Más recientemente, los investigadores han ampliado esta noción, expandiendo la idea de «afinidad», la necesidad de cariño y conexión, al concepto de «propósito», o el deseo de que lo que hacemos sea importante para otras personas. El propósito toma la energía motivacional de la pasión y le da un impulso adicional.

Neurobiológicamente, el propósito altera el cerebro.[15] Disminuye la reactividad de la amígdala, disminuye el volumen de la corteza temporal medial y aumenta el volumen de la corteza insular derecha. Una amígdala menos reactiva se traduce en menos estrés y mayor resiliencia. El córtex temporal medial está implicado en muchos aspectos de la percepción, lo que sugiere que tener un propósito altera la forma en que el cerebro filtra la información entrante, mientras que se ha demostrado que un córtex insular derecho más grande protege contra la depresión y se correlaciona con un número significativo de factores de bienestar.

Todos estos cambios parecen tener un profundo impacto en nuestra salud a largo plazo, ya que se ha demostrado que tener un «propósito en la vida» (el término técnico) reduce la incidencia de los accidentes cerebrovasculares, la demencia y las enfermedades cardiovasculares.[16] Además, desde el punto de vista del rendimiento, el propósito aumenta la motivación, la productividad, la resiliencia y la concentración.[17]

Y es un tipo específico de concentración.

El propósito desplaza nuestra atención de nosotros mismos (enfoque interno) y la dirige hacia otras personas y la tarea en cuestión (enfoque externo). De este modo, el propósito nos protege de la obsesión por nosotros mismos, que es una de las causas fundamentales de la ansiedad y la depresión.[18] Al obligarte a mirar fuera de ti, el propósito actúa como un campo de fuerza. Te protege de ti mismo y de la posibilidad real de ser devorado por tu nueva pasión. Para decirlo de forma más técnica, el propósito parece disminuir la actividad de la red cerebral encargada de la rumiación, que es nuestro «modo por defecto», y aumentar la actividad de la red de atención ejecutiva, que es la que gobierna el enfoque externo.

Por último, hay un beneficio aún mayor del propósito: la ayuda externa. El propósito actúa como un grito de guerra, inspirando a otros y atrayéndolos a tu causa.[19] Esto tiene un impacto obvio en el impulso. El apoyo social proporciona aún más neuroquímica, lo que produce una mayor motivación intrínseca. Y lo que es más importante, los demás pueden ayudarnos. Financiera, física, intelectual, creativa, emocionalmente... Toda ayuda es importante. Porque en el camino hacia lo imposible, vamos a necesitar toda la ayuda posible.

PONER EN PRÁCTICA EL PROPÓSITO

Ahora, las preocupaciones prácticas: a la hora de elaborar tu propósito, sueña a lo grande. Esto se va a convertir en una declaración de la misión general de tu vida. Tu I mayúscula: Imposible.

En nuestro libro *Bold*, Peter Diamandis y yo introdujimos el concepto de «propósito masivamente transformador», o PMT para abreviar.[20] *Masivo* significa grande y audaz. *Transformador* significa capaz de provocar un cambio significativo en un sector, una comunidad o el planeta. ¿Y *el propósito*? El verdadero por qué detrás del trabajo que vamos a realizar. Un PMT es exactamente un gran sueño que se persigue.

Para cazar tu PMT, saca otra hoja de papel. Vuelve a coger el bolígrafo. Escribe una lista de quince problemas graves que te gustaría ver resueltos. Cosas que te quiten el sueño. El hambre, la pobreza o, mi favorito: la protección de la biodiversidad. De nuevo, intenta ser lo más específico posible. En lugar de limitarte a «proteger la biodiversidad», da un paso más y añade detalles: «Establecer mega-conexiones para proteger la biodiversidad».

A continuación, busca los puntos en los que tu pasión principal se cruza con uno o más de estos grandes retos globales, un lugar en el que tu obsesión personal podría solucionar algún problema colectivo. Debes encontrar el solapamiento entre la pasión y el propósito. Si consigues centrarte en ese objetivo, habrás encontrado una forma de utilizar tu nueva pasión para hacer un bien real en el mundo. Ese es un propósito legítimo de transformación masiva.

Un PMT es a la vez un motor fundamental y una gran base para una empresa comercial. No te olvides de este segundo detalle. Si realmente quieres cultivar tu pasión y tu propósito, siempre vas a necesitar dinero para pagar por esa pasión y ese propósito.

Pero no esperes que esto ocurra rápidamente, y busca medidas provisionales mientras tanto. Durante la primera década de mi carrera como escritor, trabajé como camarero, lo que me permitió desarrollar mi oficio sin el terror de tener que pagar mis facturas con los resultados. Esto fue fundamental para mi éxito. Por eso Tim Ferriss dice a los emprendedores que empiecen su primera empresa como si fuera un *hobby*: dedicándole las noches y los fines de semana.[21] La curiosidad se convierte en pasión; la pasión, en propósito; y el propósito, en *beneficios para la paciencia:* la forma más segura de jugar a este juego.

Pero ¿cómo asegurarte de permanecer en el juego el tiempo suficiente para lograr tu propósito? Eso es exactamente lo que vamos a hacer a continuación.

3

Llenar el almacén intrínseco

La curiosidad, la pasión y el propósito son una plataforma de lanzamiento hacia lo imposible. Son los movimientos que ponen tus piezas en el tablero, el lugar donde comienza este juego. Pero perseguir lo imposible es un juego largo y, si estás interesado en llegar hasta el final, el impulso que obtendrás de estos tres motores iniciales no es suficiente para llevarlo a cabo.

Para ello, tomaremos los impulsores que examinamos en capítulo anterior (la curiosidad, la pasión y el propósito) y añadiremos la *autonomía* y el *dominio* al almacén. Ambos son impulsores excepcionalmente potentes y están diseñados biológicamente para trabajar en conjunto con los elementos anteriores.

La autonomía es el deseo de tener la libertad necesaria para perseguir tu pasión y tu propósito. Es la necesidad de dirigir tu propio barco. El dominio, la maestría, es el siguiente paso. Te impulsa hacia la pericia; te empuja a perfeccionar las habilidades que necesitas para alcanzar tu pasión y tu propósito. En otras palabras, si la autonomía es el deseo de dirigir tu propio barco, el dominio es el impulso para dirigir bien ese barco.

Y aquí es donde Edward Deci y Richard Ryan vuelven a nuestra historia.

NUESTRA NECESIDAD DE AUTONOMÍA

En 1977, cuando Edward Deci y Richard Ryan eran jóvenes psicólogos en la Universidad de Rochester, se conocieron en el campus.[1] Deci acababa de convertirse en profesional clínico y Ryan aún era estudiante de posgrado. Compartían el interés por la ciencia de la motivación, lo que dio lugar a una larga conversación, que desembocó en una colaboración de cincuenta años que dio un vuelco a la mayoría de las ideas fundamentales de esa ciencia.

Hasta que Edward Deci y Richard Ryan hicieron su incursión en la teoría de la autodeterminación, los psicólogos definían la motivación como «la energía necesaria para la acción». Las evaluaciones eran binarias: una persona tenía la cantidad adecuada de motivación para el trabajo o no la tenía.

Los psicólogos también consideraban esta energía motivacional como una característica singular. Se podía medir *la cantidad* de motivación (la cantidad de motivación que siente una persona) pero no *la calidad* o el tipo de motivación que siente una persona.

Sin embargo, los indicios de la investigación habían llevado a Deci y Ryan a creer que había diferentes tipos de motivación y que producían diferentes resultados. Así que pusieron a prueba sus ideas en una competición cara a cara. En una larga serie de experimentos, enfrentaron a impulsores intrínsecos, como la pasión, con impulsores extrínsecos, como el prestigio, y contabilizaron los resultados. Rápidamente descubrieron que la motivación intrínseca (un término que es sinónimo de impulso) es mucho más efectiva que la motivación extrínseca en todas las situaciones, excluyendo aquellas en las que nuestras necesidades básicas no han sido satisfechas.

Pero también descubrieron que una de las diferencias más importantes se encontraba entre la «motivación controlada», un tipo de motivación extrínseca, y la «motivación autónoma», una forma de motivación intrínseca.[2] Si te han seducido, coaccionado o presionado de alguna manera para que hagas algo, eso es motivación controlada. Es un trabajo que tienes que hacer. La motivación autónoma es lo contrario. Significa que haces lo que haces por elección. Deci y Ryan descubrieron que, en cualquier situación, la motivación autónoma supera a la controlada. La autonomía es siempre el motor más potente.

De hecho, en muchas situaciones, la motivación controlada no produce los resultados deseados. Cuando se les presiona para que actúen, la gente suele buscar atajos. El ejemplo que le gusta dar a Deci es el de la empresa energética Enron.[3] Sus directivos decidieron que la mejor manera de motivar a sus empleados era dar a los mejores opciones de compra de acciones, un ejemplo de motivación por seducción. Pero la gente no tardó en darse cuenta de que la mejor manera de conseguir esas primas era inflar artificialmente los precios de las acciones, cometiendo un fraude corporativo y, en última instancia, llevando a la empresa a la quiebra. La historia de Enron se cuenta a menudo para alertar sobre la avaricia y la arrogancia, pero en realidad es una historia sobre cómo la motivación mal entendida puede producir fácilmente comportamientos no deseados.

Según Deci y Ryan, aprovechamos correctamente la autonomía cuando hacemos lo que hacemos por «interés y disfrute» y porque «se alinea con nuestras creencias y valores fundamentales». Dicho de otro modo, al sistema de búsqueda le gusta estar a cargo de los recursos que está buscando.

Por eso también empezamos nuestra explicación sobre el impulso con la curiosidad, la pasión y el propósito. Este trío establece el interés y el disfrute (a través de la curiosidad y la pasión) y luego consolida las creencias y los valores fundamentales a través del propósito. En otras palabras, este trío de impulsores fue lo primero que expliqué en este libro porque son la base necesaria para maximizar la autonomía.

Otra cosa que descubrieron Deci y Ryan es que la autonomía nos convierte en una versión mucho más eficaz de nosotros mismos. El aumento de la neuroquímica que proporciona la autonomía incrementa nuestro impulso, por supuesto, pero también amplía una serie de habilidades adicionales. Cuando dirigimos nuestro propio barco, estamos más concentrados, somos más productivos, optimistas, resistentes, creativos y sanos. Pero si es necesario añadir autonomía a nuestro almacén de motivación para obtener este impulso adicional, se plantea otra pregunta: ¿cuánta autonomía necesitamos añadir?

VEINTE POR CIENTO DE TIEMPO

La cuestión de cuánta autonomía se necesita para poner el motor de la motivación a su máxima potencia ha sido una cuestión difícil de estudiar, pero se han ido haciendo muchos «experimentos sobre la vida real» para descubrir cuál podía ser la mejor decisión. En estos experimentos, las empresas han intentado motivar a los empleados dándoles «autonomía» como recompensa, siendo Google el ejemplo más famoso.[4] Desde 2004, Google ha utilizado la autonomía como motivador con su programa *20 Percent Time*, en el que los ingenieros de Google pueden dedicar el 20% de su tiempo a proyectos de su propia creación, que se ajusten a su propia pasión y propósito. Y este experimento ha dado resultados increíbles. Más del 50% de los productos que más ingresos generan en Google han surgido del 20% de tiempo, como AdSense, Gmail, Google Maps, Google News, Google Earth y Gmail Labs.

Pero no fue Google quien inventó esta práctica. En realidad, la tomaron prestada de 3M, cuya propia «Regla del 15 por ciento» se remonta a 1948.[5] En el caso de 3M, los ingenieros podían dedicar el 15% de su tiempo a proyectos de su propia creación. Para una empresa con un presupuesto de investigación de más de 1.000 millones de dólares, permitir a los empleados la libertad de experimentar con el 15% de ese presupuesto supone una inversión anual de 150 millones de dólares en autonomía. Como en el caso de Google, los productos que han surgido de la Regla del 15% de 3M han cubierto con creces esta inversión. Las notas Post-it se originaron gracias a ese 15% de tiempo en 1974. Este producto genera más de 1.000 millones de dólares al año en ingresos, lo que supone 50 millones de dólares anuales de beneficios, lo que supone una gran ventaja de la inversión de 3M en autonomía.

Es por esta misma razón que hoy en día Facebook, LinkedIn, Apple y docenas de otras empresas han instituido sus propios programas de autonomía.[6] Pero lo más importante es lo que aprendemos de sus ejemplos. Google dedica a este tipo de motivación un 20% de tiempo, lo que significa que da a la gente ocho horas a la semana para perseguir una idea que les apasione. Sin embargo, 3M obtiene resultados sorprendentes con sólo un 15% de tiempo, lo que supone una tarde a la semana. En otras palabras, si ya has puesto en práctica la receta de la pasión y ahora estás intentando averiguar cómo hacer un hueco en tu vida para perseguir ese sueño, estos experimentos de la vida real nos dicen que puedes obtener los resultados que deseas dedicando de cuatro a cinco horas a la semana a tu nuevo propósito. De hecho, como veremos en la siguiente sección, el número mágico de horas necesario para alcanzar la autonomía puede ser menor, siempre que esas horas se empleen de una manera muy particular.

LOS CUATRO GRANDES DE PATAGONIA

La tienda de productos para actividades al aire libre Patagonia suele aparecer en las listas de los mejores lugares para trabajar en Estados Unidos.[7] Si se investiga el por qué, la autonomía de los empleados es una de las razones más citadas.[8] Pero en realidad, Patagonia no da una gran cantidad de autonomía a sus empleados, sino un tipo de autonomía muy particular.

Patagonia permite a los empleados establecer sus propios horarios. Siguen teniendo que trabajar a tiempo completo, pero pueden decidir cuándo trabajar. Además, como la empresa está repleta de deportistas que practican deportes al aire libre y su sede central está situada justo en la costa del Pacífico, cuando las olas son buenas, los empleados pueden dejar de trabajar (aunque estén en medio de una reunión o tengan que cerrar un pedido) para ir a hacer surf. Es una política corporativa que el fundador de Patagonia, Yvon Chouinard, bautizó con el célebre lema «Deja que mi gente vaya a surfear».

Esta combinación nos dice algo fundamental sobre la cantidad de autonomía necesaria para activar la motivación. Si el ejemplo de Patagonia es cierto, la respuesta es una pequeña cantidad de autonomía muy bien aprovechada. Examinemos las dos categorías en las que se centran sus esfuerzos: los horarios y el surf.

Hacer tu propio horario funciona bien por dos razones. La primera es dormir. La libertad de controlar tu horario te permite descansar bien por la noche. Los estudios demuestran que todos necesitamos entre siete y ocho horas de sueño.[9] Más adelante analizaremos esto con más detalle, pero si no dormimos bien, experimentamos una serie de déficits de rendimiento. La motivación, la memoria, el aprendizaje, la concentración, los tiempos de reacción y el control emocional se resienten. Es una lista de perjuicios demasiado grande para soportarla de forma continuada.[10]

Más allá de un buen descanso nocturno, hacer tu propio horario también te permite trabajar de acuerdo con tus ritmos circadianos. Las alondras extremas, término técnico que designa a las personas que se levantan muy temprano, pueden empezar a trabajar a las 4 de la mañana, mientras que a los búhos nocturnos les gusta empezar el día a las 4 de la tarde. Por ello, la autonomía de horarios permite a las personas dormir lo necesario para ser más eficaces y trabajar cuando están más alerta para maximizar esa eficacia.

La otra regla de Patagonia, la libertad de surfear, proporciona dos beneficios adicionales. En primer lugar, prioriza el ejercicio; en segundo lugar, amplifica el *flow*.

Iremos de uno en uno.

El ejercicio es un factor innegociable para alcanzar el máximo rendimiento.[11] Se pueden escribir libros y libros sobre sus beneficios (salud, energía, estado de ánimo, etc.), pero lo más importante es la regulación del sistema nervioso. Perseguir cualquier imposible puede ser una montaña rusa emocional. Si no consigues mantener la calma de tu sistema nervioso, te desquiciarás o te agotarás, o ambas cosas. Y el ejercicio no sólo reduce el nivel de las hormonas del estrés en nuestro sistema, sino que las sustituye por estimulantes del estado de ánimo como las endorfinas y la anandamida.[12] El sosegado optimismo resultante es fundamental para el máximo rendimiento a largo plazo.

Sin embargo, el surf no sólo da prioridad a la forma física. Por razones de las que hablaremos en la última sección de este capítulo, el deporte tiene una alta probabilidad de inducir el *flow* en quien lo practica. La energía adicional en la neuroquímica del bienestar que proporciona es un verdadero turbo-impulso. Es lo que hace que pasemos de la directa a la superdirecta, aumentando nuestra motivación intrínseca a niveles óptimos.

Esta es nuestra respuesta. Para conseguir el impulso que proporciona la autonomía, necesitas la libertad de controlar tus horarios de sueño, trabajo y ejercicio. También necesitas autonomía para perseguir el *flow* a través de una actividad de tu elección de forma constante. Lo ideal sería dedicar tu tiempo de trabajo a actividades que promuevan tu propósito, y que la actividad que produzca *flow* sea similar al surf, es decir, que sirva realmente para descansar del trabajo. Si hoy esto no es posible, empieza con el plan 3M: dedica el 15 % de tu tiempo a un proyecto que se ajuste a tu pasión y propósito principales. El 15 % es aproximadamente una tarde a la semana, aunque puedes dividirlo fácilmente en un par de bloques de dos horas y media y obtener resultados similares.

Y en cómo emplear esas horas para obtener los mejores resultados es donde entra en juego nuestro último motor intrínseco.

LA NECESIDAD DE ALCANZAR DOMINIO

Después de que Deci y Ryan descubrieran el poder de la autonomía, quisieron saber si éste era nuestro principal motor intrínseco o si había otros factores igualmente importantes. El intento de responder a esta pregunta les llevó a adentrarse en los archivos de psicología, donde descubrieron un artículo de 1953 del psicólogo de Harvard David Mc Clelland, entonces relativamente desconocido.

Titulado «The Achievement Motive» (El motivo de los logros), el artículo de McClelland se ha convertido desde entonces en uno de los más citados en este campo. [13] En él, sugería un segundo motivador intrínseco que podría ser tan poderoso como la autonomía, o incluso más. Al principio, Deci y Ryan tomaron prestado el término original de McClelland para el motivador, *competencia*, pero ahora lo conocemos como *dominio*.

La maestría o el dominio es el deseo de mejorar en las cosas que hacemos. Es la devoción por el oficio, la necesidad de progresar, el impulso de mejorar continuamente. A los seres humanos no hay nada que les guste más que apilar una pequeña victoria sobre otra. Desde el punto de vista neuroquímico, estas victorias producen dopamina. Los científicos solían creer que la dopamina era simplemente una droga de recompensa, lo que significaba que este neuroquímico aparecía después de que lográramos un objetivo reforzando la consecución del mismo. Ahora sabemos que la dopamina es, en realidad, la forma que tiene el cerebro de animarnos a actuar, es decir, que la sustancia química no aparece después de que nos arriesguemos para recompensar nuestra asunción de riesgos. Más bien, llega justo antes de que asumamos ese riesgo, para animarnos a hacerlo. En otras palabras, la dopamina es la base biológica de la exploración y la innovación. [14]

Cuando nos esforzamos por alcanzar un objetivo importante (es decir, cuando perseguimos la maestría) los niveles de dopamina se disparan. Pero la verdadera victoria se logra cuando estos picos se repiten, día tras día. Emocionalmente, sentimos una especie de impulso, lo que muchas personas de alto rendimiento describen como su sensación favorita. «El mayor motivador», explica el autor Dan Pink en *La sorprendente verdad sobre qué nos motiva*, «es, con diferencia, progresar en un trabajo significativo».[15]

Por supuesto, lo contrario también es cierto: cuando falta el progreso, el coste es elevado. La sensación de estar atascado en el barro, con las ruedas girando y sin llegar a ninguna parte, es la mayor pérdida de motivación que han descubierto los científicos. Si el impulso es la sensación favorita de una persona de alto rendimiento, la falta de impulso es la que menos le gusta.

Sin embargo, es casi imposible hablar del dominio, del impulso y de por qué este motor puede ser nuestro «mayor motivador» sin hablar del *flow*. Y para ayudar en ese debate, es útil conocer al psicólogo Mihaly Csikszentmihalyi y aprender un poco más sobre la historia de la ciencia de ese estado de conciencia.

ACTIVADORES DEL FLOW

Mihaly Csikszentmihalyi es considerado el padrino de la psicología del *flow*.[16] Entre 1970 y 1990, siendo primero profesor del departamento de psicología de la Universidad de Chicago y más tarde su director, Csikszentmihalyi llevó a cabo una investigación mundial sobre el *flow* y el rendimiento óptimo. Gracias a esta investigación, determinó que el *flow* es un fenómeno global. Este estado de conciencia es universal y aparece en cualquier persona, en cualquier lugar, siempre que se cumplan ciertas condiciones iniciales.

Originalmente, Csikszentmihalyi las llamaba «condiciones proximales para el *flow*», pero desde entonces se ha acortado a «desencadenantes del *flow*», o condiciones previas que conducen a un mayor *flow*.[17] Hasta la fecha, los investigadores han identificado veintidós desencadenantes de *flow* diferentes (probablemente haya más), pero todos tienen algo en común. El *flow* es consecuencia de la concentración. Este estado sólo puede surgir cuando toda nuestra atención se dirige al momento presente. Así que eso es exactamente lo que hacen todos estos desencadenantes: dirigen la atención hacia el ahora.

Desde una perspectiva neurobiológica, estos desencadenantes impulsan la atención de una de estas tres maneras. [18] O bien impulsan la dopamina y/o la norepinefrina, dos de las principales sustancias químicas de concentración del cerebro, o reducen la carga cognitiva, que es el peso psicológico de todas las cosas en las que estamos pensando en un momento dado. Al reducir la carga cognitiva, liberamos energía, que el cerebro puede reutilizar para prestar atención a la tarea en cuestión.

Aquí es donde la curiosidad, la pasión, el propósito, la autonomía y el dominio vuelven a aparecer en esta historia. Nuestros cinco impulsores intrínsecos más poderosos cumplen una doble función como desencadenantes del *flow*. Todos estos motivadores pueden impulsar la dopamina en nuestro sistema. Muchos de ellos hacen lo mismo con la norepinefrina. Y cuando los cinco están bien alineados, también reducen la carga cognitiva.

Desde una perspectiva evolutiva, nada de esto es sorprendente. El impulso es el combustible psicológico que nos empuja a obtener recursos. Tenemos más posibilidades de obtener esos recursos si tenemos un plan para perseguirlos (curiosidad, pasión, propósito), la libertad para perseguirlos (autonomía) y las habilidades necesarias para esa persecución (dominio). Si todos estos impulsores intrínsecos no están bien ordenados, su desalineación se convierte en una forma persistente de ansiedad, que es el peso psicológico de no hacer exactamente lo que hemos venido a hacer. [19] Cuando conseguimos ordenar correctamente este almacén motivacional, ese peso desaparece. Ahora tenemos mucha más energía para atacar la tarea que tenemos entre manos y muchas más posibilidades de fluir en el camino.

Y lo que es mejor, *casi* todo esto ocurre automáticamente. Cuando somos curiosos, apasionados y tenemos un propósito, la carga cognitiva se aligera y la dopa y la norepinefrina fluyen en nuestro sistema. Lo mismo ocurre con la autonomía. Pero no ocurre lo mismo con la maestría. Mientras que la curiosidad, la pasión, el propósito y la autonomía alteran nuestra neurobiología de forma automática, aumentando el impulso y (como resultado de los cambios en la neuroquímica que producen ese aumento del impulso) incrementando nuestra posibilidad de entrar en el *flow*, la maestría requiere un ajuste adicional.

Como desencadenante del *flow*, la maestría se conoce como el «equilibrio desafío-habilidades».[20]

La idea es relativamente sencilla: la fluidez sigue a la concentración, y prestamos la máxima atención a la tarea que tenemos entre manos cuando el reto de esa tarea supera ligeramente nuestro conjunto de habilidades. Queremos estirar, pero no romper. Cuando forzamos nuestros talentos y avanzamos en nuestras habilidades, recorremos el camino hacia la maestría, y el cerebro lo nota. Recompensa este esfuerzo con dopamina. Y como la dopamina aumenta la concentración aún más, esto aumenta nuestras posibilidades de entrar en *flow*, y el ciclo continúa.

Un ejemplo podría ser útil.

Soy esquiador. Empecé a esquiar a los cinco años y nunca he dejado de hacerlo. Como resultado, cada vez que me dirijo a las montañas, estoy haciendo una elección (autonomía) que está alineada con mi pasión y propósito. Gracias a este resultado, el simple hecho de ponerme de lado sobre la nieve disminuye mi carga cognitiva y produce un poco de dopamina y norepinefrina.

Si, cuando estoy esquiando, decido ir a explorar una parte del monte que no he visto antes, superpongo la curiosidad a esos otros motivadores y añado un poco más de neuroquímica a la ecuación. Aunque todavía no estoy en *flow*, mi atención se centra lo suficiente en la tarea que tengo entre manos (el esquí) como para ir en la dirección correcta. Para empujarme a mí mismo a la cima, lo que necesito hacer es algo que me lleve al punto dulce de los desafíos. Podría ir al Terrain Park y empezar a practicar un nuevo truco, o podría encontrar la rampa empinada y estrecha que, en mi último viaje, tuve que rodear cinco veces para bajar, y hoy intentaré esquiarla en cuatro vueltas. Al hacer cualquiera de estas cosas, subo un poco el nivel del desafío, y mi cerebro recompensa ese esfuerzo de riesgo con aún más dopamina. De repente, hay suficiente neuroquímica en mi sistema para empujarme a fluir.

Sin embargo, este no es el final de la historia. El propio estado produce una cascada aún mayor de neuroquímica del bienestar. Así, mi profundo amor por el esquí se profundiza aún más, y la próxima vez que me dirija a las montañas, mi deseo de repetir estas acciones y tratar de mejorar mis habilidades una vez más se ampliará significativamente, sin necesidad de un esfuerzo adicional. Si lo hago varias veces seguidas, lo que antes requería energía y esfuerzo empieza a suceder automáticamente. Buscar ese punto dulce de los desafíos se ha convertido en un hábito. Ahora, recorro automáticamente el camino hacia la maestría, que es también el único camino que puede llevarnos a lo imposible.

Por último, todo esto se traduce en un consejo extremadamente práctico. Para aprovechar realmente el dominio como motivador, toma el 15% de tu vida que has reservado (llámalo tiempo de autonomía) y dedícalo a impulsar ese equilibrio entre retos y habilidades, tratando de mejorar un poco en algo que esté alineado con la curiosidad, la pasión y el propósito. Empieza a perseguir el subidón de la mejora. Engánchate al bucle de dopamina del avance. Intenta mejorar un poco hoy, intenta mejorar un poco mañana.

Y repite.

Y repite.

Y realmente no habrá otra opción.

Antes, cuando dije que estos cinco impulsores intrínsecos estaban biológicamente relacionados, me refería a que todos están diseñados para trabajar juntos en forma de secuencia. Por eso, cuando están correctamente secuenciados, estos impulsores producen *flow* de forma tan segura. Todos estamos diseñados para un rendimiento óptimo. Así es como el sistema quiere funcionar, y hay graves consecuencias si tratas de desviarte del sistema. Tanto la desconexión de los valores significativos como la desconexión del trabajo significativo son las principales causas de la ansiedad y la depresión. La desconexión de los valores significativos te lleva a una falta de curiosidad, pasión y propósito en tu vida. La desconexión del trabajo significativo consiste en verse obligado a hacer un trabajo (falta de autonomía) que es aburrido o agobiante y que no hace avanzar tus habilidades básicas (falta de dominio).[21] Esta es otra razón por la que es tan crucial conseguir que nuestra biología trabaje para nosotros en lugar de contra nosotros: porque el fracaso conlleva serias penalizaciones psicológicas.

Pero si podemos alinear estos cinco grandes motivadores intrínsecos, el resultado es una motivación aumentada y un mayor *flow*, lo que significa que, en el largo camino hacia lo imposible, llegaremos más lejos y más rápido. Sin embargo, dado que ahora vamos a movernos por nuestra vida a mayor velocidad, es cada vez más importante que sepamos exactamente a dónde queremos ir, por lo que debemos prestar atención al tema de los objetivos.

4

Objetivos

IDENTIFICACIÓN DE OBJETIVOS 101

Si los impulsores intrínsecos consisten en crear la energía psicológica necesaria para empujarnos hacia adelante, los objetivos nos dicen exactamente dónde queremos ir. Comenzamos el proceso de identificar nuestros objetivos en el capítulo 1 cuando creamos nuestro propósito de transformación masiva, o lo que podría considerarse la declaración de la misión de nuestra vida. Aquí queremos dividir esa declaración en trozos más pequeños, dividiendo lo imposible en una larga serie de objetivos difíciles pero factibles que, si se logran, hacen que lo imposible sea mucho más probable.

Esta idea no es nueva. Hace más de dos mil años, el filósofo Aristóteles observó que la fijación de objetivos (es decir, el establecimiento de un resultado u objetivo deseado) era uno de los principales motivadores del comportamiento humano.[1] Llamó a los objetivos una de las cuatro «causas» fundamentales del cambio en el mundo. Fue una visión innovadora, pero que nos ha llevado mucho tiempo comprender.

El problema es la complejidad. Aunque la idea de establecer objetivos pueda parecer sencilla, hay problemas en los detalles. Los estudios demuestran que no todos los objetivos son iguales, ni todos los objetivos son apropiados para todas las situaciones y, lo que es más importante, un objetivo equivocado en una situación equivocada puede obstaculizar seriamente el rendimiento y reducir la productividad y la motivación.

Empecemos por la ciencia.

A finales de la década de 1960, el psicólogo de la Universidad de Toronto Gary Latham y el psicólogo de la Universidad de Maryland Edwin Locke, considerados los padrinos de la teoría de la fijación de objetivos, desarrollaron la noción de Aristóteles y nos dieron una idea que ahora consideramos verdadera: el establecimiento de un objetivo es una de las formas más fáciles de aumentar la motivación y mejorar el rendimiento. [2]

Sin embargo, en aquel entonces, este hallazgo fue algo sorprendente.

Latham y Locke abordaron este tema desde el punto de vista organizativo: se interesaron por lo que podían hacer las empresas para motivar a los empleados a trabajar más. Antes de la década de 1960, el consenso general era que los trabajadores felices eran trabajadores productivos. [3] Por lo tanto, se consideraba que poner más presión sobre los empleados estableciendo objetivos de rendimiento (es decir, metas) era malo para el negocio. Pero Latham y Locke hicieron algo que otros teóricos no habían hecho: realizaron experimentos. Y la idea de que más estrés equivale a menos trabajo no era en absoluto lo que mostraban sus datos.

Latham y Locke empezaron con leñadores, unos sujetos de estudio ferozmente independientes. [4] Los leñadores se dividieron en equipos. A algunos equipos se les dijo que trabajaran de forma inteligente y rápida, pero sin presión, haciéndolo lo mejor posible. A otros se les asignaron cuotas. Esta cantidad de madera para una buena semana de trabajo, esta cantidad de madera para una gran semana. Es importante señalar que no había ninguna recompensa económica por alcanzar estos retos. Simplemente se fijaban los objetivos, y ahí se acababa todo.

Sin embargo, una y otra vez los leñadores a los que se les había dado un objetivo acababan recogiendo mucha más madera que los individuos de control. Y no se trata sólo de los leñadores. En docenas de estudios en numerosos campos, Latham y Locke descubrieron que el establecimiento de objetivos aumentaba el rendimiento y la productividad entre un 11 y un 25 %. Se trata de un impulso bastante extraordinario. En el extremo superior, si una jornada de ocho horas es nuestra línea de base, eso es como conseguir dos horas extra de trabajo gratis simplemente construyendo un marco mental (es decir, un objetivo) alrededor de la actividad.

Otra forma de ver las ideas de Locke y Latham sobre la fijación de objetivos es como subcomponentes del trabajo de Ryan y Deci. Como escribió más tarde Richard Ryan: «Las necesidades humanas [como la autonomía, el dominio y el propósito] proporcionan energía para el comportamiento; la gente valora los objetivos porque se espera que estos satisfagan sus necesidades».[5] En otras palabras, la necesidad de autonomía es lo que impulsa a la gente a iniciar su propio negocio; los objetivos, por su parte, son todos los pasos individuales necesarios para que el negocio funcione realmente.

Para entender el poder de los objetivos, también tenemos que comprender cómo influyen en el funcionamiento del cerebro. El cerebro es un motor de predicción.[6] Trata de predecir lo que va a ocurrir a continuación y la cantidad de energía que requerirá esa situación. Para hacer esas predicciones, entran en juego tres sistemas: adquisición de información, reconocimiento de patrones y dirección de objetivos. Tomamos información, buscamos conexiones entre esa información y la experiencia previa, y luego filtramos esos resultados a través de nuestros objetivos para decidir qué hacer a continuación. Y como esa decisión es una acción y las acciones requieren energía (¿cuánta energía exactamente?), eso es precisamente lo que el cerebro siempre intenta predecir.

Y todos estos sistemas funcionan de forma concertada. Si se le da un objetivo al sistema de dirección de objetivos, se le da un propósito al sistema de reconocimiento de patrones y una meta al sistema de adquisición de información. ¿Y por qué esta meta es tan importante? Porque la conciencia es un recurso extremadamente limitado.

Cada segundo, millones de bits de información inundan nuestros sentidos. Sin embargo, el cerebro humano sólo puede manejar unos 7 bits de información a la vez, y como mínimo tarda un dieciochoavo de segundo en discriminar un conjunto de bits de otro.[7] «Utilizando estas cifras», como explica Csikszentmihalyi en *Flow*, «se concluye que es posible procesar como máximo 126 bits de información por segundo».[8]

No es mucha información.

Para entender lo que dice otra persona se necesitan unos 40 bits. Si tres personas hablan a la vez, estamos al límite. El resto de la información entrante es invisible para nosotros. Pero no sólo nos perdemos las conversaciones de otras personas. La gran mayoría de lo que ocurre en el mundo entra en esta categoría. El sistema está constantemente sobrecargado, por lo que gran parte de la realidad es siempre invisible.

Gran parte de lo que permanece visible es simplemente lo que nos asusta. La evolución ha creado el cerebro para la supervivencia, por lo que cualquier cosa que pueda amenazar esa supervivencia siempre atrae nuestra atención. ¿Pero qué más es importante para nuestra supervivencia? Nuestros objetivos, y cualquier cosa que pueda ayudarnos a alcanzarlos. Como el cerebro es un motor de predicción y la conciencia es un recurso limitado, el miedo y los objetivos son los elementos básicos de nuestra realidad.

Esta es la neurobiología fundamental, pero lo que Deci y Ryan describieron es que hay un orden en este proceso.[9] Para que los objetivos sean más eficaces a la hora de modelar la percepción, hay un primer paso necesario. Tenemos que conocer nuestras necesidades (es decir, nuestras motivaciones intrínsecas) antes de poder utilizar los objetivos para satisfacer esas necesidades. Por eso este libro empezó donde lo hizo. Con la pasión y el propósito debidamente apilados sobre la autonomía y el dominio, ahora estamos en condiciones de obtener el máximo beneficio de la fijación de objetivos.

Sin embargo, como me dijo una vez Latham, no todos los objetivos son iguales. «Descubrimos que si quieres aumentar al máximo la motivación y la productividad, los grandes objetivos son los que dan los mejores resultados. Los grandes objetivos superan con creces a los pequeños, a los medianos y a los imprecisos.»[10]

Grandes objetivos. Ese es el secreto. Pero, ¿qué es exactamente un gran objetivo?

LA IMPORTANCIA DE LAS METAS DIFÍCILES

«Metas altas y difíciles» (HHG por sus siglas en inglés: *High, hard goals*) es el término técnico para designar los grandes objetivos de Latham y Locke. Son diferentes de los propósitos masivamente transformadores de los que ya hemos hablado. Las MPT están en la línea de «descubrir formas sostenibles de acabar con el hambre en el mundo», mientras que una meta alta y difícil (HHG) es un paso importante en ese camino, como «obtener un título en nutrición» o «crear una organización sin ánimo de lucro que utilice proteínas procedentes de insectos para alimentar al mundo de forma más sostenible».

En el camino hacia lo imposible, vas a necesitar tanto las MPT como las HHG, y empezaremos por las primeras. Si has seguido correctamente los pasos de la receta de la pasión, lo más probable es que hayas terminado el ejercicio con dos o tres combinaciones básicas de pasión/propósito. Este es el esquema de una MPT. Ahora todo lo que hay que hacer es convertir esas ideas en la declaración de tu misión principal.

Un ejemplo puede ser útil. En mi vida, tengo tres MPT: escribir libros que tengan un profundo impacto, hacer avanzar la ciencia y la técnica del *flow*, y hacer del mundo un lugar mejor para los animales. Eso es todo. Esos tres objetivos funcionan como la misión de mi vida.

Esto también significa que estos objetivos son mi primer filtro. Cuando un proyecto se cruza en mi camino, si no avanza en estas tres misiones, entonces no es para mí. Esto es fundamental. No sirve de mucho trabajar tanto para aumentar la motivación y después desperdiciarla en algo frívolo. Los planes de trabajo a medio plazo, utilizados propiamente, no son una aspiración, sino un filtro: eliminan el trabajo que no importa.

Por lo tanto, las metas altas y difíciles constituyen los pasos secundarios que pueden ayudarte a cumplir esas misiones más amplias. Estas también son claves. Las HHG aumentan la atención y la persistencia, que son dos factores fundamentales para un máximo rendimiento sostenido en el tiempo. Y son fundamentales porque las metas altas y difíciles son lo que parecen: montañas difíciles de escalar. El esfuerzo es real. Esa es otra razón por la que la atención y la persistencia son tan importantes.

Sin embargo, no vayamos tan rápido.

Para que las metas altas y difíciles funcionen realmente, Locke y Latham descubrieron que es necesario que existan ciertos *moderadores* (palabra que los psicólogos utilizan para describir las secuencias IF A/THEN B, SI A/ENTONCES B). Uno de los moderadores más importantes es el compromiso. «Hay que creer en lo que se hace», explica Latham. «Los grandes objetivos funcionan mejor cuando hay una alineación entre los valores del individuo y el resultado deseado. Cuando todo está alineado, estamos totalmente comprometidos, lo que significa que prestamos más atención, somos más resilientes y mucho más productivos.»

Por eso, este manual empezó con la pasión y el propósito. Las grandes metas funcionan mejor cuando nos apasiona el objetivo (la idea que lo rodea) y su resultado final (el propósito mayor al que sirve la meta). Si has seguido este libro en orden, habrás añadido la autonomía y el dominio a tu lista de impulsores antes de empezar a establecer las HHG. Esta secuencia garantiza que se cumplan las condiciones «si/entonces» de Locke y Latham: que los valores, las necesidades y los sueños estén alineados con los objetivos que nos fijamos y que, como resultado, obtengamos el máximo impulso a nuestro rendimiento.

Igualmente importante: guárdate tus metas para ti.

Aunque Latham y Locke creían originalmente que hacer público un objetivo aumentaba la motivación, una serie de estudios adicionales realizados por el psicólogo de la Universidad de Nueva York Peter Gollwitzer demostraron que hablar de un objetivo disminuye significativamente las posibilidades de conseguirlo. [11] Al dar voz a un objetivo, se crea lo que se denomina una «realidad social», y esto tiene consecuencias negativas para la realidad real. El acto de contarle a alguien tu objetivo te da la sensación de que el objetivo ya se ha conseguido. Libera la dopamina que se supone que debes obtener al final, antes de tiempo. Y con esa neuroquímica viene la sensación de satisfacción. Esta es la cuestión. Una vez que ya has sentido el subidón, es difícil volver a levantarse para la dura lucha que se necesita para conseguirlo realmente. Como dice el dicho, los chicos malos se mueven en silencio.

Lo más importante es el impulso. Las metas altas y difíciles tienen que ser desafiantes pero alcanzables. Si te estresas por lo difícil que es alcanzar tu objetivo, te agotarás mucho antes de conseguirlo. Además, el verdadero objetivo es la eficacia, ese divertido aumento de tu capacidad y tus posibilidades, una nueva y mejorada versión de ti mismo que consigues tras alcanzar tus objetivos.

OBJETIVOS CLAROS

Que los objetivos sean claros es el punto en el que la fijación de objetivos se vuelve aún más complicada. Resulta que hay diferencias significativas entre las metas altas y difíciles y los objetivos claros, que son todos los sub-pasos diarios necesarios para alcanzar esas metas altas y difíciles.

Todo se reduce a una escala temporal.

Las metas altas y difíciles son nuestras misiones más largas, las que pueden tardar años en alcanzarse. Son los grandes pasos hacia nuestros grandes sueños. Quiero escribir un libro, ser médico o crear una empresa.

Los objetivos claros son lo contrario. Son todos los pequeños pasos diarios que hay que dar para cumplir esa misión. Su escala temporal es mucho más pequeña. Convertirse en un gran escritor es un propósito masivo de transformación o una meta a la que aspirar durante toda la vida. Escribir una novela es el siguiente nivel, una meta alta y difícil que puede llevar años. Escribir 500 palabras entre las 8:00 y las 10:00 de la mañana, es un objetivo claro. Escribir 500 palabras entre las 8:00 y las 10:00 de la mañana que emocionen al lector: ese es un objetivo aún más claro.

¿Cómo se traduce esto en la vida real? Con las listas de tareas diarias.

Una lista de tareas bien hecha no es más que un conjunto de objetivos claros para el día. A un nivel muy básico, es exactamente igual que el camino hacia lo imposible: una lista de tareas bien elaborada, ejecutada diariamente. Cada elemento de esa lista se originó debido a tu propósito masivo de transformación, se dividió en metas altas y difíciles y luego se redujo a lo que puedes hacer hoy para avanzar hacia esa causa. Un objetivo claro es una pequeña misión. Como Deci y Ryan descubrieron por primera vez, si esta pequeña misión está bien alineada con los valores fundamentales, te da el impulso de motivación necesario para ir tras ella. Y una vez cumplida, obtienes la recompensa de la dopamina, que consolida tu deseo de ir a por ella mañana. Apilar pequeñas victorias sobre pequeñas victorias es siempre el camino hacia la victoria.

Los objetivos claros son un importante desencadenante del *flow*.[12] El estado de *flow* requiere concentración, y los objetivos claros nos indican dónde y cuándo poner nuestra atención. Cuando los objetivos son claros, la mente no tiene que preguntarse qué hacer a continuación, ya lo sabe. De este modo, la concentración se intensifica, la motivación aumenta y la información externa se filtra. En cierto modo, los objetivos claros actúan como una lista de prioridades para el cerebro, reduciendo la carga cognitiva e indicando al sistema en qué debe gastar su energía.

Aplicar esta idea a nuestra vida diaria significa dividir las tareas en trozos del tamaño de un bocado y establecer objetivos en consecuencia. Piensa en un reto que sea manejable: el estímulo suficiente para que la atención se centre en el momento presente, pero sin el estrés que vuelva a desconcentrarte. Un objetivo claro y adecuado se sitúa justo en el nivel óptimo de desafío y habilidad, lo que significa que es lo suficientemente difícil como para llevarnos al límite de nuestras capacidades, pero no lo suficientemente difícil como para empujarnos más allá, hacia el reino desmotivador de la ansiedad y la sobrecarga.

En conjunto, lo que todo esto significa es que una buena definición de objetivos requiere tres conjuntos de metas: de transformaciones masivas, elevadas y difíciles, y claras, en tres escalas de tiempo diferentes. Los objetivos de transformación masiva duran toda la vida; las metas elevadas y difíciles pueden durar años; los objetivos claros se consiguen minuto a minuto. Pero también significa saber en qué objetivo centrarse y cuándo. En las escalas de tiempo más cortas, la atención debe centrarse en la tarea que se está llevando a cabo (el objetivo claro) y no en la razón por la que se realiza la tarea (la meta elevada y difícil o el PMT). Si se hace mal, se puede bloquear el *flow*, privando a quienes han definido un objetivo del rendimiento que necesitan para alcanzarlo.

A la hora de redactar tus listas de tareas diarias, intenta escribir la del día siguiente la noche anterior. De este modo, podrás ponerte manos a la obra en cuanto llegues al trabajo. Personalmente, limito el número de elementos de mis listas de tareas a unos ocho, que es mi capacidad máxima para un buen día de trabajo. En otras palabras, en un día cualquiera, tengo la energía necesaria para alcanzar mi nivel óptimo entre desafío y habilidad ocho veces. Así que no intento llegar a nueve, diez u once, porque entonces me sobrecargo. Tampoco eludo el trabajo y trato de hacer como mínimo seis o siete.

Pero así soy yo.

Averigua qué es lo que te funciona mejor. Haz tu propio experimento. Registra cuántas cosas puedes hacer en un día y seguir siendo el mejor en todas ellas. Hazlo cada día durante unas semanas y darás con el número mágico. Ese es el número de cosas que deberías poner en tu lista diaria de objetivos claros. Si lo hacemos bien, maximizamos la motivación. Y también sabemos cuándo declarar el día como un éxito.

Para mí, si tacho los ocho puntos de mi lista de tareas diarias, entonces he «ganado». Ya está hecho. Puedo apagar mi cerebro y descansar. Esto es importante. La recuperación es fundamental para sostener en el tiempo el máximo rendimiento, pero las personas de alto rendimiento pueden volverse un poco obsesivas, sufrir adicción al trabajo y no descansar nunca. Así que saber cómo dejar de trabajar sin sentirse mal es clave para el éxito a largo plazo. No se trata sólo de que necesitas recuperarte, sino que sentirte mal por descansar obstaculiza la recuperación. Y lo que es peor, esos sentimientos negativos repercuten aún más en tu rendimiento: reducen la motivación, dispersan la atención y bloquean el *flow*.

Lo más importante: lo Imposible siempre es una lista de tareas. Haz todos los elementos de tu lista hoy, mañana y todos los días. Así es como los objetivos claros se convierten en metas elevadas y difíciles, que se convierten en hitos en el camino hacia propósitos masivamente transformadores. Sin embargo, no hay que esconderse de la verdad. Aunque estés progresando notablemente hacia tus objetivos, la necesidad de repetir interminablemente este proceso exige persistencia. Y resiliencia. Y esto tiene que ver con lo que viene a continuación: vamos a hablar de las agallas.

5

Agallas

SIN PRESIÓN, NO HAY DIAMANTES

«Sin presión, no hay diamantes.»

El filósofo escocés Thomas Carlyle lo dijo hace trescientos años.[1] Era cierto entonces. Sigue siendo cierto ahora.

Lo que Carlyle quiere decir es que la excelencia tiene un coste. El reto de mantener un alto rendimiento es su dificultad. Por eso, aunque aprovechemos todos los impulsores intrínsecos y potenciemos los resultados con una adecuada definición de objetivos, no será suficiente.

Y es precisamente por eso por lo que la valentía es tan importante.

La valentía es la motivación en sentido amplio, no sólo la energía necesaria para superar una tarea difícil, sino la energía necesaria para superar años de tareas difíciles. Sin la capacidad de aguantar los momentos difíciles, rara vez se llegará a ningún sitio que merezca la pena. Veámoslo así: la motivación intrínseca nos lanza al camino del máximo rendimiento, la definición de objetivos nos ayuda a definir ese camino, y la valentía es lo que te hace seguir adelante a pesar de las dificultades y los obstáculos.

Sin embargo, la mayoría de la gente piensa en la valentía como una única habilidad. Decimos: «Ella es una atleta muy valiente». «Él es un científico que no teme arriesgarse», como si eso lo explicara todo. La verdad es un poco más complicada.

Cuando los psicólogos describen las agallas, a menudo se apoyan en la definición de la psicóloga de la Universidad de Pensilvania Angela Duckworth: «la unión entre la pasión y la perseverancia».[2] Sin embargo, por muy útil que sea esta definición, puede que no nos lleve bastante lejos. Las personas de alto rendimiento suelen describir seis tipos diferentes de perseverancia que entrenan con regularidad. Pero nos estamos adelantando.

Siguiente: los neurocientíficos.

Cuando los neurocientíficos hablan de la valentía, su discurso se centra en el córtex prefrontal, o la parte del cerebro que se encuentra justo detrás de la frente. El córtex prefrontal controla[3] la mayoría de nuestras funciones cognitivas superiores, incluyendo tanto el «comportamiento dirigido a un objetivo» como la «autorregulación». El término «comportamiento dirigido a un objetivo» abarca todas las acciones necesarias para alcanzar una meta. La autorregulación se sitúa a continuación. Es lo que sentimos y lo que hacemos con esos sentimientos en nuestro camino hacia la consecución de los objetivos. En otras palabras, la autorregulación es tanto la capacidad de controlar nuestras emociones como la capacidad de persistir realizando tareas desafiantes y agotadoras.

Desde el punto de vista neurobiológico, estos dos atributos son los ingredientes de la valentía.

En estudios de imágenes por resonancia magnética funcional (IRMf), estos atributos se manifiestan de una manera muy particular. Las personas menos valientes tienen una mayor cantidad de «actividad en estado de reposo» en su corteza prefrontal medial derecha.[4] Las personas más valientes tienen menos. Esta parte del cerebro gobierna tanto la autorregulación como la planificación a largo plazo, pero para entender por qué se ralentiza en las personas con agallas, necesitamos entender mejor la relación entre la dopamina y la persistencia.

En el último capítulo, aprendimos que cuando realizamos una tarea difícil, la dopamina es nuestra recompensa. En este capítulo queremos profundizar en esta idea, entendiendo que si realizamos tareas difíciles una y otra vez, el cerebro empieza a conectar la sensación de persistencia con la futura recompensa de dopamina. Estamos convirtiendo en un hábito el acto de aprovechar nuestras reservas emocionales. Esta automatización puede ser la razón por la que el córtex prefrontal medial dorsal tiene poca actividad en las personas valientes. Cuando la fortaleza emocional necesaria para profundizar se convierte en un hábito, podemos profundizar sin tener que pensar en ello, por lo que la parte del cerebro que se requiere para pensar en ello no tiene que involucrarse.[5]

¿Qué hace falta para entrenar estos bucles de recompensa?

Si hacemos esta pregunta a personas de alto rendimiento, no responden como los científicos. Los psicólogos suelen hablar de la intersección de la pasión y la perseverancia. Los neurocientíficos se centran en el córtex prefrontal. Sin embargo, los deportistas de élite tienen una red mucho más amplia.

Si les haces esta pregunta, obtendrás seis respuestas diferentes. Seis tipos de agallas que los mejores atletas trabajan regularmente para mejorar.[6] Para un alto rendimiento sostenido y alcanzar grandes logros, necesitarás los seis. Y no hay atajos. Cada una de estas habilidades tiene que ser entrenada de forma independiente.

Vamos a verlas una a una.

AGALLAS PARA PERSEVERAR

En 1869, Sir Francis Galton emprendió el primer estudio sobre la valentía y los grandes logros.[7] En un extenso análisis histórico, examinó a las personas más destacadas en los campos de la política, el deporte, el arte, la música y la ciencia, buscando rasgos comunes que explicasen su éxito. Aunque descubrió que todos los que tenían un alto rendimiento parecían poseer una cantidad inusual de talento, que él pensaba que podía ser innato (es decir, genético), esto no era suficiente para explicar sus logros.

En su lugar, se centró en dos características que importaban más: el «entusiasmo» y la «capacidad de trabajo duro». Han pasado más de ciento cincuenta años y nadie ha demostrado aún que Galton estuviera equivocado, aunque hemos actualizado su terminología.

A principios de la década de 2000, Angela Duckworth sustituyó «entusiasmo» por «pasión» y «capacidad de trabajo duro» por «perseverancia». Es la combinación que ella llama *grit* (agallas). En una serie de estudios, Duckworth descubrió que esta combinación era dos veces más importante para el éxito académico que el coeficiente intelectual. Y lo que es cierto para el mundo académico lo es también para otros campos. Es decir, como dice Duckworth, «todos los que tienen éxito son modelos de perseverancia».[8]

La perseverancia es el lado más conocido del *grit*. Es la constancia del día a día. El tipo de persistencia que te permite resistir sin importar las circunstancias. Aunque me den una patada en los dientes o me canten las cuarenta, no importa, sigo aquí. Por eso tengo un cartel encima de mi escritorio que dice «haz lo difícil» y por eso los SEAL de la Armada estadounidense proclaman que su lema no oficial es «abraza lo difícil».

Sin embargo, en este discurso tan duro se esconde una parte más suave. Los psicólogos han descubierto que los seres humanos podemos alcanzar tres niveles de bienestar, cada uno más placentero que el anterior.[9] El primer nivel es la «felicidad» momentánea, o lo que suele describirse como un enfoque hedónico de la vida. El siguiente nivel es el «compromiso», que se define como un estilo de vida con un alto nivel de *flow*, o uno en el que la felicidad no se consigue mediante la búsqueda del placer, sino mediante la búsqueda de tareas desafiantes que tienen una alta probabilidad de producir *flow*. El siguiente nivel, el nivel máximo de felicidad y el mejor que llegamos a sentir en el mundo, se conoce como «propósito», y combina el estilo de vida con un alto nivel de *flow* del nivel dos con el deseo de influir en vidas más allá de la nuestra.

En un estudio realizado con casi dieciséis mil sujetos, Angela Duckworth y la psicóloga de Yale Katherine Von Culin descubrieron una clara relación entre la determinación y el nivel de felicidad que persiguen las personas.[10] Aquellos menos valientes buscan la felicidad a través del placer, mientras que las personas con más agallas eligen el compromiso. Al elegir sistemáticamente el compromiso y desencadenar el *flow*, las personas con más agallas consiguen más felicidad, no menos. Por lo tanto, aunque la valentía requiere más energía y fortaleza emocional a corto plazo, proporciona un impulso mucho mayor en el estado de ánimo y la motivación a largo plazo.

Apuesto a que esto no es nuevo para ti.

Piensa en tu vida. Piensa en los logros de los que te sientes más orgulloso; ahora piensa en lo mucho que has trabajado para conseguirlos. Seguro que todo el mundo tiene suerte algunas veces. Siempre hay un puñado de ocasiones en las que consigues exactamente lo que quieres sin demasiado esfuerzo. Pero, ¿son esos los recuerdos que más felicidad te aportan? ¿Los que te proporcionaron un verdadero optimismo y confianza en tu futuro? ¿Los que aumentaron significativamente tu rendimiento a largo plazo?

Lo dudo.

A los seres humanos nos gusta el trabajo duro, porque proporciona mejores beneficios de supervivencia a largo plazo. Y si podemos aprovechar ese impulso, podemos cambiar totalmente nuestra calidad de vida.

Pero hay un problema. Incluso esta clase de valentía es más matizada de lo que muchos sospechan. Cuando los investigadores desgranan la «persistencia», encuentran tres rasgos psicológicos: fuerza de voluntad, mentalidad y pasión. De nuevo, no hay atajos. Se necesitan los tres para obtener un alto rendimiento constante.

LA FUERZA DE VOLUNTAD

La fuerza de voluntad es el autocontrol. Es la capacidad de resistirse a las distracciones, mantener la concentración y retrasar la gratificación. También es un recurso limitado.

¿Cuánta fuerza de voluntad podemos tener como máximo? Esta es una pregunta abierta.

Las investigaciones realizadas por el psicólogo Roy Baumeister relacionan los niveles de fuerza de voluntad con los niveles de energía, lo que ayuda a explicar por qué nuestra fuerza de voluntad se erosiona a medida que el día va avanzando.[11] Las personas que intentan perder peso, por ejemplo, a menudo se dan cuenta de que pueden aguantar la dieta hasta la noche y luego sucumben a una tentadora tarrina de helado antes de acostarse. Esto también explica la fatiga de decisión, o el hecho de que, cuando se nos obliga a resolver una serie de problemas difíciles, la calidad de nuestras decisiones se deteriora con el tiempo.

La investigación de Baumeister se ha convertido en objeto de un saludable debate, sobre todo porque relacionó directamente los niveles de energía con los de glucosa. Pero este detalle es menos importante. La mayoría de las personas de alto rendimiento coinciden en que la fuerza de voluntad va disminuyendo a lo largo del día. Quizá se trate de un descenso normal de los niveles de energía o quizá esté directamente relacionado con lo que Baumeister denominó «agotamiento del ego». En cualquier caso, los que rinden al máximo lo contrarrestan gracias a la planificación.

Si la fuerza de voluntad degenera con el tiempo, no te enfades. Empieza el día con la tarea más difícil y ve bajando el ritmo (haciendo las tareas en orden descendente de importancia y dificultad) hasta la más fácil. En el mundillo empresarial esto se llama «empezar por tragarse el sapo», aunque es más o menos el mismo procedimiento que deberíamos utilizar para poner orden en nuestra lista de objetivos claros. Empieza siempre las tareas de tu lista de objetivos claros, y por tanto tu día, con la que, una vez realizada, te produzca un mayor beneficio.

Por supuesto, como la fuerza de voluntad va disminuyendo con el tiempo, esos segundos y terceros sapos pueden convertirse en un problema. Por eso tengo ese cartel encima de mi escritorio que dice «HAZ LO DIFÍCIL». La frase es un recordatorio para enfrentarme a los retos de la vida, pero su función real es mucho menos importante: es para recordarme que haga una tarea más antes de hacer un descanso. Si la primera tarea de mi día es añadir 750 palabras al libro que estoy escribiendo y la segunda es ensayar un discurso, mi letrero me recuerda que debo practicar ese discurso antes de mi primer descanso.

Esto me ayuda a tomar impulso para hacer las tareas más duras mientras todavía tengo la máxima energía.

Hay cosas que tener en cuenta, por supuesto. Cuando estamos cansados, la actividad del córtex prefrontal disminuye, lo que provoca graves déficits de rendimiento. La atención vacila, la cognición se ralentiza y los errores de procesamiento son cada vez más frecuentes. La creatividad se resiente aún más. Cuando estamos bajos de energía, no nos detenemos a buscar conexiones entre las ideas. Tomamos la opción más fácil, sin prestar atención a las secuencias. Esto significa que si estás luchando contra la falta de sueño, no puedes luchar al mismo tiempo contra la fuerza de voluntad.

Por último, una vez cerrado el debate sobre la glucosa, vamos a descubrir que aumentar los niveles de energía con alimentos (la intervención de Baumeister) puede ayudar a restablecer la fuerza de voluntad, aunque siempre será necesario algún «cambio de estado». Si hablamos con personas de alto rendimiento sobre cómo recuperar la fuerza de voluntad a mediodía, por supuesto hablarán sobre la comida (lo que decía Baumeister), pero también mencionarán con frecuencia las siestas, la meditación y el ejercicio. Intervenir de estas formas no sólo restablece nuestra fisiología, sino que cambia nuestro estado y restablece nuestra neurobiología, lo que parece ser otra pieza fundamental en este rompecabezas.

LA MENTALIDAD

La mentalidad es lo que mi amigo Peter Diamandis explica de esta manera: «Si crees que puedes o crees que no puedes, tienes razón». Más técnicamente, la mentalidad es nuestra actitud ante el aprendizaje.[12]

O bien tienes una mentalidad fija, lo que significa que crees que el talento es innato y que ninguna práctica te ayudará a mejorar, o tienes una mentalidad de crecimiento, lo que significa que crees que el talento es simplemente un punto de partida y que la práctica marca la diferencia. Y para conseguir una perseverancia constante, la ciencia demuestra que la mentalidad de crecimiento es indispensable.

Cuando la psicóloga de Stanford Carol Dweck escaneó cerebros de personas que tenían que enfrentarse a tareas demasiado difíciles para ellas, descubrió una diferencia sustancial entre las personas de mentalidad fija y las de mentalidad de crecimiento.[13] Cuando se enfrentan a un problema difícil, los cerebros de las personas de mentalidad fija muestran una ausencia total de actividad, como si su mentalidad filtrara toda la información entrante. Como los de mentalidad fija creen que el talento es innato, no se ven capaces de resolver el problema. Como resultado, sus cerebros no se molestan en gastar la energía de intentarlo. Literalmente, no registran el problema. Por otro lado, los cerebros de las personas con mentalidad de crecimiento mostraban muchos fuegos artificiales al enfrentarse a un problema difícil. Todo su cerebro se encendía y permanecía así. Y con resultados significativos. Las personas con mentalidad de crecimiento trabajan más, durante más tiempo y de forma más inteligente, desplegando una gama mucho más amplia de estrategias de resolución de problemas cuando se enfrentan a retos complicados. También tienen más facilidad para entrar en estado de *flow* y mantenerlo.

Este aumento de *flow* se debe a la concentración. Cuando los de mentalidad fija cometían un error, tendían a insistir en él. Esto arruinaba su capacidad de mantener la concentración en el aquí y el ahora. No fue el caso de las personas con mentalidad de crecimiento. «Vive y aprende», dice la mentalidad de crecimiento, y el resultado es más *flow*.

Así pues, la pregunta fundamental es: ¿cómo cultivar una mentalidad de crecimiento? La curiosidad es el primer paso. Si te haces preguntas y aprendes, es difícil decirte a ti mismo que el aprendizaje por sí mismo no es posible.

A continuación, para construir esta base, haz un inventario de tu historia personal. Haz una lista de tus habilidades, sean las que sean. Lo más importante no son las habilidades en sí, sino el hecho de haberlas aprendido. Sé muy específico. Descubre las habilidades invisibles. ¿Qué es una habilidad invisible? ¿Saber terminar una discusión? Es un talento que no aparece en una prueba de aptitud, pero que es fantásticamente útil en el mundo real.

Una vez que tu lista esté completa, repasa todo lo que hay en ella. Deconstruye tus habilidades. ¿Cómo aprendiste esta habilidad? ¿Qué aprendiste primero, segundo, tercero, etc.? Haz lo mismo con el resto de tus habilidades. Busca puntos en común. Si encuentras coincidencias, esto te dará una idea de cómo aprendes. También te obligará a darte cuenta de que también puedes aprender en circunstancias difíciles o sin darte cuenta. Este es el cambio clave. Una vez que creemos que podemos aprender, nos volvemos curiosos sobre lo que podemos aprender y, de repente, desplegamos nuestra mentalidad de crecimiento de forma habitual y para obtener el máximo beneficio.

PASIÓN

Comenzamos este manual explorando la pasión, y es necesario retomar el hilo. La pasión es importante cuando hablamos de valentía porque no hay otra forma de perseverar durante años. Trabajar hasta las tres de la mañana durante tres meses seguidos es agotador. Por eso el consejo del escritor John Irving sobre la perseverancia es contundente y directo: «Obsesiónate y mantente obsesionado».[14]

Por desgracia, sus consejos no son siempre útiles.

El problema es que la pasión genuina no tiene apariencia de tal. Cuando la mayoría de nosotros pensamos en un icono pasión, nos imaginamos a LeBron James de niño haciendo un mate atronador. O a Einstein, con el pelo alborotado frente a la pizarra, con el cerebro elucubrando ecuaciones.

Vemos auténtica determinación, sudor en la frente, y pensamos, bueno, ese no soy yo.

Pero tampoco eran ellos, y esa es la cuestión.

La pasión de la primera etapa no se parece a la de la última. En el caso de LeBron, al principio su pasión se parecía exactamente a lo que era: un niño pequeño de pie frente a un gran aro, intentando que sus tiros entraran en la cesta. En la fase inicial, la pasión no es más que la superposición de múltiples curiosidades unidas a unos cuantos éxitos. Así que sí, el objetivo final puede ser «obsesionarse, seguir obsesionado», pero nuestro viaje comienza con «ser curioso, seguir siendo curioso». Vale la pena mencionar un segundo punto: la pasión no siempre es agradable.

A menudo, la pasión se siente como una frustración en el interior y tiene la apariencia de una obsesión desde el exterior. Los profesionales de alto rendimiento deben aprender a tolerar enormes cantidades de ansiedad y agobio, que es lo que produce la pasión la mayor parte del tiempo. La pasión no nos hace valientes. La pasión nos hace capaces de tolerar todas las emociones negativas producidas por la valentía.

Una mentalidad de crecimiento nos permite ver esta tolerancia a la negatividad como un signo de victoria. Ayuda a invertir el guion, obligando al cerebro a convertir el dolor en placer. Lo que también ayuda es tener una lista de objetivos claros.

Cada vez que ignoras la frustración, retrasas la gratificación y tachas un elemento de la lista, es una pequeña victoria. Ese pequeño subidón de placer que sientes cuando tachas algo de la lista es la recompensa química de la dopamina. La pasión produce pequeñas victorias, las pequeñas victorias producen dopamina, y la dopamina, repetidamente, a lo largo del tiempo, consolida una mentalidad de crecimiento. Pero como los neuroquímicos desempeñan muchas funciones diferentes en el cerebro, este aumento de la dopamina también amplifica la concentración e impulsa el *flow*. Y el *flow*, a lo largo del tiempo, produce valentía.

¿La razón?

El éxtasis del *flow* redime la agonía de la pasión. Si el *flow* es nuestra recompensa por la perseverancia, estamos dispuestos a tolerar mucho dolor en el camino.

Pero sigue siendo un gran dolor.

Por eso, incluso si se puede utilizar adecuadamente la fuerza de voluntad, la motivación y la pasión, el entrenamiento de este tipo de perseverancia requiere, bueno, entrenamiento. Y la mayoría de los expertos están de acuerdo en que, cuando se trata de perseverancia, hay pocos sustitutos para el esfuerzo físico. Haz ejercicio. Hazlo con regularidad. Esquí, surf o snowboard. Monta en bicicleta. Sal a caminar. Levanta pesas. Corre. Haz yoga. Haz taichí. Lo que sea. Haz algo.

Es así de sencillo.

Vale, quizá no sea tan sencillo. El *feedback* es importante. Mide tus progresos y, cada vez que hagas ejercicio, esfuérzate un poco más que la vez anterior. Mantente en el punto dulce de las habilidades de desafío. Apunta a esas pequeñas victorias que producen dopamina.

Además, prepárate para el fracaso. Habrá momentos en los que hacer ejercicio sea imposible. Estarás demasiado cansado o demasiado ocupado, o ambas cosas. Es normal que ocurra. En los días en los que el disgusto te asola, ten un plan preparado. Si no puedes hacer el entrenamiento completo por la mañana, planifica un medio entrenamiento para la tarde.

Y para esos días en los que nada parece posible, practica un «ejercicio de bajo impacto». Si estás demasiado cansado para hacer cualquier otra cosa, harás este ejercicio. Yo hago doscientas flexiones. Mi editor desde hace mucho tiempo, Michael Wharton, prefiere salir a correr veinte minutos. La cuestión es encontrar algo lo suficientemente duro como para recordarte que eres lo suficientemente valiente como para hacerlo, especialmente cuando no puedes hacer mucho más. Ese recordatorio es el punto. Con el tiempo, es lo que automatiza la persistencia.

VALOR PARA CONTROLAR TUS PENSAMIENTOS

Es imposible. Puedes escuchar la frustración dentro de ti. El duro trabajo. Las largas horas de esfuerzo. La voz en tu cabeza que te dice que lo dejes. Los golpes sobre la mesa. Tal vez sólo me pase a mí, pero ya me entiendes.

Si estás interesado en dar lo mejor de ti mismo, tu monólogo interior tiene que apoyar a la mejor versión de ti mismo. De hecho, cuando se trata de mantener un rendimiento, ya que la duda y la decepción son constantes compañeros, controlar tus pensamientos es a menudo como jugar a la pelota. «En el nivel de élite», explica el psicólogo de alto rendimiento Michael Gervais, «el talento y la capacidad son casi iguales. La diferencia está en la cabeza. El alto rendimiento es un 90 % mental. Y la mayor parte de esa ventaja mental proviene de la capacidad de controlar los pensamientos».[15]

Mi reflexión favorita sobre este tema proviene del asombroso discurso del autor David Foster Wallace «Esto es agua».[16] Pronunciado originalmente como discurso de graduación en el Kenyon College en 2005, «Esto es agua» trata aparentemente de la importancia de enseñar Humanidades, pero en realidad trata de la extrema necesidad de controlar el pensamiento. Esto dice Wallace:

Veinte años después de mi propia graduación llegué a comprender el típico cliché liberal acerca de las Humanidades enseñándonos a pensar; en realidad se refiere a algo más profundo, a una idea más seria: porque aprender a pensar quiere decir aprender a ejercitar un cierto control acerca de qué y cómo pensar. Implica ser consciente y estar atentos de modo tal que podamos elegir sobre qué poner nuestra atención y revisar el modo en que llegamos a las conclusiones a las que llegamos, al modo en que construimos un sentido en base a lo que percibimos. Y si no logramos esto en nuestra vida adulta, estaremos por completo perdidos. Me viene a la mente aquella frase que dice que la mente es un excelente sirviente pero un pésimo amo.

Como todos los clichés superficialmente es soso y poco atractivo, pero en realidad expresa una verdad terrible. No es casual que los adultos que se suicidan con un arma de fuego lo hagan apuntando a su cabeza. Intentan liquidar al tirano. Y la verdad es que esos suicidas ya estaban muertos bastante antes de que apretaran el gatillo.

Y les digo que este debe ser el resultado genuino de vuestra educación en Humanidades, sin mentiras ni chantadas: como impedir que vuestra vida adulta se vuelva algo confortable, próspero, respetable pero muerto, inconsciente, esclavo de vuestro funcionar «cableado» inconsciente y solitario. Esto puede sonar a una hipérbole o a un sinsentido abstracto. Pero ya que estamos pensemos más concretamente. El hecho real es que ustedes, recién graduados, no tienen la menor idea de lo que implica el día a día de un adulto. Resulta que en estos discursos de graduación nunca se hace referencia a cómo transcurre la mayor parte de la vida de un adulto norteamericano. En una gran porción esa vida implica aburrimiento, rutina y bastante frustración. Vuestros padres y parientes mayores que aquí los acompañan deben de saber bastante bien a qué me estoy refiriendo.

La excelencia requiere repetición. Aunque la pasión y el propósito estén perfectamente alineados y se ame por completo lo que se hace, la práctica suele reducirse a hacer una serie de comprobaciones diarias. Esto significa que una parte del máximo rendimiento siempre se esculpe a partir de los rasgos distintivos de la vida adulta de Wallace: el aburrimiento, la rutina y la frustración.

Por eso es importante controlar el pensamiento.

Sin el valor para controlar tus pensamientos, el aburrimiento y la frustración derivados de todas las rutinas se convertirán rápidamente en una espiral descendente. Un gran número de personas de alto rendimiento acaban llegando a una conclusión muy incómoda: están haciendo exactamente lo que les gusta, pero odian su vida. Este es un nuevo nivel de dificultad. Si la pasión y el propósito se convierten en una prisión, la frustración se transforma en rabia ciega. Es lo que nadie te dice sobre perseguir tus sueños: tarde o temprano vas a perseguirlos hasta caer por un precipicio.

Un dato: David Foster Wallace se quitó la vida unos años después de escribir «Esto es agua». Su maravilloso discurso sigue siendo un trágico recordatorio de lo verdaderamente difícil que es ganar esta pelea.[17]

La mejor noticia es que la ciencia ha empezado a prestar atención a este problema. En las últimas décadas, la higiene mental se ha convertido en un tema candente. Los avances han sido rápidos. Se ha desarrollado un enfoque de tres vertientes. Iremos avanzando de una en una.

DIÁLOGO INTERIOR

Si quieres controlar tus pensamientos, la autoconversación positiva es el punto de partida. «Sólo hay dos tipos de pensamientos», explica Michael Gervais, «los que nos constriñen o los que nos expanden. Los pensamientos negativos nos constriñen, los positivos nos expanden. Y se nota la diferencia. Buscamos expandirnos. La autoconversación positiva consiste en elegir aquellos pensamientos que nos proporcionan un poco más de espacio.»

Los pensamientos constrictivos van en la línea de: «Esto es una mierda. No puedo soportarlo. ¿Por qué mi vida es tan injusta?» Reducen tus opciones y capacidades. Los pensamientos positivos van en la otra dirección: «Elijo estar aquí. Voy a hacer esto. Puedo estar a la altura de las circunstancias».

Para que esto funcione de verdad, necesitarás mucho más discurso positivo del que podrías suponer. Barbara Fredrickson, de la Universidad de Carolina del Norte, descubrió la «proporción de positividad», es decir, el hecho de que se necesitan tres pensamientos positivos para contrarrestar un solo pensamiento negativo. En un artículo reciente, escribió que «la proporción de tres a uno es el punto de inflexión a partir del cual se desencadena todo el impacto de las emociones positivas».[18]

Una vez desencadenado, el impacto es considerable. El diálogo interior positivo conduce a emociones positivas, que amplían la perspectiva, dándonos la capacidad de crear planes de acción más allá de nuestras rutinas habituales. Estos nuevos planes de acción alivian el aburrimiento y la frustración que conlleva controlar la lista. Y lo que es mejor, las emociones positivas impulsan el «efecto rebote», que es una forma elegante de llamar a la resiliencia.[19]

Una cosa que hay que saber: la autoconversación positiva tiene que estar basada en la realidad. Cuando intentamos reforzarnos con afirmaciones falsas, el cerebro no se deja engañar. Somos muy buenos detectando el desajuste entre la realidad y la ficción. Por eso las afirmaciones tienden a ser contraproducentes.[20] Si te dices a ti mismo que eres millonario pero en realidad trabajas en unos grandes almacenes, el cerebro lo sabe. La disparidad entre la fantasía de la afirmación y nuestra realidad es demasiado grande y el resultado es desmotivador.

La mejor manera de animarse a uno mismo es recordar cosas que sabes que son ciertas. Si ha habido momentos en los que te has enfrentado a retos similares y has tenido éxito, por ahí debes empezar. La información real supera siempre a las aspiraciones de la cultura *New Age*.

GRATITUD

Nuestros sentidos recogen 11 millones de bits de información cada segundo.[21] Esto es demasiado para el cerebro. Gran parte de lo que hace el cerebro es filtrar y clasificar, tratando de separar lo importante de lo casual.

Y como la primera orden del día de cualquier organismo es la supervivencia, el primer filtro que se encuentra la mayor parte de esa información es la amígdala, nuestro detector de amenazas.[22]

Por desgracia, para mantenernos a salvo, la amígdala está fuertemente sesgada hacia la información negativa. Siempre estamos a la caza del peligro. En experimentos realizados en la Universidad de California, Berkeley, los psicólogos descubrieron que recibimos hasta 9 bits de información negativa por cada bit positivo que llega.[23] Nueve a uno son pésimas probabilidades en el mejor de los casos, y el máximo rendimiento rara vez tiene lugar en el mejor de los casos.

Sin embargo, los pensamientos negativos conducen a un mayor estrés. Esto aplasta el optimismo y la creatividad. Cuando nos orientamos hacia lo negativo, nos perdemos lo novedoso. La novedad es la base del reconocimiento de patrones y, por extensión, de la creatividad.[24] Si no hay creatividad, no hay innovación; si no hay innovación, no hay Imposible.

La autoconversación positiva es una solución a este problema. La gratitud es otra.

La práctica diaria de la gratitud altera el sesgo negativo del cerebro.[25] Cambia el filtro de la amígdala, entrenándola esencialmente para que reciba más información positiva. Esto funciona muy bien porque las cosas positivas por las que estás agradecido son cosas que ya han sucedido. Nunca hace saltar nuestro detector de mentiras.

El mejor momento para practicar la gratitud no acaba de estar claro. Personalmente, a mí me gusta hacerlo al final de la jornada laboral, justo después de escribir mi lista de objetivos para el día siguiente. Pero los días que me levanto estresado, es lo primero que hago, mientras me preparo el café, justo antes de empezar mi sesión matinal de escritura.

Y hay dos maneras de enfocar la práctica de la gratitud.

Primera opción: escribe diez cosas por las que estés agradecido, y cada vez que escribas un elemento, tómate el tiempo para sentir esa gratitud realmente.

Trata de recordar la dirección somática de la emoción, descubriendo dónde vive en el cuerpo (tu tripa, tu cabeza, tu corazón) y qué sensación produce exactamente.

O bien, la segunda opción: escribe tres cosas por las que estés agradecido y explica una en un párrafo descriptivo. Mientras escribes el párrafo, una vez más, asegúrate de centrarte en la dirección somática de tu gratitud. Cualquiera de las dos opciones funciona; ambas empezarán a cambiar la percepción, inclinando la proporción de positividad en una dirección más óptima. Y no se necesita mucho tiempo.

Las investigaciones demuestran que tan sólo tres semanas de gratitud diaria son suficientes para iniciar la reconexión.

Por último, también parece existir un fuerte vínculo entre la gratitud y el *flow*. En una investigación llevada a cabo por el Flow Research Collective y el neurocientífico de la USC Glenn Fox, vimos una relación directa entre una práctica diaria de gratitud y un estilo de vida de alto *flow*. ¿Por qué? Parece que el optimismo y la confianza que produce la gratitud reducen la ansiedad, lo que hace que tengamos menos miedo de llegar al límite de nuestras capacidades y seamos más capaces de alcanzar el punto dulce de las habilidades de desafío, el desencadenante más importante del *flow*.

MINDFULNESS

Si te interesa desarrollar la valentía necesaria para controlar tus pensamientos, entonces te interesará la brecha. Hay una pequeña brecha, no más de un milisegundo, entre el momento en que surge un pensamiento y el momento en que nuestro cerebro adjunta una emoción a ese pensamiento. Una vez que ese sentimiento está vinculado, especialmente si es negativo, suele haber demasiada energía en el sistema para apagarlo. Pero si puedes entrar en ese espacio entre el pensamiento y la emoción, puedes sustituir un mal pensamiento por uno mejor, neutralizando la respuesta al estrés a corto plazo y reprogramando el cerebro a largo plazo.

Este es uno de los grandes beneficios de la práctica de la atención plena. El mindfulness es el acto de prestar atención a la propia mente.

No es una práctica espiritual; es una herramienta cognitiva. Al observar tus pensamientos a medida que surgen, empezarás a notar esta brecha entre el pensamiento y el sentimiento, y pronto descubrirás que el simple acto de notarlo te da libertad. Una vez que hay espacio para moverse, hay libertad para elegir, y puedes volverte activo en lugar de reactivo. Una vez más, tienes dos opciones.

Primera opción: atención plena en un único punto. Aquí pones toda tu atención en una cosa: tu respiración, la llama de una vela, una palabra o frase repetida, el sonido del viento en la distancia, elige. Pero cuando elijas, al menos al principio, elige algo que resuene con la forma en que te gusta recibir la información. Si te conmueven las palabras, encuentra una palabra que te conmueva. Si estás más orientado a lo cinético, céntrate en las sensaciones.

Una vez que hayas elegido tu punto de atención, siéntate tranquilamente y concéntrate en ese punto. Ese es el juego. Empieza con cinco minutos al día. Elige un momento en el que necesites estar tranquilo. Antes de empezar el día, antes de una reunión importante, para tranquilizarte antes de llegar a casa con tus hijos. Respiraciones largas y lentas. Las investigaciones demuestran que cuando nuestras inhalaciones y exhalaciones tienen la misma duración, estamos equilibrando las respuestas simpáticas (lucha o huida) con las respuestas parasimpáticas (descanso y relajación).[26] Esto nos calma rápidamente. Y la calma nos ayuda a concentrarnos aún más.

Si los cinco minutos te sientan bien, amplíalos a seis, o siete, o el tiempo que quieras. Los estudios demuestran que la reducción del estrés y la disminución de la ansiedad se consiguen con tan sólo cinco minutos de mindfulness al día,[27] mientras que los mayores beneficios cognitivos (mayor concentración, optimismo, resiliencia y control emocional) empiezan a notarse realmente a partir de los doce o veinte minutos diarios.[28]

Obviamente, sobre todo al principio de cada sesión, la mente hará lo que hacen las mentes: divagar. Espéralo, date cuenta y simplemente vuelve a centrarte en ese único punto. No te juzgues por la falta de control de los pensamientos; simplemente fíjate en los que no pudiste controlar. Luego, sigue adelante. Se llama atención plena porque estás aprendiendo a prestar atención a la mente. El control férreo de los pensamientos no es el objetivo. La cuestión es simplemente darse cuenta de que, «vaya, el control férreo de los pensamientos es una fantasía». Dicho de otro modo, la mejor manera de desarrollar el valor para controlar tus pensamientos es empezar a notar lo incontrolable que es el pensamiento en realidad.

Segunda opción: una meditación de atención abierta. En este caso, simplemente presta atención a todo lo que te llega al cerebro. Observa el espectáculo; no te comprometas. Una cosa que hay que tener en cuenta es que, para los creativos, la meditación de un solo punto aumenta el pensamiento convergente y amortigua el pensamiento divergente. La meditación de atención abierta hace lo contrario. [29] Así que si eres un arquitecto que trabaja en un proyecto que requiere conexiones remotas, hazlo con atención abierta. Si eres un abogado que trata de hacer un contrato a prueba de bombas, el enfoque de punto único es tu herramienta.

Ambos enfoques reciclan el cerebro, enseñándole una sencilla lección: somos más eficaces a la hora de afrontar los retos de la vida cuando somos conscientes, observadores, no reactivos y no juzgamos. Personalmente, adopto un enfoque de entrenamiento cruzado. Combino un par de sesiones de mindfulness a la semana con un par de prácticas de yoga de atención abierta. Mi preferencia en cuanto a la atención plena es de diez a veinte minutos de respiración cuadrada (véase la explicación en las notas finales), seguidos de diez minutos de meditación de atención abierta. [30] Mi yoga preferido es el Ashtanga, principalmente porque es una especie de *break dance* a cámara lenta y esto mantiene mi atención más que otras variantes. Además, como el Ashtanga hace hincapié en la respiración y la concentración, los instructores tienden a hablar menos, lo que es importante si se trata de utilizar la práctica para aprender a ampliar la brecha entre el pensamiento y el sentimiento. Dicho esto, no asumas que lo que funciona para mí funciona para ti.

Realiza tu propio experimento.

AGALLAS PARA DOMINAR EL MIEDO

La primera vez que conocí al surfista Laird Hamilton fue a principios de la década de 2000. La revista *ESPN* me había pedido que le entrevistara como parte de un artículo sobre los atletas de deportes de aventura que envejecen, esos canosos de más de treinta años que claramente, en opinión de la revista, se acercaban al final de sus otrora legendarias carreras.[31]

El problema era que Laird no estaba cerca del final de nada.

Cuando nos conocimos, acababa de inventar el surf de arrastre, había construido su primera hidroala y estaba empezando a pensar en el *paddle* surf, tres actividades que pronto remodelarían el futuro de los deportes de aventura. Sin embargo, la *ESPN* estaba tan segura de que Laird estaba en la cima que me envió a hablar con él sobre su experiencia. Sólidos instintos periodísticos.

En aquel momento, Hamilton era el rey de los deportes de aventura, considerado el más duro de los duros, y con fama de ser especialmente intransigente con los periodistas. Estaba aterrorizado. Laird no me decepcionó.

Le gustaba hacer «actividades» con los periodistas. El requisito mínimo eran tres «actividades». La primera fue una sesión de surf, la segunda, una clase de moto acuática. La sesión de surf fue bien porque las olas eran casi todas pequeñas. Luego, el oleaje se volvió más violento y Laird decidió enseñarme a saltar con una moto de agua sobre las olas. No parecía importar que nunca hubiera montado en una moto de agua. Como introducción, Laird me puso en la parte trasera de la suya y arrancó. Fuimos volando por el océano. Yo no estaba, digamos, emocionalmente preparado para la velocidad.

Cuando tenía doce años, el hermano mayor de un amigo me subió a la parte trasera de una moto de *cross* y la puso a tope intentando atravesar un bosque lo más rápido posible. Se equivocó en un giro y salí despedido de la moto y me estrellé contra un árbol. Estaba magullado, pero no herido, salvo por los nervios.

Desde entonces, especialmente cuando no soy el conductor, estar a lomos de cualquier máquina requiere para mí un tremendo acto de voluntad. En el caso de aquella moto de agua, después de unos cinco minutos de terror, no pude soportarlo más, pero eso no era tan raro.

Cuando conocí a Laird, el terror era una experiencia familiar para mí, tal vez la más familiar. Sentía que siempre tenía miedo. Era una constante en mi vida. Y odiaba ese miedo. Me odiaba a mí mismo por sentir miedo. Me sentía cobarde y fracasado. De hecho, odiaba tanto la sensación de miedo que había empezado a hacer cualquier cosa que me aterrorizara. Era más fácil hacer lo que me daba miedo que vivir con la vergüenza de ese miedo. Y eso explica mi siguiente decisión.

Laird me había prometido que si salía rebotado de la moto de agua, lo peor que podía pasar era que me quedara sin aliento. A unos ochenta kilómetros por hora, decidí probar su teoría.

Salté. Me estrellé. El viento, de hecho, me dejó sin aliento. También otras cosas. Entonces Laird giró la moto de agua para recogerme y, cuando me ayudaba a subir de nuevo a bordo, dijo dos palabras que cambiaron toda mi relación con el miedo.

«Tú también», fue lo que dijo.[32]

Lo que quería decir era que, al igual que yo, él, el rey absoluto de los deportes de aventura, el más duro de los duros, también sentía miedo. Y también se odiaba a sí mismo por sentir ese miedo. Y al igual que yo, también había aprendido a ir directo a su miedo como forma de aliviarlo. Esto era nuevo para mí. Pensaba que la valentía significaba no tener miedo. Creía que era así como se suponía que debían sentirse los «hombres» o, más concretamente, no sentirse. No tenía ni idea de que el miedo estaba bien.

De vuelta a la playa, Laird siguió hablando: «El miedo es la emoción más habitual en mi vida. He tenido miedo durante mucho tiempo... Bueno, sinceramente, no puedo recordar que no haya tenido miedo. Es lo que haces con ese miedo lo que marca la diferencia».

Laird tiene toda la razón. Si te interesa lo imposible, entonces te interesa el desafío, y si te interesa el desafío, vas a tener miedo.

La emoción es fundamental. Todos la sentimos. Lo que marca la diferencia es lo que hacemos con ella.

Todas las personas de éxito que he conocido huyen de algo tan rápido como corren hacia algo. ¿Por qué? Muy sencillo. El miedo es un motivador fantástico. Por eso, aprender a tratar el miedo como un reto hacia el que hay que dirigirse, en lugar de como una amenaza que hay que evitar, puede suponer una diferencia muy profunda en nuestras vidas. Este enfoque toma nuestro impulso más primario, la necesidad de seguridad y protección, y lo pone a trabajar en nuestro beneficio.

En consecuencia, la concentración es gratuita. De forma natural, prestamos atención a las cosas que nos asustan. Diablos, cuando algo nos asusta de verdad, lo difícil es no prestarle atención. El miedo impulsa la atención. Esto es fantástico. Algo que normalmente requiere una tonelada de energía ahora sucede automáticamente. En la misma línea, todas las emociones poderosas aumentan la atención mnemotécnica, y el miedo quizás más que nada. Los estudios demuestran que recordamos las malas experiencias con mucha más facilidad que las buenas, lo que significa que utilizar el miedo como motivador nos permite concentrarnos de forma gratuita, a la vez que aumenta el aprendizaje.

El gran punto es este: el miedo es una constante en el máximo rendimiento. Si no aprendes a trabajar con esta emoción, seguramente ella aprenderá a trabajar contigo. Pero si puedes tomar toda esa energía y utilizarla para impulsar el enfoque y la concentración a corto plazo, y

como una flecha direccional a largo plazo (más sobre esto más adelante), entonces habrás añadido una fuerza extremadamente potente a tu
valentía.

UNA PRÁCTICA DEL MIEDO

Kristen Ulmer es una de las mejores atletas de la historia y una de las
más valientes: esquiadora de alta montaña, esquiadora de montaña, escaladora de hielo, escaladora de roca y parapentista con una larga lista
de Imposibles.[33] Durante la década de 1990 y principios de los 2000,
Ulmer fue elegida «la mejor esquiadora extrema del mundo» durante
doce años consecutivos, lo que supone un nivel de dominio raramente
visto en el deporte.

Luego dejó esa carrera para dedicarse a otra, convirtiéndose en una
de las principales expertas en miedo del mundo y entrenando a más de
diez mil personas en el camino. Ulmer cree que el primer paso para
transformar la relación con el miedo es desarrollar una *práctica* regular
del miedo. «Todo el mundo tiene el mismo problema», explica. «La
amígdala no sólo filtra toda la información que le llega, sino que la
mayoría de esos filtros se establecen en la primera infancia, por experiencias que apenas podemos recordar. El resultado: a menudo ni siquiera reconocemos que la emoción que sentimos es miedo. En cambio,
se malinterpreta y se redirige, apareciendo como culpa, ira, tristeza o en
pensamientos y comportamientos irracionales.»

Para superarlo, hay que desarrollar una conciencia del miedo. «Hay
que empezar por notar el miedo en el cuerpo», dice. «La sensación
cinestésica real. Cualquier forma de malestar emocional o incluso físico es donde lo encontrarás. A continuación, dedica un tiempo a no
centrarte en él con la mente, sino a sentirlo en tu cuerpo, que es muy
diferente. Acógelo, trátalo como a un amigo, pregúntale qué está tratando de decirte. Si haces esto, descubrirás que el miedo no es tan

desagradable como pensabas. Es nuestro intento de evitar el miedo lo que resulta tan incómodo. Pero una vez que se pone toda la atención en la sensación de miedo, ésta se disipa. Es lo contrario de la intuición, pero dirigir la atención a la sensación corporal realmente disuelve la sensación.»

Al mismo tiempo, Ulmer también recomienda cambiar el lenguaje en torno al miedo. En lugar de decir «hazlo a pesar del miedo», di «hazlo por el miedo». Considera el miedo un sentimiento de expectación, o como una emoción que te ayuda a concentrarte. «Trata el miedo como si fuera un compañero de juegos», sugiere Ulmer.

«Esto transforma la sensación de que tienes que resolver un problema en la de que hay una fuente de la que tienes que beber.»

Una vez que hayas empezado a hacerte amigo del miedo, tienes que construir sobre esta base. Laird Hamilton cree que la mejor manera de avanzar es asumir riesgos con regularidad. «Una vez que empiezas a enfrentarte a tus miedos —explica—, te das cuenta rápidamente de que la imaginación es más grande que la realidad. Pero el miedo es una emoción cara que requiere mucha energía para producirse. Una vez que te das cuenta de que la imaginación es mayor que la realidad, ¿por qué gastar toda esa energía en algo que no da tanto miedo? Enfrentarte a tus miedos obliga al cuerpo a recalibrarse, y la próxima vez que te enfrentes a algo similar evocará una respuesta menor.»

Pero, ¿cómo enfrentarnos realmente a nuestros miedos?

La ciencia demuestra que sólo hay dos opciones. O bien crear tolerancia poco a poco, lo que los psicólogos llaman «desensibilización sistemática», o ir de golpe, lo que se llama apropiadamente «desbordamiento». En cualquier caso, el proceso es el mismo.

En primer lugar, como sugirió Ulmer, aprende a identificar el miedo en tu sistema, por ejemplo, como una tensión en tu cuerpo o en tu patrón de pensamiento. Luego, piensa en otras situaciones en las que te hayas encontrado con algo similar, hayas sentido algo parecido y lo hayas superado con éxito. ¿Cómo lo hiciste? ¿Qué habilidades psicológicas utilizaste la primera vez? Una vez que tengas claras esas habilidades, practícalas una y otra vez.

Por ejemplo, digamos que hablar en público te produce temor. En primer lugar, identifica la ubicación y la expresión de ese miedo en tu sistema. ¿Es un malestar en las tripas? ¿Hace que se aceleren tus pensamientos? ¿Tal vez ambas cosas?

Ahora, piensa en otros momentos de tu vida en los que sentiste esas mismas sensaciones y, sin embargo, conseguiste estar a la altura de las circunstancias. Un momento en el que tu cabeza dio vueltas y tus tripas se revolvieron antes de tener una conversación difícil con un amigo, pero el hecho de tener esa difícil conversación (de dejar atrás esos malos sentimientos) fortaleció finalmente vuestra relación.

Por último, ¿qué habilidades te ayudaron la primera vez? ¿Respiraste profundamente diez veces antes de hablar con tu amigo? Genial, ahora practica técnicas de respiración profunda. ¿Jugaron un papel importante la autoconciencia y la inteligencia emocional? Genial, ahora practica también esas habilidades.

Además, como nos recuerda el psicólogo Michael Gervais, «hay que saber valorar los progresos. Hay que medir lo bien que se han utilizado esas habilidades, y si han creado más espacio psicológico. Aprender a crear espacio es la forma de aprender a pelear en entornos hostiles, difíciles y estresantes».[34] Y lo que es mejor, puesto que el riesgo es un desencadenante del *flow* (el *flow* sigue a la concentración y sus consecuencias captan nuestra atención), este tipo de práctica regular del miedo aumentará automáticamente el tiempo que pasamos en ese estado. Cuando asumimos un riesgo, se libera dopamina en nuestro sistema, que es la forma que tiene el cerebro de recompensar el comportamiento exploratorio.

Y cualquier tipo de riesgo produce dopamina.[35] Así que, por supuesto, hay que correr riesgos físicos, pero también riesgos emocionales, intelectuales o creativos. Los riesgos sociales funcionan especialmente bien. El cerebro procesa el riesgo social y el riesgo físico exactamente con las mismas estructuras, lo que explica por qué el miedo a hablar en público es el miedo número uno del mundo y no algo que parece tener más sentido desde el punto de vista evolutivo, como el miedo a ser devorado por un oso pardo.

Sin embargo, cada uno es diferente. Puede que Laird Hamilton necesite surfear olas de quince metros para luchar contra el miedo; para mí, un metro y medio es más que suficiente. Y ese soy yo. Para cualquiera que sea aún más tímido y manso, puede luchar contra el miedo y practicar la asunción de riesgos simplemente probando una nueva actividad o hablando en una reunión o pidiendo la hora a un desconocido. Después, unos días más tarde, pídesela a dos desconocidos. Y así sucesivamente. El objetivo es sentirse cómodo con la incomodidad. La sensación desagradable continúa, pero nuestra relación con esa sensación se recalibra permanentemente. Y eso es lo que realmente buscamos.

EL MIEDO COMO BRÚJULA

Si aprendes a sentirte cómodo con la incomodidad, puedes empezar a dar el último paso en este proceso, que es aprender a utilizar el miedo como brújula. Para las personas de alto rendimiento, el miedo se convierte en un indicador de dirección. A no ser que lo que tengan delante sea una amenaza extrema e inmediata que deban evitar, los mejores se dirigirán a menudo en la dirección que más les asuste.

¿Por qué?

Una vez más: atención y *flow*. Ir en la dirección que más te asusta amplifica la atención y esto se traduce en *flow*. El aumento del rendimiento que proporciona este estado nos ayuda a superar nuestros miedos y a enfrentarnos a los retos más importantes. Pero el impulso aún mayor se produce hacia adelante, con el descubrimiento de que nuestro verdadero potencial se encuentra al otro lado de nuestros mayores temores. Al enfrentarnos al miedo, ampliamos nuestra capacidad y aprendemos a mantenernos psicológicamente estables y con control incluso en situaciones que nos parecen inestables e incontrolables.

LA VALENTÍA DE SER EL MEJOR CUANDO ESTÁS PEOR

Josh Waitzkin es un polímata de alto rendimiento. Empezó siendo la versión real del niño prodigio del ajedrez que aparece en la película *En busca de Bobby Fischer*, ganando los nacionales de ajedrez junior de Estados Unidos en 1993 y 1994 y obteniendo el título de «maestro internacional de ajedrez» antes de cumplir los dieciséis años. A continuación, se aventuró en las artes marciales, convirtiéndose en campeón mundial de empuje de manos de taichí y, posteriormente, se centró en el Jiujitsu brasileño, obteniendo el cinturón negro con el legendario luchador Marcelo García. Después se hizo escritor y publicó *El arte de aprender*, que se convirtió en un clásico sobre el alto rendimiento. Últimamente, ha trasladado toda esa experiencia al mundo del coaching, donde trabaja con deportistas de élite, inversores y otros profesionales. Pero el motivo de esta larga introducción es que Josh Waitzkin tiene una idea ligeramente especial de la valentía.[36]

Aunque Waitzkin cree que la perseverancia, el control del pensamiento y el dominio del miedo son fundamentales para el rendimiento a largo plazo, cree que hay un factor diferenciador aún más importante. «El valor que más importa —dice— es aprender a dar lo mejor de ti cuando estás en tu peor momento. Esta es la verdadera diferencia entre los deportistas de élite y los demás. Y este tipo de agallas tienes que entrenarlas por separado, como si fueran una habilidad independiente. Pero, si puedes hacer esto, lo que descubres es un verdadero poder. Hay un poder real ahí, y es un poder que probablemente no sabías que tenías.»

El psicólogo William James estaba de acuerdo. Hace más de cien años, en un discurso ante la Asociación Filosófica Americana titulado «Las energías de los hombres», James señaló que:

La existencia de reservas de energía a las que habitualmente recurrimos nos es muy familiar en el fenómeno de «segunda aura». Generalmente nos paramos cuando encontramos el primer estrato efectivo, por así llamarlo, de fatiga. En este punto hemos caminado, jugado o trabajado «lo suficiente» y desistimos. Esta suma de fatiga es un impedimento eficaz que señala el límite de nuestra vida ordinaria. Pero si una necesidad inusual nos obliga a continuar sucede una cosa sorprendente. El cansancio aumenta hasta un cierto punto crítico en el que gradual o súbitamente desaparece y nos encontramos más frescos que al principio. Evidentemente nos encontramos de repente en un nivel de nueva energía, oculto hasta entonces por el obstáculo del cansancio que habitualmente obedecemos, y estrato tras estrato de esta experiencia, puede sobrevenir una tercera y una cuarta aura. La actividad mental muestra este fenómeno como si fuera físico y en casos excepcionales podemos encontrar, al otro lado del punto más extremo de fatiga, un gran alivio y una capacidad que nosotros mismos nunca habríamos soñado tener, fuentes de fortaleza que habitualmente no usamos en absoluto en un esfuerzo excesivo porque habitualmente no avanzamos tras el obstáculo, no pasamos nunca esos primeros puntos críticos. [37]

La buena noticia: hay formas fáciles de entrenar este tipo de agallas. La mala noticia: el camino no es muy agradable. De hecho, la única forma de entrenar para ser lo mejor posible cuando se está en el peor momento es, bueno, lo has adivinado, entrenar cuando se está en el peor momento.

En los deportes extremos, por ejemplo, uno de los secretos para no acabar en el hospital es aprender a mantener el equilibrio en condiciones de extenuación. Para practicar esto, cierro cada entrenamiento con una sesión de salto de cuerda de alta intensidad (para asegurar el agotamiento), y luego me subo a una Indo Board (una tabla de equilibrio muy dinámica) durante diez minutos. Si la tabla toca el suelo durante ese periodo, vuelvo a empezar. Es una forma de entrenar el equilibrio en condiciones de gran angustia, un ejercicio que ha reducido definitivamente mis facturas médicas.

Yo adopto un enfoque similar para el entrenamiento de habilidades cognitivas. Cuando practico un nuevo discurso, siempre ensayo en condiciones infernales. Elijo un momento en el que no he dormido lo suficiente, he trabajado durante diez horas y he realizado una intensa sesión de entrenamiento en el gimnasio. Después de todo eso, llevo a mis perros al campo, subo una montaña y doy mi discurso por el camino. Si puedo sonar coherente subiendo cuestas, puedo sonar coherente en cualquier situación.

O casi cualquier situación. En lo que respecta a la creatividad, aprender a ser lo mejor posible cuando las condiciones son las peores requiere un paso más. La razón es fisiológica. Las malas condiciones significan más estrés, pero cuantas más hormonas del estrés, menos pensamiento divergente.[38]

El profesor emérito de psiquiatría de Tufts, Keith Ablow, lo resuelve con un poco de ciencia cognitiva. «Mantengo una posición filosófica muy firme de que estar agotado es algo bueno. Cuando estoy agotado por el trabajo realizado para conseguir un objetivo valioso, mi agotamiento es una ofrenda. Al verlo de esta manera, estoy reformulando el agotamiento, pasándolo de ser algo negativo a ser un don positivo, y esto confiere una cierta inmunidad al agotamiento. También amortigua el miedo, que a menudo puede ser el subproducto del agotamiento, pero que es una enorme barrera para la creatividad. El mero hecho de rebajar un poco la ansiedad parece liberar niveles ocultos de pensamiento innovador.»[39]

EL VALOR PARA ENTRENAR TUS PUNTOS DÉBILES

En la última sección, vimos que el entrenamiento para dar lo mejor de ti cuando estás en el peor momento requiere practicar en condiciones de extrema dureza. El tipo de agallas que se obtienen de esta práctica garantiza que, cuando esas condiciones aparezcan en el mundo real, tendrás experiencia previa para controlar el miedo, mantener la concentración y utilizar tus habilidades al máximo. Pero esto es sólo la primera mitad de la ecuación.

La segunda parte consiste en entrenar tus puntos débiles. Aunque practiques tu mejor versión cuando estás en tu peor momento, siempre habrá algunos eslabones débiles en esa cadena. Y estos puntos potenciales de fracaso se hacen realidad cuando la presión aumenta.

No hay nada sorprendente en esto. Nuestras debilidades suelen ser lo que menos nos gusta y lo que menos nos motiva a entrenar. Desgraciadamente, en una situación de crisis, como señaló el poeta griego Arquíloco hace tanto tiempo, «no nos elevamos al nivel de nuestras expectativas, sino que caemos al nivel de nuestro entrenamiento».[40]

Una vez más, la cuestión es el miedo. Cuanto más miedo haya en la ecuación, menos opciones tendremos. En momentos de tensión, el cerebro limita nuestras opciones para acelerar nuestros tiempos de reacción, siendo el ejemplo extremo la lucha o la huida, donde la situación es tan grave que el cerebro sólo ve tres acciones potenciales (quedarse inmóvil es la tercera).[41] Sin embargo, lo mismo ocurre en menor grado en cualquier situación de estrés extremo. Y las respuestas a las que recurrimos bajo presión son las que hemos automatizado por completo, esos patrones que hemos ejecutado una y otra vez.

Así pues, la solución: identificar tus mayores debilidades y ponerte a trabajar. Por eso el esquiador Shane McConkey buscaba sistemáticamente las peores condiciones de la montaña, por eso Arnold Schwarzenegger siempre empezaba sus sesiones de levantamiento de pesas centrándose en su grupo muscular más débil, y por eso el premio Nobel Richard Feynman decidió, ya tarde, aprender a hablar con las mujeres. Bueno, Feynman decide entrenar esta particular debilidad acudiendo a clubes de *striptease*, pero esa es otra historia.[42]

El mayor problema es que entrenar nuestras debilidades puede ser más complicado de lo que parece. Los sesgos cognitivos influyen en la percepción, por lo que puede ser difícil tener una idea clara de nosotros mismos. Una forma de evitar este problema: pedir ayuda. Pide a tus amigos que identifiquen tus puntos débiles. Quieres que sean sinceros pero que no se pasen de la raya. Una lista de tus tres puntos débiles más importantes suele ser suficiente para proporcionarte material de entrenamiento, sin el golpe al ego que supone escuchar todo lo que está mal en ti. Y lo que es más importante, tus amigos también vienen con prejuicios incorporados, así que no preguntes sólo a uno. Pregunta a tres, cuatro o cinco y busca correlaciones entre sus respuestas. Si un punto débil aparece en cinco listas diferentes, es un buen punto de partida.

Lo más probable es que los elementos de tu lista se clasifiquen en tres categorías: física, emocional y cognitiva. La falta de resistencia es una debilidad física. El mal genio es un problema emocional. La incapacidad de pensar a escala es un problema cognitivo. Pero los tres no pueden abordarse de la misma manera.

La mejor manera de entrenar las debilidades físicas y emocionales es de frente, pero lentamente. No esperes resolver estos problemas en una o dos semanas. Los viejos hábitos son difíciles de erradicar. Aprende a amar la lentitud. Aprende a perdonarte a ti mismo por los inevitables retrocesos.

Y, por supuesto, espera sentirte incómodo por el camino.

Abordar nuestras debilidades cognitivas es quizá el reto más difícil, pero Josh Waitzkin ha desarrollado un método que obtiene buenos resultados de forma constante. Sugiere revisar los últimos tres meses de tu vida y preguntarte: «¿Qué creía hace tres meses que hoy sé que no es cierto?» A continuación, sigue con dos preguntas claves: «¿Por qué creía eso? ¿Qué tipo de error de pensamiento cometí para llegar a esa conclusión errónea?»

La buena noticia es que este tipo de errores de pensamiento tienden a ser categóricos. Tenemos puntos ciegos que confieren a nuestros errores una cierta coherencia. Así que las debilidades tienden a tener causas profundas. Si se entrenan las causas fundamentales, se pueden eliminar categorías enteras de debilidades de una sola vez.

LAS AGALLAS PARA RECUPERARSE

Hay un lado oscuro en todo este esfuerzo: el agotamiento y el agobio. El agotamiento no es sólo un estrés extremo; es una pérdida de máximo rendimiento.

El *burnout* se identifica por tres síntomas: agotamiento, depresión y cinismo.[43] Es el subproducto de un estrés repetido y prolongado. No es el resultado de trabajar muchas horas, sino el resultado de trabajar muchas horas en condiciones específicas: alto riesgo, falta de control, desalineación de la pasión y el propósito, y largas e inciertas grietas entre el esfuerzo y la recompensa. Desgraciadamente, todas estas condiciones surgen durante la persecución de metas elevadas y difíciles.

Por eso, es hora de ponerse a trabajar en la recuperación.

Y suele ser necesario tener agallas. Para los que rinden al máximo, es difícil volver a relajarse. Como lo que más importa es el impulso, cuando te quedas quieto tienes la impresión de que es pereza. Y cuanto más alineados estemos con la pasión y el propósito, más «pérdida de tiempo» nos parecerá el tiempo libre. Sin embargo, dado que el agotamiento conduce a un declive significativo de la función cognitiva (que es uno de los enemigos más comunes del máximo rendimiento constante), es absolutamente necesario ser valiente en cuanto a la recuperación.

Y no todas las estrategias de recuperación son iguales.

Las principales opciones son la pasiva y la activa. La recuperación pasiva consiste en ver la televisión y tomar una cerveza.

Desgraciadamente, el alcohol interrumpe el sueño y la televisión mantiene el cerebro activo de una manera anormal.[44] La verdadera recuperación requiere cambiar las ondas cerebrales al rango alfa. Y aunque la televisión apaga los centros corticales superiores (lo que es bueno para la recuperación), esas imágenes en constante cambio sobreestimulan el sistema visual, sacando al cerebro de la zona alfa y llevándolo a la zona beta, que es donde se producen las ondas cerebrales de la vigilia y la alerta.[45] La recuperación activa es lo contrario. Garantiza que el cerebro permanezca apagado y el cuerpo pueda recuperarse. Al eliminar las hormonas del estrés del sistema y cambiar las ondas cerebrales a alfa (primero) y a delta (después), las prácticas de recuperación activa nos permiten reiniciar. Por supuesto, los deportistas de alto rendimiento llevan esto a extremos considerables: cámaras hiperbáricas, tanques de privación sensorial, especialistas en nutrición que les hacen contar las calorías ingeridas. Se trata de herramientas útiles, y hay que seguir este camino si se está interesado, pero la investigación muestra que puedes ponerte a trabajar en la recuperación en tres pasos más sencillos.

En primer lugar, protege tu sueño. El sueño profundo de ondas delta es fundamental para la recuperación y el aprendizaje: es cuando se consolida la memoria.[46] Necesitas una habitación oscura, baja temperatura y nada de pantallas. El brillo del teléfono móvil está en el mismo rango de frecuencias que la luz del día, y esto interfiere en la capacidad del cerebro para desconectarse completamente.

Y apaga el móvil durante un rato. La mayoría de la gente necesita entre siete y ocho horas de sueño por noche, pero averigua qué es lo óptimo para ti y asegúrate de que consigues lo que necesitas de forma constante.

En segundo lugar, poner en marcha un protocolo de recuperación activa. El trabajo corporal, el yoga restaurativo, el taichí, los largos paseos por el bosque (lo que la gente ha llamado, muy a mi pesar, «baños de naturaleza»), los baños con sales de Epsom, las saunas y los baños calientes son los métodos tradicionales. Mi preferencia personal es la sauna de infrarrojos. Intento hacer tres sesiones a la semana, de cuarenta y cinco minutos cada una. En la sauna, divido mi tiempo entre la lectura de un libro y practicar la atención plena. Las saunas reducen el cortisol. Cuando se combina con la reducción del estrés producida por el mindfulness, este doble golpe acelera la recuperación.

En tercer lugar, reiniciar del todo es importante. Todo el mundo tiene un punto de no retorno. Si tu trabajo es sistemáticamente deficiente y los niveles de frustración aumentan, es hora de alejarse durante unos días. Para mí, esto es una vez cada diez o doce semanas. Mi descanso preferido es ir a esquiar solo un par de días. Leo libros, me deslizo por la nieve e intento no hablar con nadie. Pero así soy yo. Averigua qué es lo tuyo.

Lo más importante es que mantengas este problema a raya. El agotamiento destruye tanto la motivación como el impulso. A corto plazo, como el estrés crónico interfiere en la función cognitiva, hará que tu trabajo sea de mala calidad y que tengas que repetirlo. A largo plazo, dado que el agotamiento tiene efectos neurológicos permanentes en todo, desde la resolución de problemas hasta la memoria y la regulación emocional, puede desbaratar por completo tu búsqueda de lo imposible. [47] Por lo tanto, aunque introducir tiempos de descanso obligatorios en tu agenda puede parecer una pérdida de tiempo, no es nada comparado con el tiempo que perderás cuando estés agotado. Si te pones las pilas para recuperarte cuanto antes, llegarás más lejos y más rápido.

6

El hábito de la ferocidad

Peter Diamandis está ocupado.[1] Mi buen amigo y coautor en mis libros anteriores es el fundador de la Fundación XPRIZE, el cofundador de la Singularity University y la fuerza emprendedora detrás de veintidós empresas diferentes. En 2014, *Fortune* lo incluyó en su lista de «Los 50 mejores líderes del mundo« y sigue siendo la única persona que conozco que ha aparecido en un sello. Sin embargo, en el momento en que nos conocimos, todo esto estaba aún por llegar.

Peter y yo nos conocimos en 1999, al principio de nuestras carreras. Nos conocimos porque escribí uno de los primeros artículos importantes sobre el XPRIZE, que era a la vez el loco intento de Peter de abrir la frontera espacial y un premio de 10 millones de dólares para la primera persona que construyera y volara una nave espacial hasta la órbita baja de la Tierra dos veces en dos semanas.

Una nave espacial reutilizable era lo que la NASA no podía construir, pero seguía siendo una posibilidad tentadora. Si no quemáramos nuestros cohetes cada vez que saliéramos del planeta, el coste de salir del mundo caería en picado. Era, según Peter, el primer paso necesario para abrir la frontera espacial.

Pasé seis meses informando sobre la historia, entrevistando a docenas de expertos. Todo el mundo estaba de acuerdo: Peter estaba loco. Una nave espacial reutilizable nunca iba a existir. La NASA dijo que costaría miles de millones de dólares y requeriría decenas de miles de ingenieros. Todos los principales fabricantes aeroespaciales dieron la razón a la NASA, sólo que en un lenguaje mucho más colorido. Ganar el XPRIZE, según los principales expertos del mundo, era absolutamente imposible.

No por mucho tiempo.

Menos de una década después, el inconformista diseñador aeroespacial Burt Rutan lanzó la SpaceShipOne a la órbita baja de la Tierra. Dos semanas después, lo volvió a hacer. ¿Tenía diez mil ingenieros trabajando en su causa? No. Tenía unos treinta. ¿Costó miles de millones de dólares? No. Veinticinco millones de dólares fue el precio real. Lo imposible se había convertido en posible y, como Peter y yo nos habíamos hecho buenos amigos por el camino, pude ser testigo de la hazaña, de cerca y en persona.

Entonces, ¿a qué se parece realmente lo imposible? Me resulta familiar.

Así es como Peter ayudó a desbloquear la frontera espacial: se levantó, tecleó en su ordenador durante un rato, luego desayunó. Luego se fue a un lugar y tuvo una conversación, luego se fue a otro lugar y tuvo otra conversación, luego abrió su ordenador y volvió a pulsar las teclas. Finalmente, almorzó. Después de comer, se fue a otro sitio y mantuvo otra conversación, luego habló un rato por teléfono y volvió a pulsar las teclas del ordenador. Hizo paseos en avión y viajes al gimnasio. De vez en cuando, se duchaba, dormía o iba al baño. Y repitió. Y repitió.

Así es como se ve de cerca el logro de lo imposible. Pero no solo para Peter, sino para todo el mundo.

La excelencia siempre tiene un coste. Si tu objetivo diario es la excelencia, vas a dedicar casi todas tus horas disponibles a ese objetivo. Desde esta perspectiva, se necesita la misma cantidad de tiempo y energía para ser la mejor tintorería de Cleveland, Ohio, que para abrir la frontera espacial. Por supuesto que sí. La excelencia, sea cual sea el nivel, siempre requerirá de todos nuestros recursos.

Entonces, ¿qué es lo que realmente diferencia a los buscadores de imposibles?

Por lo que veo, hay tres características fundamentales. La primera es la grandeza de la visión original. Es difícil lograr lo increíble por accidente. Hay que soñar a lo grande. Peter quería ir al espacio. Quería que otras personas le acompañaran en el viaje. Su sueño era poco razonable e irracional, pero, como le gusta decir a Peter, «el día anterior a que se produzca un verdadero avance, es una idea loca».

Y llegados a este punto, ya nos hemos ocupado del asunto. Si has convertido la curiosidad en pasión y la pasión en propósito y has utilizado esa información para esculpir un propósito masivamente transformador, ya eres peligroso. Si estás construyendo sobre esos cimientos, recorriendo el camino de la maestría, sigue caminando, porque ese es el camino hacia lo imposible.

La segunda característica es la cantidad de *flow* en la ecuación. Lo imposible siempre será un viaje largo. El *fluflow* es uno de los ingredientes clave de la perseverancia a largo plazo. La cantidad de *flow* que produce una actividad equivale directamente a nuestra disposición a continuarla durante años y años. Pero aquí también estás cubierto. Todos los pasos de este manual se han construido en torno a los factores desencadenantes del *flow*, por lo que el mero hecho de seguirlos debería aumentar el tiempo que pasas en ese estado (más adelante hablaré de ello).

La tercera característica que comparten los buscadores de lo imposible es lo que he llegado a llamar el «hábito de la ferocidad». Se trata de la capacidad de enfrentarse de forma inmediata y automática a cualquier reto. Cada vez que los mejores de los mejores se encuentran con las dificultades de la vida, asumen el reto instintivamente. De hecho, lo asumen antes de pensar en no asumirlo. Ante los obstáculos de la vida, los mejores no tienen que preocuparse por mantener el rumbo. Su almacén de motivación está tan bien preparado y sus reflejos son tan buenos que se enfrentan a los retos sin darse cuenta.

Esto es importante por un par de razones.

En primer lugar, está el problema de siempre: no nos elevamos al nivel de nuestras expectativas, sino que caemos al nivel de nuestro entrenamiento. La ansiedad, según las imágenes por resonancia magnética funcional, se parece un poco al TOC.[2] Una pequeña red, un estrecho bucle de pensamiento, el cerebro dando vueltas sobre sí mismo, sin posibilidad de parar y sin nuevas soluciones. En cualquier camino hacia el máximo rendimiento, si no desarrollas el hábito de la ferocidad (es decir, automatizar la tríada de la motivación compuesta por impulso, objetivos y agallas), tarde o temprano tropezarás con tu propio miedo.

Es biología básica.

Segundo, lo obvio: lo imposible no es fácil. Pero el hábito de la ferocidad te permite tomar toda la energía que proviene del sufrimiento y convertirla en combustible. Mi mejor amigo, Michael Wharton, era corredor en el instituto.[3] Tenía un gran entrenador que utilizaba métodos inusuales. Cuando salían a correr largas distancias, cada vez que se encontraban con una colina, el equipo tenía que centrarse por completo en las habilidades básicas para correr: zancadas largas, brazos fuertes, patadas altas. Su atención no se centraba en la velocidad o la aceleración, sino en la técnica perfecta que, con el tiempo, se traduce en velocidad y aceleración.

Al principio, por supuesto, esto les fastidiaba. Hacía que el entrenamiento fuera increíblemente agotador. Pero, muy pronto, se acostumbraron a ello. Entonces se convirtió en un reto que podían asumir. Entonces su habilidad mejoró, su velocidad aumentó y, de repente, los *sprints* cuesta arriba se convirtieron en algo normal durante el entrenamiento.

Al cabo de un tiempo, el equipo ni siquiera se daba cuenta. Se encontraban con una colina y, antes de que ninguno de ellos se diera cuenta de lo que estaba haciendo, ya estaban a mitad de camino de la pendiente y subiendo rápidamente. Esto les proporcionaba una ventaja especial. Cuando la mayoría de los corredores se encuentran con colinas, todos, excepto la superélite, reducen la velocidad. Es una respuesta automática, el cerebro intenta conservar la energía. La superélite, por su parte, trata de mantener el mismo ritmo. Pero el equipo de Michael aprendió a acelerar ante el desafío: esto es la ferocidad.

El hábito de la ferocidad es una filosofía que puede aplicarse a todos los aspectos de tu vida. Por supuesto, puede llevar un tiempo. A Peter le gusta decir: «Piensa por qué morirías, y luego vive por ello». Pero vive por ello con todo tu corazón: semanas, meses, años. En términos psicológicos, lo que se intenta desarrollar es una «orientación a la acción», aunque llevada al extremo. La buena noticia es que la orientación a la acción produce más *flow*, sobre todo porque te prepara para estar siempre en el límite entre retos y habilidades. La mala noticia: aquí nada sucede rápidamente. El hábito que buscas es un trabajo duro, pero sin él, lo imposible sigue siendo eso: lo imposible.

En otros términos, William James empieza el primer libro de texto de psicología que se escribió con un discurso sobre los hábitos.[4] ¿Por qué los hábitos? Porque James estaba convencido de que los seres humanos son máquinas de hábitos y que la forma más fácil de vivir una vida extraordinaria es desarrollar hábitos extraordinarios. Como dice el refrán: «Siembra una acción y cosecharás un hábito, siembra un hábito y cosecharás un carácter, siembra un carácter y cosecharás un destino». Casi todo lo que hemos aprendido desde entonces ha confirmado las sospechas de James, lo que significa que su consejo es fantástico en general, y doblemente importante cuando se aplica al hábito de la ferocidad.

Se trata de ahorrar tiempo.

Si tu interés es el máximo rendimiento, el hábito de la ferocidad nos ayuda a maximizar las veinticuatro horas del día. Volviendo al equipo de atletismo de mi amigo: la mayoría de nosotros somos corredores normales, es decir, bajamos el ritmo cuando aumenta el nivel de desafío. Pero una vez que el hábito de la ferocidad se afianza, estás dentro antes de saber que estás dentro. Claro, tal vez esto sólo ahorra diez minutos por desafío, pero eso va sumando con el tiempo. Si resuelves unos cuantos problemas difíciles al día, estos veinte minutos se convierten en más de cien horas al año, lo que supone una ventaja de cinco días sobre la competencia.

Además, desarrollar el hábito de la ferocidad también reduce la carga cognitiva. Si nos produce ansiedad la tarea que tenemos por delante, quemamos muchas calorías. Pero cuando conseguimos automatizar nuestro instinto de asumir retos, no sólo ahorramos tiempo, sino también energía. Así que no sólo ganarás cinco días sobre la competencia, sino que tendrás más combustible en el depósito con el que enfrentarte a esos días. Llámalo interés compuesto.

¿Cómo desarrollar el hábito de la ferocidad? Sigue los ejercicios de este libro. Alinea todos tus motivadores intrínsecos. Establece objetivos adecuados. Entrena los seis niveles de ferocidad.

Y sigue adelante.

Entonces, ¿cómo se mide el progreso? ¿Cómo saber si realmente has desarrollado el hábito de la ferocidad? Es fácil. Cuando alguien te pregunte en qué has estado trabajando y la lista de logros que salga de tu boca os sorprenda a ambos, ya lo sabrás.

Segunda parte
Aprender

Cómo pasamos nuestros días es, por supuesto, cómo pasamos nuestras vidas.

ANNIE DILLARD[1]

7

Los ingredientes de lo imposible

Si estás a la caza de grandes logros, la motivación es lo que te hace entrar en el juego, pero el aprendizaje es lo que te mantiene allí. Tanto si tu interés es la *I* mayúscula de *Imposible*, hacer lo que nunca se ha hecho, o la *i* minúscula de *imposible*, hacer lo que tú nunca has hecho, ambos caminos exigen que desarrolles una verdadera pericia.

En su libro clásico sobre la toma de decisiones, *Sources of Power*, el psicólogo Gary Klein señala exactamente este punto, identificando ocho tipos de conocimiento que los expertos ven pero que son invisibles para todos los demás:

- Patrones que los inexpertos no perciben.
- Anomalías o sucesos que no se produjeron o que frustran las expectativas.
- El panorama general.
- La forma en que funcionan las cosas.
- Oportunidades e improvisaciones.
- Acontecimientos que ya han ocurrido (el pasado) o que van a ocurrir (el futuro).
- Diferencias que son demasiado pequeñas para que los novatos las detecten.
- Sus propias limitaciones.[1]

Si no tenemos todos los conocimientos de la lista de Klein, lo imposible sigue siendo imposible porque los elementos de la lista de Klein son literalmente los ingredientes de lo imposible. Conforman la base de conocimientos necesaria. Pero el desarrollo de esta base requiere aprendizaje. Toneladas de aprendizaje.

El *aprendizaje permanente* es el término técnico para esas toneladas.

El aprendizaje permanente mantiene el cerebro en forma, ya que previene el deterioro cognitivo y entrena la memoria. También aumenta la confianza, las habilidades de comunicación y las oportunidades profesionales. Estas mejoras son las razones por las que los psicólogos consideran que el aprendizaje permanente es fundamental para la satisfacción y el bienestar.[2] Pero para los interesados en el máximo rendimiento, también hay que tener en cuenta el *flow*.

Si nuestro objetivo es permanecer en el nivel óptimo de nuestras habilidades de desafío para maximizar el tiempo que pasamos en estado de *flow*, entonces tenemos que estar constantemente esforzándonos hasta el límite de nuestras capacidades. Esto significa que estamos aprendiendo y mejorando constantemente y, como resultado, aumentando constantemente el tamaño del siguiente reto. Pero para hacer frente a estos retos mayores, tenemos que adquirir aún más habilidades y más conocimientos. El aprendizaje permanente es la forma en que podemos mantener el ritmo. Es la base fundamental de un estilo de vida con *flow*.

Sin embargo, aquí es donde las cosas se complican. El aprendizaje es una habilidad invisible. En su mayor parte, uno es malo hasta que mejora. Claro que puedes decidir conscientemente profundizar en un tipo determinado de información y tener el valor de hacer el trabajo necesario, pero la mayor parte del proceso es invisible. Los principales mecanismos neurológicos del aprendizaje (el reconocimiento de patrones, la consolidación de la memoria, la construcción de redes) están, por defecto, fuera de nuestro alcance.

Y esto plantea una cuestión importante: ¿Cómo se puede mejorar lo que no se ve?

8

Mentalidad de crecimiento y filtros de la verdad

Prácticamente cualquier cosa que quieras aprender tiene unos requisitos básicos. Por muy grandes que sean tus ganas, si no tienes bastones, botas y fijaciones, no podrás aprender a esquiar. Lo mismo ocurre con el acto de aprender. Si estás interesado en ampliar y acelerar este proceso, tienes que empezar con el equipo adecuado: una mentalidad de crecimiento y un filtro de la verdad.

Vamos a verlos de uno en uno.

De la mentalidad de crecimiento, ya hemos hablado. Lo menciono de nuevo para recordarlo. Sin una mentalidad de crecimiento, el aprendizaje es casi imposible. Tener una «mentalidad fija» altera nuestra neurobiología subyacente, haciendo que la adquisición de nueva información sea excepcionalmente difícil. Por eso, antes de empezar a aprender, tenemos que creer que el aprendizaje es posible.[1]

Además, la mentalidad de crecimiento te ahorra tiempo. Significa que tu cerebro está preparado para absorber nuevos conocimientos, por lo que no pierdes horas dándole vueltas a la cabeza. También es una forma fundamental de limitar el diálogo negativo con uno mismo, que, al afectar a nuestra capacidad de encontrar conexiones entre ideas, es otra barrera para el aprendizaje. Y lo que es más importante, la mentalidad de crecimiento te ayuda a ver los errores como oportunidades de mejora, en lugar de castigarte por tus equivocaciones, lo que te garantiza que llegarás más lejos más rápido y con mucha menos agitación emocional en el camino.

Mientras que la mentalidad de crecimiento prepara al cerebro para el aprendizaje, el «filtro de la verdad» nos ayuda a valorar y evaluar lo que se está aprendiendo. Casi todas las personas de alto rendimiento que he conocido han desarrollado algún tipo de filtro de la verdad. Muchos han descubierto el suyo por la vía más difícil, a través del método de prueba y error. Mi sugerencia: acorta el proceso. Un rendimiento máximo resistente requiere un aprendizaje constante. Así que la mejor manera de mejorar esta parte del proceso es aprender a aprender más rápido. Aprende las metahabilidades que rodean el proceso de aprendizaje y utilízalas para amplificar lo invisible. Y eso es precisamente lo que se consigue con un sistema para evaluar la información de forma rápida y precisa.

Yo desarrollé mi propio filtro de la verdad de la manera más difícil. Mi base es el periodismo, que (junto con la ciencia y la ingeniería) es una de las industrias en las que el filtro de la verdad es precisamente el modelo de negocio. En la ciencia y la ingeniería, el método científico cumple esta función. Los periódicos y las revistas, por su parte, se basan en una métrica diferente para determinar si una información es verdadera y puede publicarse. Si alguien te dice algo y puedes conseguir que otros tres expertos confirmen su afirmación, es un hecho. Se puede publicar sin peligro.

Pero no vayamos tan rápido.

A principios de la década de 2000, una importante revista me contrató para hacer un reportaje sobre la neurociencia de las experiencias místicas. Una de las primeras cosas que descubrí fue que los científicos habían hecho grandes progresos en este campo. Las experiencias que antes se consideraban «místicas» estaban empezando a conocerse como «biológicas», y esto me pareció una gran noticia.

Quería saber por qué no había mucha gente que conociera estos avances.

Le hice esta pregunta a mi interlocutor principal. El problema, dijo, era que otros dos «investigadores» (no respetables científicos, sino más bien charlatanes espirituales, en su opinión) habían escrito los libros más vendidos sobre el tema. Estos libros habían oscurecido la ciencia pura y dura con especulaciones místicas, y ahí se acababa todo. La curiosidad científica se había orientado hacia direcciones menos metafísicas y la financiación para la investigación se agotó.

Al recibir esta información, como periodista hice lo que debía hacer: pregunté a otros tres expertos. Los tres lo confirmaron. Todos me dieron los mismos dos nombres de los mismos dos investigadores que habían escrito esos mismos dos libros más vendidos. Trabajo terminado. El artículo fue a la imprenta. Más tarde, mi editor recibió una airada llamada telefónica de uno de los investigadores cuyo nombre había mencionado. Resulta que este hombre era un neuropsicólogo de nivel doctoral, muy respetado y con muchas publicaciones, cuyo libro sobre la ciencia de las experiencias místicas (a) no era un *best seller*; (b) no era para nada espiritual; y (c) ni siquiera era un libro, sino una colección de artículos revisados por un montón de investigadores diferentes. Y tenía razón. Es cierto que yo tenía una excusa. Cuatro personas me habían dado exactamente el mismo dato erróneo: ¿Cuántas probabilidades había de que fuera falso? Pero la culpa era mía: no hice todo el trabajo y en su lugar calumnié a un buen científico. Mi filtro de la verdad, aunque fuera lo habitual en el mundillo del periodismo, no era lo suficientemente bueno.

Fue entonces cuando decidí que, si las normas de publicación exigen la confirmación de los hechos por triplicado, yo siempre optaría por comprobarlo por quintuplicado. Siempre comprobaría mis hechos con cinco expertos. Y fue entonces cuando descubrí algo extraño. Si haces una pregunta a cuatro personas, es probable que obtengas respuestas muy similares. A veces esto ocurre porque se obtiene el nombre de la siguiente persona con la que hay que hablar a partir de la última; a veces ocurre porque todas las disciplinas tienen tendencias dominantes. Pero si te tomas el tiempo de preguntar a una quinta persona, lo más probable es que te diga algo que entre en conflicto con todo lo que te han dicho hasta entonces, lo cual, a su vez, suele requerir otras cinco conversaciones con otros cinco expertos para resolverlo. Así que ese es mi filtro de la verdad. Cinco expertos por pregunta, y si esos cinco no están de acuerdo, entonces hablar con otros cinco.

En *Bold*, para ofrecer un ejemplo, describí la idea del «primer principio» de Elon Musk, o lo que podría llamarse «filtro reduccionista de la verdad».[2] La idea tiene su origen en Aristóteles, que describió los «primeros principios» como «la base a partir de la cual se conoce una cosa», pero es más fácil de explicar mediante un ejemplo.

Cuando Musk se planteó entrar en el negocio de la energía solar, sabía que uno de los mayores obstáculos era la intermitencia de la energía y el consiguiente problema de almacenamiento. Dado que el sol no brilla al anochecer (energía intermitente), necesitamos poder guardar la energía recogida durante el día en baterías para utilizarla por la noche (almacenamiento). Sin embargo, en lugar de basar su decisión sobre la energía solar en lo que hacía el mercado o en lo que ofrecían sus competidores, Musk se conectó a Internet y visitó la Bolsa de Metales de Londres.[3] ¿Qué buscó? El precio base del níquel, el cadmio, el litio, etc. ¿Cuánto cuestan realmente los componentes fundamentales de una batería? Sabía que la tecnología siempre mejora. No importa lo cara que sea ahora, más adelante siempre será más barata. Así que cuando Musk vio que estas piezas básicas se vendían por centavos de dólar, vio un montón de margen para la mejora tecnológica. Fue entonces cuando nació SolarCity. Esto es el pensamiento de primer principio. Es un filtro de la verdad, un sistema de evaluación de la información que nos permite tomar mejores decisiones más rápidamente.

Musk utilizó este mismo enfoque cuando fundó SpaceX, su empresa de cohetes. En aquel momento, no pensaba entrar en el negocio espacial, sino que intentaba calcular el coste de la compra de un cohete para poder realizar un experimento en la superficie de Marte. Tras hablar con varios ejecutivos del sector aeroespacial, descubrió que el coste era altísimo: 65 millones de dólares.

Pero, como dijo a la revista *Wired:* «Así que me dije, vale, vamos a ver los primeros principios. ¿De qué está hecho un cohete? De aleaciones de aluminio de calidad aeroespacial, más un poco de titanio, cobre y fibra de carbono. Luego me pregunté cuál era el valor de esos materiales en el mercado de materias primas. Resultó que el coste de los materiales de un cohete era aproximadamente el 2% del precio final».[4] Así nació SpaceX. Y en pocos años, partiendo de una idea de primer principio, Musk consiguió reducir el coste del lanzamiento de un cohete en más de un 90%.

El pensamiento de primer principio, el método científico, mi regla de los cinco expertos... son todos filtros de la verdad. Siéntete libre de tomar prestada mi regla, de adoptar el enfoque de Musk o de inventar la tuya propia. Lo que realmente importa es que crees un filtro de la verdad riguroso y lo pongas en práctica. Una mala información no es aceptable.

Además, hay que tener en cuenta sus beneficios para nuestro rendimiento. Ser capaz de confiar en la información con la que trabajas reduce la ansiedad, la duda y la carga cognitiva, que son tres cosas que debilitan nuestra concentración, dificultan nuestra capacidad de fluir y bloquean el aprendizaje. Pero con la mentalidad adecuada para abordar la nueva información y un filtro de verdad riguroso con el que valorar esa información, habrás sentado las bases necesarias para amplificar lo invisible.

9

La rentabilidad de la lectura

La mentalidad de crecimiento pone al cerebro en condiciones de aprender; el filtro de la verdad te permite evaluar lo que has aprendido. Y esto plantea la siguiente cuestión, la de los materiales de aprendizaje: ¿De qué fuente, exactamente, deberíamos intentar aprender?

Esto nos lleva a una dura verdad: si te interesa aprender, entonces te interesan los libros. Ciertamente, como escritor, esto puede parecer muy autocomplaciente, pero escúchame. Uno de los hechos más inquietantes de la profesión que he elegido en esta era digital es la frecuencia con la que la gente me dice que ya no lee libros. A veces leen artículos de revistas. A menudo, blogs. «Un libro requiere demasiado compromiso» es un comentario que se oye con frecuencia.

Esto no es sorprendente. Según el National Endowment for the Arts, la mayoría de los adultos pasan una media de siete minutos al día leyendo por placer.[1] Hace unos años, el Pew Research Center informó de que casi una cuarta parte de los adultos estadounidenses no había leído un solo libro en el último año.[2]

Aunque no sea sorprendente, es devastador para cualquier persona interesada en dominar el arte del aprendizaje. Para explicar por qué, empecemos por la principal respuesta que escucho: un libro es un compromiso demasiado grande. Está bien, pero hablemos de lo que se obtiene a cambio de ese compromiso. Hay una propuesta de valor en juego. Le das a un autor tu tiempo a cambio de sus ideas. Así que vamos a desglosar la naturaleza exacta de este intercambio. Empezaremos con los blogs.

La velocidad media de lectura de un adulto es de unas 250 palabras por minuto.[3] La entrada media de un blog tiene unas 800 palabras. Esto significa que la mayoría de nosotros lee una entrada de blog en tres minutos y medio. ¿Y qué se consigue con esos minutos?

Bueno, en mi caso, unos tres días de trabajo.

Para un blog típico, suelo dedicar un día y medio a investigar un tema y otro tanto a escribir. La investigación consiste principalmente en leer libros y artículos. También hablo con expertos. Si el tema es de mi especialidad, suelen bastar una o dos conversaciones. Si el tema no es de mi interés, son tres o cuatro. La escritura suele requerir algo más de lectura, una o dos conversaciones más y el duro trabajo de juntar las palabras en una línea recta.

Ese es el intercambio de valor. Tus tres minutos y medio de cambio de que yo digiera entre cincuenta y cien páginas de material, pase de tres a cinco horas hablando de ello, y luego pase otro día y medio añadiendo mis ideas y reestructurando todo el resultado en algo que se pueda leer.

Veamos ahora un artículo de revista de formato largo, del tipo que se publican en *Wired* o el *Atlantic Monthly*. Estos artículos suelen tener unas 5.000 palabras, lo que significa que, de media, una persona tarda veinte minutos en leerlos. Así que, de nuevo, ¿qué obtienes a cambio de tus veinte minutos? En mi caso, un mes de investigación antes de empezar el trabajo de campo, otras seis semanas de reportaje (imagina veinticinco conversaciones con expertos y mucha más lectura), y otras seis semanas de escritura y edición. Así que, a cambio de dedicar a mis palabras unos veinte minutos de tu tiempo, tendrás acceso a unos cuatro meses de mi poder mental, mi trabajo o lo que sea.

Creo que, si lo miras de esta manera, verás que el artículo promedio de una revista es un buen negocio. Tu tiempo como lector se quintuplica, pero mi tiempo como autor se multiplica por treinta, y eso es una ganga bastante increíble. Pero un libro es algo completamente diferente.

Tomemos como ejemplo *The Rise of Superman*, mi libro sobre el *flow* y la ciencia del máximo rendimiento humano. El libro tiene unas 75.000 palabras, por lo que al lector promedio le supone unas cinco horas de lectura. ¿Y qué obtienes por tus cinco horas? En este caso, unos quince años de mi vida.

Mira las cifras que aparecen a continuación:

Blogs: Con tres minutos se consiguen tres días.

Artículos: Con veinte minutos se consiguen cuatro meses.

Libros: Con cinco horas se consiguen quince años.

¿Por qué es mejor leer libros que blogs? Conocimiento condensado. Si te pones a leer mis blogs durante cinco horas, a razón de tres minutos y medio por blog, puedes llegar a leer unos ochenta y seis, es decir, cambias esas cinco horas por 257 días de mi esfuerzo.

En cambio, si hubieras dedicado esas mismas cinco horas a leer *Rise*, habrías conseguido 5.475 días. Los libros son la forma de conocimiento más radicalmente condensada del planeta. Cada hora que pasas con *Rise* equivale en realidad a unos tres años de mi vida. No se pueden superar cifras así.

Ciertamente, hay otras fuentes de información disponibles. Tal vez tú no seas lector. Tal vez lo tuyo sean las charlas. O los documentales. Por desgracia, aunque las charlas y los documentales son excelentes para despertar la curiosidad, ninguno de ellos se acerca a la densidad de información de los libros. Veámoslo así: doy un puñado de charlas al mes, normalmente de una hora. Si hablo con fluidez, en esa hora ofrezco la información contenida en un par de blogs, veinte páginas de *Rise* y otras veinte de *Robar el fuego*. Tal vez añado algunas historias que no aparecen en los libros para darle color. En total, son setenta páginas de texto por una hora de tu tiempo. Parece un buen negocio. Pero aquí está el problema: te pierdes los detalles.

De nuevo, pongamos como ejemplo mi libro *Rise*. El espectador recibe veinte páginas del libro, pero sólo uno, quizá dos, detalles por página. Pero el libro contiene mucha más información. El lector recibe de cuatro a ocho datos por página, además de un periodo de tiempo mucho más largo para procesar esa información. Es el medio el que dicta los términos del mensaje. También es la neurobiología básica.

Además, los libros ofrecen dividendos de rendimiento.[4] Los estudios demuestran que mejoran la concentración a largo plazo, reducen el estrés y evitan el deterioro cognitivo. También se ha demostrado que la lectura mejora la empatía, el sueño y la inteligencia. Si combinamos estos beneficios con la densidad de información que proporcionan los libros, empezamos a ver por qué todos, desde titanes de la tecnología como Bill Gates, Mark Zuckerberg y Elon Musk hasta iconos culturales como Oprah Winfrey, Mark Cuban y Warren Buffett, atribuyen su éxito a su increíble pasión por los libros.[5]

Los libros fueron también el primer consejo que aprendí, cuando empezaba a conocer lo imposible. Me lo enseñó un mago maravilloso llamado Joe Lefler, propietario de Pandora's Box, la tienda de magia en la que pasé mi infancia.

Pandora's Box era una larga y estrecha tienda de maravillas. La pared de la derecha estaba llena de ventanas, la de la izquierda era brillante y reluciente, contenía innumerables artilugios mágicos: cartas, monedas, plumas, flores, sedas, espadas, jaulas de pájaros, sombreros de copa, espejos de todas las formas y, por supuesto, cuerdas. Pero la pared del fondo, que era lo primero que se veía al entrar en la tienda, estaba repleta de libros. De pared a pared y del suelo al techo.

A mí me fascinaba. El libro *Modern Coin Magic* (Magia moderna con monedas) de J. B. Bobo tenía una posición de protagonismo que llamaba la atención, pero seguramente la cimitarra enjoyada para atravesar naipes tenía más éxito en el negocio.[6] Después de todo, como Joe decía a menudo, la magia era un negocio difícil y necesitaba toda la ayuda posible. Un día le pregunté sobre esto, sobre por qué no trasladaba los libros a un lugar menos prominente y llenaba ese espacio llamativo con algo que pudiera vender.

Joe sacudió la cabeza, señaló la parte trasera de la tienda y dijo: «Se quedan donde están».

«¿Por qué?»

«En los libros —dijo con una sonrisa— es donde esconden sus secretos.»

10

Cinco pasos no tan fáciles para aprenderlo casi todo

Hace unos años, mientras practicaba ciclismo de montaña por el norte de Nuevo México, me encontraba en un telesilla y hablaba con un estudiante universitario que me hizo una interesante pregunta: ¿Cuándo sabré que sé lo suficiente sobre un tema como para escribir sobre él en una revista importante o en un periódico?

Lo que el tipo realmente quería saber era un poco más complicado y tenía ramificaciones, pero me hizo pensar en lo que se necesita para tener suficiente confianza en lo que has aprendido antes de estar dispuesto a opinar en público.

Lo que sigue es mi respuesta. Se trata de un proceso de cinco pasos nada fáciles que sirve para aprender casi cualquier cosa, y es a lo que debemos dirigir nuestra atención a continuación. Hasta ahora, nos hemos centrado en establecer las condiciones necesarias para el aprendizaje. Ahora nos centraremos en el proceso en sí. Más en concreto, nos adentraremos en el proceso por el que pasé antes de estar dispuesto a hacer pública una opinión sobre un tema. Lo desarrollé a lo largo de mis treinta años como periodista, en los que convertirse en semiexperto en un tema era un requisito previo para poder escribir sobre ese tema. Como en esa época trabajé para más de cien publicaciones diferentes, cubriendo todo tipo de temas, desde la ciencia dura y la alta tecnología hasta los deportes, la política y la cultura, tuve que llegar a ser muy bueno en muchos temas difíciles en plazos bastante cortos.

Además, como esto ocurría sobre todo en la época en que los periódicos y las revistas tenían presupuestos para revisar los hechos, la exactitud de mis reportajes siempre se sometía a una mirada increíblemente rigurosa, y equivocarse era una forma fácil de ser despedido. Como necesitaba comer, tenía que aprender a aprender (cualquier cosa y en su totalidad) con precisión y rapidez.

O, como mi antiguo editor en *GQ*, Jim Nelson, dijo una vez: «Un millón de personas al mes leen esta publicación, más o menos. Como cubrimos historias que quedan fuera del ámbito de los medios de comunicación tradicionales, cuando escribimos sobre algo, a menudo es la única opinión sobre ese tema que verán nuestros lectores. Es una gran responsabilidad. Por eso nos esforzamos por no equivocarnos nunca».

Así fue como aprendí a hacerlo bien.

PRIMER PASO: LOS CINCO LIBROS DE LA ESTUPIDEZ

Creo que el número real probablemente difiere para todo el mundo, pero cuando me acerco a un nuevo tema mi regla general es permitirme cinco libros para tontos. Es decir, elijo cinco libros sobre un tema y los leo todos sin juzgar mi aprendizaje por el camino.

Merece la pena reiterar este punto: aprender no nos hace sentir inteligentes.

Al menos, no al principio.

Al principio, el aprendizaje nos hace sentir estúpidos. Los nuevos conceptos y la nueva terminología a menudo pueden suponer nuevas frustraciones. Pero no te juzgues por lo estúpido que te sientas por el camino. En el trayecto hacia el máximo rendimiento, a menudo tus emociones no significan lo que crees que significan.

Piensa en la frustración que supone ser malo en algo. La sensación es de estancamiento y de enfado latente. Pero en realidad es una señal de que estás avanzando en la dirección correcta. De hecho, ese nivel de frustración está aumentando la presencia en tu sistema de norepinefrina, cuya función principal es preparar al cerebro para el aprendizaje.[1] Necesitas sentir esta frustración para producir este neuroquímico, y necesitas este neuroquímico para que el aprendizaje tenga lugar. En vez de ser una señal de que se está avanzando en la dirección equivocada, la frustración es una señal de que se está avanzando en la dirección correcta. Así que, para estos cinco libros, tu trabajo es seguir pasando páginas y perdonarte la confusión que inevitablemente surgirá en el camino.

El objetivo principal de la lectura de estos cinco libros es familiarizarse con la terminología. Ya hemos hablado de ello, pero no está de más repetirlo porque, a decir verdad, la terminología puede ser gran parte de la batalla.

La mayor parte de lo que dificulta el aprendizaje es el lenguaje especializado, y normalmente se necesitan unos cinco libros para empezar a tener una verdadera noción de este lenguaje. Esto también significa que durante los tres primeros libros, gran parte de lo que leas no lo entenderás del todo. No te detengas. No vuelvas al principio del libro y empieces de nuevo. No te molestes en buscar cada palabra que no conozcas. El secreto es no frustrarse (demasiado) y seguir adelante.

Biológicamente, gran parte del aprendizaje se reduce al reconocimiento de patrones, y la mayor parte tiene lugar en un nivel inconsciente. Mientras sigas leyendo, seguirás recogiendo pequeños trozos de información y tu sistema de reconocimiento de patrones seguirá cosiendo estos trozos en piezas más grandes. Esos trozos más grandes se convierten en tu cabeza de puente en las costas del nuevo conocimiento.

Y establecen esa cabeza de puente de una manera muy particular.

Para empezar, saca tu cuaderno. Toma notas muy específicas a medida que avanzas.[2] El objetivo *no es anotar* todo lo que crees que debes saber. Sólo hay que centrarse en tres cosas principales.

En primer lugar, como ya he mencionado, toma notas sobre la narrativa histórica. Esto proporciona al cerebro una forma fácil de ordenar la nueva información y amplía el ritmo de aprendizaje.

En segundo lugar, como también he comentado, presta atención a la terminología. Si una palabra técnica aparece tres o cuatro veces, escríbela, búscala en el diccionario y, cada vez que la veas, lee la definición. Sigue así hasta que empieces a entender el significado.

En tercer lugar, y lo más importante, toma siempre notas de las cosas que te emocionan. Si te encuentras con una cita que te llega al alma, apúntala en el cuaderno. Si te encuentras con un hecho que te deja boquiabierto, consérvalo para releerlo más adelante. Si se te ocurre una pregunta, anótala. Las cosas que te resultan curiosas son cosas con mucha energía. Ya estamos preparados para recordar cualquier cosa que nos llame la atención. Esto hace que la información sea mucho más fácil de recordar después. El hecho de que te haya llamado la atención inicialmente, junto con el proceso de anotarlo en tu cuaderno, suele ser suficiente para recordarlo a largo plazo.

También vale la pena señalar lo que desaconsejo: no tomes notas generales en tu cuaderno. No se trata de eso. La cuestión es establecer una base técnica y luego seguir tu curiosidad a través de un tema, utilizando cosas que encuentres naturalmente interesantes (y que, por tanto, te resulten más fáciles de recordar) como base estructural para el aprendizaje futuro.

Y no elijas cinco libros cualesquiera sobre el tema. Hay un orden en el caos.

Primer libro: Empieza con el libro más popular y más vendido que puedas encontrar sobre el tema. No importa si es de ficción o de no ficción. El objetivo es diversión, diversión, diversión. Este primer libro tiene menos que ver con el aprendizaje real y más con la adquisición de una pequeña familiaridad con el mundo en el que vas a entrar y una comprensión básica de su jerga.

Segundo libro: También debe ser un libro muy popular, pero un poco más técnico y un poco más concreto. Este libro tiene que estar estrechamente relacionado con el tema investigado o tratar directamente de él. Una vez más, el objetivo principal aquí (y la razón para elegir libros populares) es generar entusiasmo. En lo que respecta a la motivación, se necesita este entusiasmo al principio, ya que es lo que sienta las bases para el verdadero aprendizaje. Más adelante, a medida que tu base de conocimientos se desarrolle, los detalles más extravagantes se volverán realmente tentadores, pero al principio es mucho más importante despertar tu imaginación.

Tercer libro: Este será el primer libro semi-técnico sobre el tema: algo que siga siendo legible e interesante, pero tal vez no entretenido. Este libro se basa en todas las ideas aprendidas en los libros uno y dos, añadiendo un lenguaje más preciso y detalles de nivel experto. También es donde se empieza a vislumbrar el panorama general. Para ello, en este tercer libro, trata de encontrar algo que ofrezca una visión más amplia, una perspectiva macroscópica del tema. Si has estado leyendo sobre árboles, éste podría ser el momento de aprender algo sobre ecología de sistemas. Si has estado estudiando terapia de pareja, éste podría ser el momento de leer sobre la historia de la psicología social.

Cuarto libro: Hemos llegado. El cuarto libro es el primer libro duro real que vas a leer sobre el tema, algo no tan divertido como los tres primeros, pero que te da una idea del tipo de problemas en los que piensan los verdaderos expertos en la materia. Presta mucha atención a las fronteras actuales de esa disciplina. Comprueba cuándo, por qué y con qué ideas fundacionales comienza y termina el pensamiento contemporáneo sobre el tema. Además, averigua dónde está la locura: lo que los expertos consideran una tontería. Puede que no estés de acuerdo con estas opiniones, pero tienes que saber que existen y, lo que es más importante, por qué existen.

Quinto libro: Este no es siempre el más difícil de leer (a menudo el más difícil puede ser el libro cuatro), pero suele ser el más difícil de comprender. Esto se debe a que el objetivo aquí es un libro que trate directamente sobre el futuro del tema, hacia dónde se dirige y cuándo alcanzará su meta, un libro que te da una idea de la vanguardia.

Después de esos cinco libros, tu cerebro suele tener suficientes datos para hacerte una idea de una disciplina. El lenguaje te resulta familiar y el panorama macroscópico se ha hecho visible. Este es el momento en que comienza la verdadera comprensión. Cuando puedes empezar a hacer preguntas significativas y articuladas sobre un tema, puedes sentirte seguro de que has aprendido lo básico.

¿Cómo es esto en la vida real? Bueno, pensemos en mi primera novela, *The Angle Quickest to Fly* (*El ángulo más rápido para volar*).[3] El libro trata de cinco personas que intentan entrar en el Vaticano para recuperar uno de los principales textos cabalísticos, un libro robado a los judíos en el siglo XIII y que se encuentra en el Archivo Secreto. Piensa en él como en *El Código Da Vinci*, sólo que unos años antes de que existiera *El Código Da Vinci*. Para escribir este libro, necesitaba saber bastante sobre la historia del Vaticano y el Archivo Secreto. ¿Qué leí para ponerme al día?

Libro uno: *Assassini,* de Thomas Gifford, un thriller sobre la implicación de la Iglesia en el robo de obras de arte durante la Segunda Guerra Mundial. Fue un viaje divertido que me permitió echar un vistazo al interior del Vaticano. Aprendí algo de jerga y me hice una idea del mundo en el que iba a entrar.[4]

Libro dos: *The Decline and Fall of the Roman Church* (*Auge y caída de la Iglesia Romana*), de Malachi Martin.[5] Martin es un antiguo jesuita y estudioso de la historia del Vaticano y escribe obras de ficción y no ficción sobre el tema. De nuevo, una lectura bastante fácil pero muy informativa.

Libro tres: *Una historia de Dios,* de Karen Armstrong.[6] Armstrong es una de las académicas más respetadas en este campo, y este libro cuenta la historia de cuatro mil años del nacimiento del judaísmo, el cristianismo y el islamismo, lo que me dio una idea macroscópica del tema. Armstrong es también una escritora talentosa, lo que significa que esos cuatro mil años pasan mucho más rápido de lo que uno podría suponer.

Libro cuatro: *The Secret Archives of the Vatican* (*Los archivos secretos del Vaticano*), de Maria Luisa Ambrosini y Mary Willis. Este es el texto más importante sobre el tema. Denso, detallado y directamente al grano. [7]

Libro cinco: *Inside the Vatican* (*Dentro del Vaticano*) por Thomas Reese. [8] No es exactamente un libro que se asome al futuro. Más bien, proporciona una mirada enormemente amplia del pasado. El libro es un estudio exhaustivo y erudito de la organización religiosa más compleja del mundo. Basta decir eso.

Dos notas finales: En primer lugar, se trata de un ejercicio destinado a aprender materias, no habilidades. Si quieres aprender una habilidad, como tocar el piano, por ejemplo, no puedes leer para dominarla. En el próximo capítulo estudiaremos la adquisición de habilidades. Por ahora, vamos a empezar con la adquisición de conocimientos.

En segundo lugar, en estos días de TDAH, en los que a la gente no le gusta leer, cinco libros parecen muchos. Definitivamente no lo es. Cinco libros son menos de lo que uno leería en la primera mitad de cualquier curso en la universidad. Y no te engañes: cuando termines seguirás sabiendo poco.

SEGUNDO PASO: SER EL IDIOTA

Cuando hayas terminado de leer esos cinco libros, tu cuaderno debería estar lleno de preguntas. Repásalas. Muchas de esas preguntas ya tendrán respuesta. ¿Las que quedan? Esa es la materia prima que debes llevar al siguiente paso de este proceso: buscar expertos con los que hablar sobre esas preguntas.

Personalmente, como periodista, tenía una ventaja en este paso. Es mucho más fácil llamar a un premio Nobel en nombre de *The New York*

Times que si estás intentando terminar un trabajo de fin de curso para la universidad. Pero a la mayoría de la gente le encanta hablar de lo que hace. Así que, si no puedes conseguir que el ganador del Premio Nobel se ponga al teléfono, manda un mensaje a uno de sus estudiantes de posgrado. Siempre que hayas hecho los deberes y puedas hacer preguntas auténticas, la mayoría querrá hablar. De hecho, la mayoría no querrá callarse. Se trata de dejar tu orgullo en la puerta y hablar con personas que son mucho más inteligentes que tú. En mi caso, siempre pido a la gente que me explique las cosas como si tuviera cuatro años. Quiero ser el idiota en esa conversación. ¿Cómo sé que he hablado con suficientes expertos? Cuando los expertos le dicen sistemáticamente al idiota que está haciendo buenas preguntas, entonces estoy seguro de que voy por buen camino.

Un par de detalles fundamentales: entrevistar es una habilidad. Hay que hacer que el entrevistado se sienta cómodo y respetado. El tiempo de todos es valioso. No parlotees sobre ti o sobre tu investigación al principio de la conversación. Ten una lista de preguntas preparada de antemano, asume que no tendrás más de media hora de entrevista y no pierdas ni un segundo. Nunca preguntes a alguien algo que puedas encontrar tú mismo. Asegúrate de haber investigado charlas, libros y documentos técnicos con antelación. Y lo que es más importante, asegúrate de que tus primeras preguntas están en consonancia tanto con el conocimiento de la persona a la que estás entrevistando como el conocimiento general del tema. No preguntes: ¿Qué opinas del debate actual sobre la conciencia? Pregunta: En el artículo que escribió para el *Journal of Consciousness Studies*, presentó un argumento neurobiológico a favor del panpsiquismo. ¿Cuándo empezó a pensar en el tema de esta manera?

Este tipo de preguntas es exactamente la forma de hacer que los expertos se sientan cómodos y respetados. Les haces saber que te has tomado el tiempo de investigar su trabajo de antemano y que pueden hablar libremente, en lenguaje técnico, y que tú tienes la capacidad de seguirles el ritmo. Graba la conversación y toma muchas notas durante la misma. Anota lo que te llame la atención (las mismas reglas que para la lectura).

Utiliza la grabación para volver a comprobar los datos y para tener una copia de todo lo que no hayas podido anotar la primera vez.

TERCER PASO: EXPLORAR LAS LAGUNAS

En nuestro mundo moderno, la mayoría de los expertos tienden a especializarse. Acaban teniendo un conocimiento increíble sobre el tema que han elegido, pero a menudo tienen poca idea de lo que ocurre justo al lado. Así que una vez que hayas llegado al final del segundo paso y hayas empezado a hacer preguntas inteligentes, empezarás a notar zonas en blanco en las respuestas. En ocasiones, estos espacios resultarán ser preguntas fundamentales sobre la disciplina. En otras palabras, habrás seguido a tu curiosidad hasta el mismo lugar donde llegan la mayoría de los investigadores. Esto es estupendo. Es una prueba de que realmente estás conociendo el material en cuestión, pero no es lo que realmente buscas en este paso.

Lo que se busca es lo que el autor Steven Johnson llama una «corazonada lenta», es decir, la sensación de que un dato concreto de la disciplina que estás estudiando está relacionado con otro dato de otra disciplina que también has estado estudiando. Al principio, estas corazonadas pueden ser difíciles de encontrar. Y no puedes forzarlas. Pero la razón por la que has estado siguiendo tu curiosidad en torno al tema (y no, por ejemplo, los planes de estudio estándar) es para sembrar de forma natural este tipo de conexiones. En una entrevista con *Read-Write*, Johnson lo explicaba así: «Se trata simplemente de la idea de que si te diversificas y tienes una gama ecléctica de intereses, y estás constantemente [reuniendo] historias interesantes sobre cosas de las que no sabes mucho o que son adyacentes a tu campo de experiencia particular, es mucho más probable que se te ocurran ideas innovadoras. El truco es mirar algo diferente y tomar ideas prestadas. Es como decir "esto funcionó en este campo, si lo ponemos aquí, ¿qué haría en este nuevo contexto?"»[9]

Estas brechas entre zonas de conocimiento se harán evidentes durante el segundo paso de este proceso. A medida que vayas descubriendo cómo pensar en torno a un tema, especialmente si has prestado atención a sus límites, empezarás a tener una idea de las preguntas que no hacen los expertos. Así que cuando llegues al punto de hacer preguntas inteligentes, es el momento de llevar esas preguntas hacia las lagunas de información. Por eso también seguimos nuestra curiosidad en torno a un tema. Al apoyarnos en nuestros intereses naturales, estamos creando las condiciones necesarias para desarrollar las corazonadas lentas de Johnson. Pero vale la pena mencionar lo que no conseguirás con esto: aprender a preparar un examen estándar. Si otra persona conduce el autobús del aprendizaje, podrás aplicar estas técnicas y funcionarán hasta cierto punto, pero como el plan de estudios no es el tuyo, los objetivos serán diferentes. Recuerda cómo empezamos: con la pregunta de qué se necesita antes de estar dispuesto a dar una opinión pública sobre un tema. Tener opinión significa que tienes un conocimiento básico firme de los conceptos más importantes y alguna idea novedosa al respecto.

En el primer paso, los libros constituían la base. En este tercer paso yo prefiero los blogs, los artículos, las charlas y demás. En la receta de la pasión, dedicábamos entre diez y veinte minutos al día a «jugar» con ideas que nos despertaban la curiosidad. Adopta un enfoque similar aquí.

Por ejemplo, digamos que te interesa el comportamiento animal. Pues bien, una categoría superior es la del comportamiento de los ecosistemas, así que entra en esa brecha. Aprender cómo funcionan los ecosistemas en su totalidad puede ayudar a arrojar luz sobre el funcionamiento de sus partes independientes. O puedes subir un escalón más:

los animales forman ecosistemas, pero los ecosistemas son simplemente un ejemplo de red. ¿Qué se puede aprender sobre el comportamiento de los animales estudiando el comportamiento de las redes? Entra en esa brecha.

Debido a la especialización, el conocimiento de los expertos tiende a balcanizarse con el tiempo. Como resultado, los temas más interesantes suelen ser los que se encuentran en las fronteras de las diferentes disciplinas: las lagunas. Y después de bordear un tema, lo normal es que acabes dando tumbos en esos huecos. Hay que tantear: es como realmente surgen las corazonadas lentas. Si de repente te encuentras con más preguntas que respuestas, bueno, así es como se supone que funciona. Has conseguido llegar a los verdaderos puntos en blanco del mapa. Y si lo has hecho bien, porque has seguido tu curiosidad para entrar en estos puntos, de repente te encuentras con preguntas candentes que nadie puede responder. Así que acabarás intentando encontrar esas respuestas por ti mismo.

En esta inquietud es donde comienza el verdadero aprendizaje.

CUARTO PASO: HACER LA SIGUIENTE PREGUNTA

Este consejo es una reminiscencia del concepto de los filtros de la verdad. Recuerda la norma de los periodistas: tres fuentes constituyen un hecho. Esto significa que si tres personas te dicen lo mismo de forma independiente, entonces puedes estar bastante seguro de que esa cosa ocurrió realmente. Pero, como he mencionado antes, yo me di cuenta de que ocurría algo inusual cuando llamaba a un quinto experto: normalmente obtenía una respuesta que entraba en conflicto con todo lo que le precedía.

Este es el motivo por el que siempre hay que hacer la siguiente pregunta. Significa que, en este punto del proceso, quieres encontrar respuestas contradictorias. Busca expertos que no estén de acuerdo con aquellos con los que ya has hablado. Cuando llegues al punto en el que descubres que todo lo que creías saber es erróneo, estarás en el lugar correcto.

Y ahora que estás en el lugar correcto, intenta resolver el rompecabezas que has descubierto. Claro, es muy posible que el rompecabezas con el que te has topado no tenga respuesta. Tampoco pasa nada. El objetivo es tener una opinión sobre la respuesta. Elige un bando y sé capaz de defenderlo. Ser capaz de decir algo parecido a: «Los expertos tienden a discrepar sobre este punto, pero mi opinión es...». Y luego explicar por qué lo ves así.

Personalmente, no confío en conocer un tema hasta que no recibo este tipo de patadas en el trasero. Si mi opinión no ha recibido por lo menos un vuelco, significa que tengo que seguir trabajando.

QUINTO PASO: ENCONTRAR LA NARRATIVA

Nuestro cerebro está diseñado para relacionar la causa con el efecto. Es un mecanismo de supervivencia. Si podemos descifrar el porqué del qué, podemos aprender a predecir el futuro. Por eso al cerebro le encanta la narrativa, que no es más que causa y efecto a una escala mucho mayor.

Sin embargo, sea cual sea la escala, la biología subyacente sigue siendo la misma.

Cuando relacionamos causa y efecto, estamos reconociendo un patrón. Para recompensar este comportamiento, recibimos pequeños chorros de dopamina. El placer de la dopamina es lo que consolida la relación entre el qué y el por qué, amplificando el aprendizaje. A finales de la década de 1990, por ejemplo, el neurocientífico de Cambridge Wolfram Schultz dio a unos monos un chorro de zumo, que es una de las recompensas favoritas de los monos, y observó cómo sus niveles de dopamina se disparaban en sus cerebros.[10] Al principio del experimento, sus cerebros sólo liberaban dopamina cuando recibían el zumo. Con el tiempo, este pico de dopamina aparecía antes, por ejemplo, cuando se abría la puerta del laboratorio. Al final del experimento, esos picos surgían incluso antes: cuando oían pasos en el pasillo fuera del laboratorio.

Básicamente, el experimento de Schultz confirmó el papel de la dopamina en el aprendizaje. Cada vez que obtenemos una recompensa (como el zumo), el cerebro recorre el pasado reciente en busca de lo que podría haber desencadenado esa recompensa: la causa del efecto. Si este patrón se repite, cuando volvemos a ver esa causa, obtenemos aún más dopamina. A continuación, empezamos a rastrear la causa aún más: antes de obtener el zumo, la puerta del laboratorio se abrió y entró el humano, reforzando esas conexiones adicionales con aún más dopamina.

Ahora que hemos llegado al quinto paso, vamos a aprovechar exactamente esta neurobiología. El objetivo es acoplar esos golpes iniciales de dopamina (del reconocimiento de patrones que ya surgió al seguir los primeros cuatro pasos de este proceso) a una ola aún mayor de dopamina (y, como veremos, una serie de neuroquímicos adicionales) que proviene de la construcción de la narrativa y el apoyo social.[11] Esto consolida la nueva información en el almacenamiento a largo plazo.

Por lo tanto, una vez más, es el momento de expresarnos en público.

Para mí, la única forma de estar seguro de que he aprendido algo es contándoselo a otra persona como si fuera una historia. En realidad, a dos personas. La primera persona a la que se lo cuento es alguien que desconoce por completo el tema y, normalmente, se aburre un poco con él. Creo que los miembros de la familia son útiles para esto, pero los completos desconocidos también pueden funcionar. Si puedo convertir todo lo que he aprendido en una narración lo suficientemente convincente como para mantener la atención de este público hostil y seguir transmitiendo la información fundamental de la historia, siento que he llegado a la mitad del camino.

La segunda persona a la que le cuento la historia es un experto. Siempre busco a alguien que no tenga miedo de decirme que me equivoco. Si puedo satisfacer a ambos bandos, entonces he producido suficiente dopamina en el camino para haber cimentado mis conocimientos, es decir, he aprendido la materia. También siento que me he ganado a pulso mis opiniones y que me siento cómodo expresándolas en público. Si has llegado hasta aquí, tú también deberías sentirte así.

La razón de esta confianza: la neurobiología. Al convertir tu propio aprendizaje en la cadena de causa y efecto que llamamos narrativa (contándoselo a alguien como si fuera una historia) vas a encontrar más patrones y a liberar más dopamina. Si unimos esto a toda la neuroquímica que se produce al expresarnos en público (más dopamina por la asunción de riesgos, norepinefrina por la emoción, cortisol por el estrés, serotonina y oxitocina por la interacción social), tienes una herramienta increíble para reforzar la memoria.[12]

Una nota final: hay dos problemas frecuentes que la gente encuentra al utilizar esta técnica. El primero es terminar esos cinco primeros libros y dar por hecho que se sabe algo. En las artes marciales, siempre se dice que el cinturón amarillo y el cinturón verde (es decir, el principiante avanzado y el intermedio) son los momentos más peligrosos para un aprendiz. Al llegar a ese punto la gente cree que ya sabe luchar y a menudo quiere poner a prueba sus habilidades. Casi siempre acaban recibiendo una patada en el culo. Lo mismo ocurre aquí. Cinco libros sobre un tema es una gran base, pero no lo confundas con la experiencia real.

El segundo problema es igualmente insidioso. Si has seguido este proceso de cinco pasos hasta el final, es probable que te hayas hecho una idea de todo lo que todavía no sabes. Esto es normal. Los expertos suelen sentirse más tontos sobre su tema que los novatos. Saben lo que no saben y saben que hay muchas cosas que no saben que no saben. Es una combinación desalentadora que puede resultar agobiante. Avanzas y sientes que estás yendo hacia atrás, y esto puede ser desmotivador. Pero puedes utilizar esto en tu beneficio. Esas lagunas de conocimiento son la base de la curiosidad, así que síguelas con cinco libros más y repite el proceso.

11

La habilidad de la habilidad

El siguiente paso es ir del aprendizaje de nuevas disciplinas al aprendizaje de nuevas habilidades. Para ayudarte a dar ese paso, he hablado largo y tendido con el autor de *bestsellers*, *business angel* y extraordinario hacker de la vida Tim Ferriss. No conozco a nadie que haya profundizado tanto en la cuestión de la adquisición acelerada de habilidades.[1] Hace un par de años, Tim llevó esta investigación a un nivel superior cuando se propuso aprender trece habilidades muy difíciles (incluyendo tocar un instrumento musical, conducir un coche de carreras y aprender un idioma extranjero) en unas condiciones muy difíciles. Sin saber leer música ni llevar el compás, Tim se dio cinco días para ver si podía aprender a tocar la batería lo suficientemente bien como para actuar en un escenario ante el público. Stewart Copeland, el batería del grupo Police, fue su profesor. Para hacer las cosas más interesantes (como prueba final de su habilidad) convenció al grupo de rock Foreigner para que le dejaran tocar la batería durante uno de sus shows en vivo, con todas las entradas vendidas.

Hizo lo mismo con el Jiu-jitsu brasileño. Se dio cinco días para aprender este arte marcial, y un viaje para luchar contra campeones mundiales para probar los resultados. Y con el póquer, arriesgando cientos de miles de dólares de su propio dinero en una partida con los mejores profesionales como examen final.

En otras palabras, lo que llegó a conocerse como el Experimento Tim Ferriss (disponible en iTunes) fue una investigación a fondo sobre el aprendizaje acelerado de habilidades. Como explica Tim, «[el experimento se diseñó] para desmontar un montón de ideas erróneas que la gente tiene sobre el aprendizaje de los adultos. La idea de que para un adulto es difícil aprender a hablar un idioma extranjero o a tocar un instrumento. La idea de que desarrollar una verdadera experiencia requiere años de práctica. Estas cosas no son ciertas. El programa trata de enseñar a la gente a obtener resultados sobrehumanos sin tener que ser sobrehumanos».

Tim hizo trece experimentos en total, y si los ves todos, empezarás a notar algunas similitudes entre las metodologías. Hay un solapamiento. Claro, a primera vista, puede parecer que aprender a hacer surf y a hablar tagalo, otros dos experimentos que realizó en el programa, son mundos aparte.

Sin embargo, hay puntos en común, y eso es lo que buscamos.

Por ejemplo, la necesidad de dominar el miedo es algo común en casi todas las situaciones de aprendizaje. Esto significa que las técnicas de relajación que Tim aprendió del surfista Laird Hamilton (cuando intentaba aprender a surfear olas más altas que él en una semana, algo que a la mayoría de los novatos les lleva un par de años) eran absolutamente aplicables cuando arriesgaba cientos de miles de dólares en la mesa de póquer. Y también eran igual de relevantes cuando tocaba la batería frente a un público en directo.

Así, cuando Tim se acerca a una nueva habilidad, lo primero que hace es buscar puntos en común. Desmenuza la actividad y la descompone en sus partes básicas. Busca tanto materias que aprender como errores que evitar.

A continuación, busca las coincidencias, es decir, los componentes que aparecen en todas las disciplinas. Estos son los componentes de los que se puede sacar más provecho. Por ejemplo, la mayoría de las canciones pop se construyen a partir de cuatro o cinco acordes. Dominar esos acordes te llevará más lejos que aprender cualquier otro conjunto de habilidades musicales.

Este enfoque de los cinco acordes es un ejemplo del principio de Pareto, o lo que a veces llamamos la regla del 80/20. Se trata de la idea de que el 80% de las consecuencias se derivan del 20% de las acciones. Para aplicar este principio al aprendizaje, cuando te aproximes a una nueva habilidad, centra tus esfuerzos en el 20% que realmente importa. Piensa en los cuatro o cinco acordes que se utilizan en todas las canciones pop.

Para identificar estos componentes, hay que estudiar e investigar. Empieza por eliminar lo que no te interesa. Por ejemplo, cuando Tim se dio una semana para dominar el Jiu-jitsu brasileño, en lugar de intentar aprenderlo todo sobre el arte marcial, se centró en una sola llave de estrangulamiento: la llave de guillotina. Luego aprendió a utilizar esta llave desde todas las posiciones posibles, tanto para atacar como para defender. Esa llave de estrangulamiento era su 20%, pero su dominio de esta habilidad le dio la capacidad de maniobrar en el 80% de las situaciones que encontró, lo cual es un rendimiento bastante increíble para un esfuerzo de cinco días.

Lo más importante es que tú puedes tardar más de cinco días para ser bueno. Aunque te lleve meses, este enfoque 80/20 para la adquisición de habilidades te ahorrará mucho tiempo a largo plazo.

Pero hay que tener en cuenta una cosa: el 80/20 es fantástico si la habilidad que estás tratando de dominar te ayuda a ir de A a B más rápido. Para entrenar una debilidad, por ejemplo, puede ser una gran opción. Pero no sirve para dominar cualquiera de las habilidades fundamentales para tu propósito de transformación masiva.

Por ejemplo, yo nunca me plantearía el 80/20 en nada que tuviera que ver con el *flow*, ya que éste es el núcleo de mi misión. Pero he aplicado esta idea al aprendizaje de la jerga legal necesaria para entender los contratos comerciales, porque es suficiente para tener conversaciones con mis abogados. Si mis abogados tuvieran un 80/20 en materia legal, sería un problema.

Si la habilidad o la información que estás aprendiendo está en el centro de tu propósito de transformación masiva, entonces tu verdadero objetivo tiene que ser el dominio total, y eso requiere más aprendizaje del que puede ofrecer el principio de Pareto (si te preguntas por qué, vuelve a leer la lista de Gary Klein de las cosas que los expertos saben que los demás no saben). Dicho esto, centrar constantemente el aprendizaje en el 20% de la información que marcará el 80% de la diferencia (y hacerlo repetidamente) acortará el camino hacia la maestría. Tim ha demostrado que este enfoque puede llevarte a la verdadera maestría en aproximadamente un año y medio de trabajo, es decir, unos ocho años y medio más rápido que esas supuestas diez mil horas.

Pero para ser sinceros, el experimento de Tim se puso feo. Se cayó. Se rompió los huesos, sobre todo cuando quiso aprender *parkour* en una semana. Pero esa es la cuestión. «Mira —dice—, a mí me cuesta aprender. De niño era pésimo con los idiomas. No aprendí a nadar hasta los treinta años. Por eso sé que esto funciona. Si yo puedo hacerlo, cualquiera puede hacerlo.»

12

Más fuerte

Hasta ahora, hemos explorado las habilidades y metahabilidades que rodean el aprendizaje. Aquí queremos cambiar el enfoque y hablar exactamente sobre lo que quieres aprender. Hay tres categorías que explorar.

Primero, lo obvio. Si estás persiguiendo metas altas y difíciles, entonces aprende lo que sea necesario para perseguir esos objetivos.

Segundo, lo desagradable. Hace unos capítulos, hablamos de desarrollar la valentía necesaria para entrenar nuestras debilidades. De un modo u otro, el desarrollo de esas agallas requiere añadir nuevas habilidades o nuevos conocimientos a tu repertorio, así que eso es también lo que quieres aprender.

Por último, queremos dirigir nuestra atención a la cara opuesta de esta moneda, a nuestros puntos fuertes. Aprender a identificar nuestras fortalezas principales (literalmente, identificar las cosas en las que somos mejores) y luego aprender a mejorarlas, es fundamental para alcanzar el máximo rendimiento. Desde la década de 1940 en adelante, los psicólogos, desde Carl Rogers y Carl Jung hasta Martin Seligman y Christopher Peterson, han argumentado que el uso de nuestras principales fortalezas de forma habitual es una de las mejores maneras de aumentar la felicidad, el bienestar y la cantidad de *flow* en nuestras vidas.[1] De hecho, Seligman ha argumentado que la mejor manera de aumentar el *flow* es dedicar el mayor tiempo posible a actividades que requieran una o más de nuestras cinco fortalezas principales.[2]

A nivel psicológico, trabajar con nuestros puntos fuertes (es decir, mejorar en lo que ya somos buenos) aumenta los sentimientos de autonomía y dominio, dos de nuestros motores intrínsecos más potentes. A su vez, estos impulsores aumentan la confianza, la concentración y el compromiso, que se combinan para aumentar el aprendizaje y fomentar el *flow*. Por último, dado que el *flow* amplifica el aprendizaje, esto refuerza nuestros puntos fuertes y reinicia el ciclo.

Desde el punto de vista neurobiológico, las fortalezas parecen tener diferentes funciones. La más importante es la dopamina. Nos gusta ser buenos en las cosas, y esto produce dopamina, que refuerza la concentración, aumenta la motivación y nos ayuda a mejorar aún más en lo que ya somos buenos.

Muchos investigadores también creen que nuestros puntos fuertes desempeñan un papel en el *sensory gating* (filtraje sensorial), que es lo que ayuda al cerebro a decidir qué partes de la información llegan a la mente consciente para ser procesadas y cuáles se eliminan por irrelevantes. Nos gusta ser buenos en las cosas y nos gusta mejorar en las cosas, así que cualquier cosa que pueda ayudar a esa causa se etiqueta como importante y se pasa al procesamiento consciente.[3]

Sin embargo, debido a que la idea de entrenar nuestras fortalezas es todavía nueva para la psicología, hay preguntas abiertas sobre la lista completa de fortalezas a entrenar. Seligman y Peterson, en un libro reciente sobre el tema, enumeran veinticuatro puntos fuertes básicos, mientras que Clifton Strengths, de la Organización Gallup, los eleva a treinta y cuatro, y el Perfil de Fortalezas tiene sesenta puntos fuertes, débiles y comportamientos aprendidos diferentes. Entonces, ¿en qué lista debes confiar?

Mi respuesta es en *la tuya*. Claro, si quieres dar una vuelta a las ideas de Seligman y Peterson, su sitio web www.viacharacter.org ofrece un test gratuito de 240 preguntas. Los resultados son confidenciales y se envían directamente a tu bandeja de entrada. También puedes encontrar CliftonStrengths y el Perfil de Fortalezas, así como una gran cantidad de otras evaluaciones en línea.[4] Pero una forma más fácil de resolver este rompecabezas es confiar en tu propia historia.

Empieza por tus cinco mayores victorias, es decir, los cinco logros de los que te sientes más orgulloso y que han tenido el mayor impacto positivo en tu vida. A continuación, desglosa cada uno de ellos, buscando todos los puntos fuertes que te ayudaron a conseguir esa victoria. Lo más importante es la especificidad. No te limites a añadir «persistencia» a tu lista; añade el tipo específico de persistencia. Si tu victoria se debe a la voluntad de ir a la biblioteca y recopilar toda la información posible sobre un tema, entonces el «rigor intelectual» es un identificador mucho más útil que la «persistencia».

Ahora que tienes la lista, es el momento de buscar las intersecciones. Al principio de este libro, identificamos los lugares en los que nuestras pasiones centrales se cruzaban con nuestros propósitos centrales, y luego utilizamos esta información para obtener propósitos masivamente transformadores, grandes objetivos y metas claras. Aquí queremos profundizar en este proceso encontrando los lugares en los que nuestros puntos fuertes se alinean con nuestro almacén de motivaciones.

Digamos que tu PMT es «acabar con el hambre en el mundo». Una de tus metas elevadas y difíciles es avanzar en el campo de la agricultura vertical. Por lo tanto, en la lista de objetivos claros que creas a diario, debes apoyarte en tus puntos fuertes. Si eres bueno en las habilidades sociales, como el trabajo en equipo, la inteligencia social y el liderazgo, el activismo comunitario encajará mejor contigo que una vida tranquila en un laboratorio de investigación.

Cuando hayas identificado una fortaleza central que sirva para tu PMT, Seligman recomienda que intentes utilizar esa fortaleza una vez a la semana de una forma nueva y en un entorno que te interese: con la familia, por ejemplo, o en el trabajo.[5] Dedica dos o tres meses a entrenar una fortaleza (es decir, a probarla de una manera nueva en una situación nueva al menos una vez a la semana) antes de pasar a otra. A lo largo de un año, encontrarás lugares donde los múltiples puntos fuertes se cruzarán con tu PMT. Ese es el verdadero objetivo. Si puedes orientarte hacia el propósito de tu vida utilizando tus fortalezas principales, acabarás aumentando significativamente la cantidad de *flow* en tu vida. Una vez más, llegarás más lejos más rápido.

Y esto responde a la pregunta ¿qué debo aprender? Aprende a afilar tu espada. Aprende a utilizar tus puntos fuertes para avanzar en tu causa. Si lo que estamos aprendiendo se alinea completamente con lo que somos, aceleramos el avance. Haces el trabajo más rápido y, al final, obtienes una cosecha más abundante.

13

El 80/20 de la inteligencia emocional

En el centro de este libro está la cuestión de la innovación extrema. ¿Qué hace falta para subir de nivel como nunca? ¿Qué se necesita para hacer lo que nunca se ha hecho? O, con menos hipérbole, ¿qué se necesita para mantener altos niveles de máximo rendimiento durante el tiempo suficiente para lograr una serie de metas elevadas y difíciles?

Una de las respuestas viene de la mano del psicólogo de la Universidad de Michigan Chris Peterson, que cree que se pueden resumir la mayoría de las lecciones de la psicología positiva en una sola frase: «Los demás son importantes».[1] Peterson se refiere al hecho de que, si te interesa la felicidad, el bienestar y la satisfacción general en la vida, necesitas a otras personas en la ecuación. El apoyo social (el amor, la empatía, el cariño, la conexión, etc.) es fundamental para la salud mental. Los demás son importantes. «Suena como una pegatina para el parachoques», explicó Peterson en un artículo para *Psychology Today*, «pero en realidad es un buen resumen de lo que la búsqueda de la psicología positiva ha demostrado sobre la buena vida en un sentido amplio.»

Y esto es especialmente cierto si te interesa lo imposible.

Cada vez que nos encontramos con una situación difícil, el cerebro hace una evaluación básica del riesgo en función de la calidad y cantidad de nuestras relaciones cercanas. Si tienes amigos y familiares cerca para ayudarte a solucionar un problema, tu potencial para resolverlo aumenta de forma significativa. El cerebro trata la situación como un reto interesante, no como una amenaza peligrosa. El resultado es la dopamina. El cerebro te da un chorro de lo bueno para que te prepares para afrontar ese reto.

Pero si tienes que enfrentarte a esa situación solo, sin apoyo emocional ni ayuda externa, tu probabilidad de éxito disminuye y tus niveles de ansiedad aumentan. En lugar de dopamina, recibes sustancias químicas del estrés como el cortisol. Dado que estas sustancias químicas pueden reducir el rendimiento, si estás interesado en lo imposible, la biología básica de tu sistema nervioso exige que encuentres a otras personas para que te acompañen.

Igualmente importante, entre tú y tus sueños, hay otras personas. A veces, estas personas son obstáculos, a veces son oportunidades, pero en cualquier caso, muy pocos consiguen lograr lo imposible por sí solos. Sólo por estas razones, tu lista de habilidades de máximo rendimiento debe incluir habilidades interpersonales como la comunicación, la colaboración y la cooperación.

Por supuesto, esto suena autocomplaciente. Pero la cuestión sigue siendo la siguiente: si tu objetivo es dirigir, el desarrollo de una profunda inteligencia emocional es crucial para tus posibilidades de éxito.

La «inteligencia emocional» es un término que se utiliza para describir nuestra capacidad de percibir, expresar, valorar, comprender y regular las emociones, tanto en nosotros mismos como en los demás. En términos psicológicos, se trata de habilidades personales como la motivación, la autoconciencia y el autocontrol, así como habilidades interpersonales como la atención, la preocupación y la empatía. En términos neurobiológicos, la inteligencia emocional requiere algunas explicaciones.[2]

Lo primero que hay que saber es que, hasta hace muy poco, sabíamos muy poco. La larga sombra de B. F. Skinner y el conductismo afirmaban que las emociones no eran un tema para los científicos serios.[3] Demasiado blandas. Demasiado subjetivas. Pero en la década de 1990, la tecnología de imágenes cerebrales mejoró hasta el punto de que los científicos pudieron empezar a trazar las vías neuronales de nuestras emociones básicas.[4] Este trabajo puso fin a medio siglo de controversia y condujo al descubrimiento de los siete sistemas emocionales mencionados, presentes en todos los animales, incluidos los humanos.

La palabra clave es «sistemas». Las emociones no proceden de un solo lugar del cerebro. En su lugar, son generadas por esas siete redes centrales: miedo, lujuria, atención, juego, rabia, búsqueda y pánico/duelo. Cada una de estas redes es una vía electroquímica específica a través del cerebro que produce sentimientos y comportamientos específicos. Así, la inteligencia emocional, desde una perspectiva neurobiológica, puede considerarse como la capacidad cognitiva necesaria para «gestionar» eficazmente cada una de estas siete redes.

También existe un creciente consenso sobre las partes del cerebro necesarias para ello. Aunque la lista está lejos de estar completa, las estructuras implicadas incluyen un grupo de regiones cerebrales profundas (el tálamo, el hipotálamo, los ganglios basales, la amígdala, el hipocampo y el córtex cingulado anterior) y un trío de áreas en el córtex prefrontal (el córtex prefrontal dorsolateral, ventromedial y orbitofrontal).[5] En un sentido muy real, el entrenamiento de la inteligencia emocional implica aprender a reconocer las señales enviadas por estas regiones y aprender a actuar sobre ellas o a no actuar, según el caso.

Y hay muy buenas razones para aprender estas habilidades.

En décadas de estudios y en docenas de ámbitos, la inteligencia emocional sigue siendo uno de los indicadores más altos del éxito. Un alto nivel de inteligencia emocional está relacionado con todo, desde el buen estado de ánimo hasta las buenas relaciones y las grandes posibilidades de éxito. Como dijo una vez la periodista Nancy Gibbs en la revista *Time*, «el coeficiente intelectual hace que te contraten, pero el coeficiente emocional hace que te asciendan».[6]

Y esto nos lleva a lo siguiente que debemos aprender en esta fase: cómo potenciar la inteligencia emocional. Para ello, empezaremos por lo básico.

Los investigadores dividen la inteligencia emocional en cuatro áreas: autoconciencia, autogestión, conciencia social y gestión de las relaciones.[7] Las dos primeras categorías, autoconciencia y autogestión, tienen que ver con nuestra relación con nosotros mismos. La autoconciencia suele definirse como el conocimiento de los propios sentimientos, motivos, deseos y carácter, mientras que la autogestión implica asumir la responsabilidad del propio comportamiento y bienestar.

Las dos últimas categorías, la conciencia social y la gestión de las relaciones, tienen que ver con nuestras relaciones con los demás. La conciencia social requiere la capacidad de comprender tanto las luchas interpersonales de los demás como los problemas más generales de la sociedad (por ejemplo, el racismo y la misoginia). Por último, la gestión de las relaciones tiene que ver con las habilidades de comunicación interpersonal.

Muchas de las habilidades que describí en la primera parte de este libro son las que se necesitan para entrenar estas categorías. Por ejemplo, los ejercicios de atención plena que se abordan en la sección sobre la valentía son una de las mejores formas de reducir la brecha entre el pensamiento y la emoción, lo que permite tomar conciencia del primero y controlar la segunda. La receta de la pasión y los ejercicios de fijación de objetivos, por poner un segundo ejemplo, mejoran la motivación, una habilidad de autogestión, y amplían el conocimiento de uno mismo.

Y, lo más importante, la mayoría de las tácticas de autoconciencia y autogestión tienen un elemento común esencial: la conciencia del piloto automático. Como señaló William James, los seres humanos son máquinas de hábitos. Llamó a los hábitos «el gran volante de la sociedad», y las investigaciones más recientes respaldan esta afirmación.[8] Ahora sabemos que entre el 40 y el 80 por ciento de lo que hacemos se hace automáticamente, en su mayoría de forma inconsciente, por costumbre.[9] Esta es la estrategia exacta que utiliza el cerebro para ahorrar energía, pero (especialmente si tenemos malos hábitos) puede causar estragos en nuestras vidas.

Por lo tanto, puedes tomar una página del libro de Tim Ferriss y aplicar el principio del 80/20 al aprendizaje de la inteligencia emocional mediante el desarrollo de la conciencia del piloto automático. Si puedes empezar a darte cuenta de tus reacciones instintivas, puedes empezar a tomar decisiones. ¿Se trata de una buena reacción instintiva o de una mala? ¿Es un hábito útil o una bomba de relojería? Si nos damos cuenta de nuestros patrones, podemos romperlos y crear otros mejores. De hecho, muchas de las estructuras cerebrales que intervienen en la inteligencia emocional pertenecen a la corteza prefrontal, que nos ayuda a sobrescribir nuestro comportamiento automático. Eso es la conciencia del piloto automático y, al menos sobre el papel, no es tan difícil de entrenar.

Una forma fácil de empezar es hacer una pausa para respirar antes de hablar, actuar o reaccionar, especialmente en situaciones de mucha tensión. En esa pausa, aclara tus ideas. Pregúntate por qué vas a hacer lo que vas a hacer, y luego evalúa tu respuesta. Hazte responsable de tus defectos, controla y sobrescribe tu autoconversación negativa y amplía tu vocabulario emocional. No te duermas en este último punto. Ser capaz de describir lo que sientes con más detalle y con un lenguaje más preciso amplía el panorama de tus sentimientos. «Los límites de mi lenguaje», como nos recuerda Ludwig Wittgenstein, «son los límites de mi mundo.»[10]

También podemos utilizar el principio del 80/20 para la segunda mitad, igualmente crucial, de la ecuación de la inteligencia emocional: la conciencia social y la gestión de las relaciones. Para ello, vamos a centrarnos en las dos habilidades que los investigadores destacan de forma más constante para estas categorías: la escucha activa y la empatía.

La escucha activa es el arte de la presencia comprometida. Es escuchar con auténtica curiosidad, pero sin juzgar ni apegarse al resultado. Sin soñar despierto. No hay que pensar en lo que se va a decir a continuación. La paciencia es la clave. Relacionarse genuinamente significa escuchar hasta que el otro haya terminado y hacer sólo preguntas aclaratorias a lo largo del camino. Muchos expertos recomiendan resumir la conversación en voz alta, lo que mejora la comunicación y estrecha los lazos sociales, asegurando que ambas partes se sientan vistas y escuchadas.

La escucha activa también se alinea con otras tácticas de alto rendimiento que ya hemos utilizado. Activa automáticamente la curiosidad, liberando un poco de dopamina y norepinefrina en nuestro sistema. Estas sustancias químicas aumentan la atención, nos preparan para aprender y nos dan la oportunidad de utilizar lo que escuchamos para encontrar conexiones con ideas anteriores, creando así las condiciones para el reconocimiento de patrones (y más liberación de dopamina). El resultado de todos estos neuroquímicos en nuestro sistema es una mayor posibilidad de fluir, razón por la cual el psicólogo de la Universidad de Carolina del Norte, Keith Sawyer, identificó la «escucha activa» como un desencadenante del *flow*, un tema al que volveremos.[11]

Por ahora, pasamos a la siguiente habilidad: la empatía.

La capacidad de compartir y comprender los sentimientos del prójimo es uno de los caminos más rápidos hacia la inteligencia emocional. Aprender a desarrollar empatía fomenta tanto la conciencia de uno mismo como la conciencia social, profundizando en nuestra capacidad de comprendernos a nosotros mismos y de entender nuestro impacto en los demás. Esto conduce a una mayor eficacia a nivel individual y a una mejor comunicación y colaboración a nivel social.

En los últimos años, los científicos han avanzado mucho en el conocimiento de la empatía, y se han dado cuenta de que es una habilidad fácil de entrenar.

Por una serie de razones que no se comprenden del todo, la «resonancia motora conduce a la resonancia emocional», lo que significa que
cuando vemos a otra persona realizar una acción o experimentar una
sensación, se encienden las mismas partes de nuestro cerebro, como si
nosotros mismos estuviéramos realizando esa misma acción o experimentando esa misma sensación. [12] Ocurre automáticamente. Y podemos aprovechar este hecho biológico para entrenar la empatía.

Para ello, los investigadores han identificado dos estrategias claves:
la imaginación y la meditación. La imaginación significa poner el cliché
en acción: preguntarte qué sentirías si caminaras un kilómetro con los
zapatos de la otra persona. Empieza con la pregunta obvia. Pregúntate
a ti mismo: si esto me ocurriera a mí, ¿cómo me sentiría? Intenta enfo-
carlo como si fueras un explorador. Considera la situación desde múltiples ángulos para llegar a comprender toda la gama de posibilidades
emocionales que la situación podría producir. Además, siente realmente las emociones resultantes. Localiza la dirección somática de esos sentimientos, observando en qué parte de tu cuerpo se producen. Observa
la calidad y la profundidad de las emociones. ¿Se manifiestan como un
cosquilleo o un dolor? ¿Son intermitentes o sólidas? Lo más importante es observar cómo pueden colorear nuestra percepción las emociones.

La segunda estrategia para expandir la empatía es la «meditación
compasiva». En una investigación realizada por el psicólogo de Harvard
Daniel Goleman y el psicólogo de la Universidad de Wisconsin Richard Davidson, siete horas de meditación compasiva produjeron un
notable aumento de la empatía y cambios permanentes en el cerebro de
los practicantes. [13] Después de siete horas, había una mayor actividad en
la ínsula, una parte del cerebro que nos ayuda a detectar las emociones,
y en la unión temporoparietal, una parte del cerebro que nos permite
ver las cosas desde perspectivas alternativas y ayuda a generar empatía.

Para practicar la meditación compasiva, simplemente busca un lugar
tranquilo, siéntate y cierra los ojos. Recuerda a alguien que haya sido
amable contigo y hacia quien sientas gratitud. Deséale en silencio lo

mejor y desea su seguridad, felicidad, salud y bienestar. A continuación, haz lo mismo con otras personas a las que quieres, principalmente amigos y familiares. Piensa hacia fuera: compañeros de trabajo, conocidos, desconocidos, el hombre de la tintorería, la mujer que repara tu ordenador. Por último, concédete esos mismos deseos a ti mismo.

Las investigaciones demuestran que veinte minutos al día durante dos semanas harán que la empatía se movilice. Y presta mucha atención a los resultados. Una de las dificultades inherentes a las prácticas de mindfulness (incluido este ejercicio de compasión) es la considerable brecha existente entre la causa y el efecto. Hoy nos quedamos quietos veinte minutos y cinco días después somos más amables con nuestra madre por teléfono. Pero hay que buscar ese aumento de la amabilidad y llevar un recuento de los resultados. Poder confiar en que la práctica está funcionando es fundamental para mantener la motivación.

Y a la hora de practicar, no utilices una meditación que potencie la compasión por sí sola. Combinar la imaginación y la meditación produce los mejores resultados. Cuando nos ponemos en el lugar de otra persona, especialmente si ésta se encuentra en una situación especialmente angustiosa, el cerebro hace algo subrepticio. Como no disfrutamos del sufrimiento (incluso si el sufrimiento no es el nuestro), el cerebro alivia nuestro dolor desconectando a la otra persona. Como explicaba Daniel Goleman en un artículo para *Fast Company*, «[esto] lleva más a la indiferencia que a bondad».[14]

Pero hay una solución práctica.

Científicos de los institutos Max Planck descubrieron que la combinación de ejercicios de empatía e imaginación con la meditación compasiva cambia los circuitos neuronales que se activan ante el sufrimiento del otro. En lugar de ignorar el dolor del otro, los circuitos que se iluminan son los mismos que se activan cuando una madre acude a la llamada de angustia de su hijo. Esto no sólo anula la válvula de cierre incorporada en el cerebro, sino que genera empatía aún más rápidamente.[15]

Y cuando combinamos la escucha activa con una empatía más profunda, obtenemos la neuroquímica del bienestar que se deriva de la interacción social positiva: dopamina, endorfinas, oxitocina y serotonina; eso es mucho bienestar. Por eso la inteligencia emocional es un indicador tan consistente de los logros. Significa que tanto nuestras acciones como nuestras emociones están alimentando nuestra búsqueda de lo imposible.

14

El camino más corto hacia Superman

Este no sería un capítulo sobre el aprendizaje si no habláramos de la llamada «regla de las diez mil horas» del psicólogo Anders Ericsson. Cuando se trata de alcanzar el máximo rendimiento, la regla sugiere que el talento es un mito. La formación es la clave.

Y no cualquier tipo de formación.

Para lograr el dominio de una disciplina determinada, la investigación de Ericsson demostró que se necesitan diez mil horas de «práctica deliberada».[1] La práctica es deliberada porque cumple tres condiciones: el alumno recibe instrucciones detalladas sobre el mejor método, tiene acceso a una retroalimentación inmediata y a los resultados del rendimiento, y puede repetir las mismas tareas o hacer otras muy similares. En resumen, los resultados de Ericsson defienden la especialización temprana y la repetición extrema.

Estos resultados han dado sus frutos. Fueron canonizados en el *Cambridge Handbook of Expertise and Expert Performance* (*Manual de experiencia y desempeño experto de Cambridge*) y popularizado por escritores como Malcolm Gladwell.[2] También han dado lugar a la industria de los defensores de la especialización: madres tigre, padres helicóptero, lo que se quiera. Sin embargo, hay un problema. La especialización temprana no ha producido nada parecido a la experiencia que se pretendía crear.

A menudo, a los niños más pequeños, este enfoque les hace abandonar la actividad que intentaban dominar.[3] En el caso de los adultos, el impacto es igualmente perjudicial. En los alumnos de más edad, la especialización extrema tiende a convertir a las personas en personas estrechas de miras y demasiado seguras de sí mismas, prácticamente ciegas a la mayoría de los hechos y demasiado dependientes de los pocos hechos que conocen. Y esto nos lleva a los tres principales retos de la regla de las diez mil horas.

El primer reto lo planteó el propio Ericsson.[4] Cuando Malcolm Gladwell publicó *Fuera de serie* (*Outliers*), que fue el libro que convirtió esta idea en una industria, Ericsson señaló que, aunque había estudiado la experiencia en áreas muy específicas (las diez mil horas procedían inicialmente de un estudio con violinistas), y sus conclusiones se habían duplicado en otros ámbitos (el golf, por ejemplo), definitivamente *no* podían aplicarse en todos los campos. Además, esas diez mil horas eran el promedio de un marcador arbitrario. Gladwell eligió diez mil horas porque ese era el tiempo promedio de práctica de un violinista de primera categoría de veinte años. Si hubiera hecho el corte a los dieciocho años o a los veintidós, los resultados habrían sido muy diferentes.[5] En resumen, la mayoría de la gente tarda mucho más de diez mil horas en alcanzar la maestría. Ocasionalmente, en ciertos campos, algunas personas pueden llegar mucho más rápido. Pero Ericsson considera que no está justificado utilizar esta cifra para medir la pericia.

El segundo gran reto vino de mi libro *The Rise of Superman* (*El ascenso de Superman*), que hablaba sobre el progreso sin precedentes de los atletas de deportes de riesgo y aventura en las últimas tres décadas. Durante este período, estos atletas lograron más hazañas imposibles que casi cualquier otro grupo de personas en la historia. Y lo más sorprendente es que los atletas lograron estos resultados que desafían a la muerte sin seguir la regla de las diez mil horas ni ninguna de las reglas normalmente asociadas al máximo rendimiento.[6]

En los últimos cincuenta años, cuando los científicos se fijan en la excelencia y los logros, hay tres factores que desempeñan un papel destacado: las madres, los músicos y los malvaviscos. Esencialmente, estos son los tres caminos tradicionales hacia la maestría. Las madres reflejan el lado de la naturaleza y la crianza de esta ecuación, el hecho indiscutible de que tanto la genética como el entorno de la primera infancia son cruciales para el aprendizaje y el éxito.[7] Los músicos son una referencia a los violinistas que Anders Ericsson estudió para llegar a su idea de la «práctica deliberada». Por último, los malvaviscos son una referencia al experimento fallido del psicólogo de Stanford Walter Mischel sobre la gratificación retardada.[8] Mischel descubrió que los niños que podían resistir la tentación en el momento presente (es decir, no comerse un malvavisco ahora por la promesa de una recompensa mayor: obtener dos malvaviscos más tarde) tenían mucho más éxito en la vida. Y esto es cierto en una media docena de mediciones diferentes. Más que las calificaciones, el coeficiente intelectual, las puntuaciones de la selectividad o cualquier otra cosa, la capacidad de retrasar la gratificación parece ser un indicador consistente de los logros futuros.

Sin embargo, a pesar de estos hallazgos, muy pocos atletas de los que hablé en *Rise of Superman* tenían alguna de estas características. Los hogares rotos y la mala infancia eran más la regla que la excepción, lo que significa que ni la naturaleza ni la crianza habían tenido nada que ver.

En cuanto a las diez mil horas de práctica deliberada, tampoco había mucho de eso. Claro, estos atletas pasaban una cantidad considerable de tiempo practicando su deporte favorito, pero casi nada de eso se empleaba en hacer repeticiones. La mayor parte del tiempo, estos atletas practicaban en entornos vivos (las montañas, los océanos) donde el terreno cambia a cada momento, lo que hace que, en muchos casos, ni siquiera sea posible repetir la práctica deliberada. Además, muchos de estos atletas habían abandonado sus carreras deportivas profesionales porque odiaban hacer los ejercicios repetitivos en los que se basa la práctica deliberada. De hecho, los términos que acuñaron para describirse a sí mismos (esquiadores libres, surfistas libres, corredores libres) eran una expresión de este rechazo.

Por último, la cuestión de la gratificación retardada era casi ridícula. Los deportes de acción se basan en la gratificación instantánea. Estos atletas son hedonistas devotos de «perseguir la emoción» y todo un diccionario de términos similares. Son personas que sin duda se habrían comido el malvavisco de Mischel. Pero, de alguna manera, a pesar de no seguir ninguna de las reglas tradicionales de la excelencia, se las arreglaron para reescribir las normas de las posibilidades humanas.

El tercer y último desafío a la regla de las diez mil horas lo planteó el autor David Epstein en su fantástico libro *Amplitud (Range): Por qué los generalistas triunfan en un mundo especializado.* Esencialmente, *Amplitud* es un argumento bien construido contra el culto a la especialización.

En la investigación de Epstein, cuando investigaba a las personas de máximo rendimiento, en lugar de una década de práctica deliberada en un solo ámbito, encontró lo contrario. En lugar de elegir una disciplina y ceñirse a ella, los datos muestran que la mayoría de los que rinden al máximo comienzan su carrera con un amplio «período de muestreo». Se trata de una época de descubrimientos, en la que prueban todo tipo de actividades nuevas, pasando de una a otra y volviendo a ellas, y a menudo sin mucho orden ni razón. Así que olvídate de la especialización temprana y de las diez mil horas de práctica; lo que la investigación de Epstein demostró fue que el camino más rápido hacia la cima es el zigzag.

¿Qué está pasando? ¿Las diez mil horas son la norma o la excepción? ¿Necesitamos realmente estas décadas de práctica deliberada? ¿O puede haber un camino más fácil? ¿O un camino más corto?

La respuesta es sí y no y mucho más.

LA CALIDAD DE LA CORRESPONDENCIA

Vamos a empezar con el útil descubrimiento de Epstein: el camino en zigzag hacia el máximo rendimiento. ¿Por qué el camino más rápido es el más tortuoso? Se reduce a la «calidad de la correspondencia», que es el término que utilizan los economistas para describir un ajuste muy estrecho entre las habilidades, los intereses y el trabajo que se realiza. Cuando Shane McConkey dice: «Me encanta lo que hago», es una expresión de la calidad de la correspondencia. Los investigadores demuestran que las personas de alto rendimiento tienden a comenzar sus carreras con un amplio período de muestreo porque están buscando la combinación perfecta. Desde fuera, este periodo parece exactamente lo contrario de la especialización temprana. En su mayoría, parece que están perdiendo el tiempo. Vaya, los dinosaurios son lo más genial del universo. Vaya, los cómics son mejores que los dinosaurios. Doblemente, el tenis es aún mejor que los cómics. Pero cuando las personas de alto rendimiento consiguen ese ajuste, es decir, aprenden a amar lo que hacen, el resultado es un gran impulso.

En numerosos estudios, la calidad de la correspondencia está directamente correlacionada con mayores índices de aprendizaje, lo que la convierte en uno de los mejores predictores del máximo rendimiento continuado. O, como dice Epstein: «Cuando eliges bien, parece que tienes agallas».[9] Y la combinación de aprendizaje acelerado y valentía funciona como un interés compuesto, que es también la razón por la que (como predictor del éxito a largo plazo) la adecuación de la correspondencia resulta ser un indicador mucho mejor que la especialización temprana.

En la educación, por ejemplo, los programas de especialización temprana, como el Head Start, producen un importante «efecto de desvanecimiento», en el que los niños se aburren y acaban abandonando la actividad por completo, lo que les lleva exactamente a ninguna parte.[10] En las empresas, vemos algo similar. En lo que respecta a los ingresos, aunque los que se especializan a una edad temprana llevan ventaja al principio, ésta no dura. Después de unos seis años en plantilla, los que empezaron sus carreras con períodos de muestreo más amplios tienden a alcanzar a esos primeros especialistas, y luego los dejan atrás. Y como carecen de calidad de correspondencia, los que se especializan al principio de su carrera tienden a agotarse y a cambiar de campo. De hecho, si te interesa la rama ejecutiva, más que la formación especializada en un solo trabajo, el número de trabajos diferentes realizados en un campo determinado sigue siendo uno de los mejores predictores de éxito de los directores generales.[11]

Y es por todas estas razones por las que he incluido la «calidad de correspondencia» en este libro. El ejercicio de la pasión es simplemente un largo período de muestreo que hace hincapié en el aprendizaje a través de la práctica. Y, si te interesa la calidad de correspondencia, el «hacer» es la clave. La prueba y el error son la vía rápida para el autoconocimiento. Aprendemos lo que nos gusta y lo que se nos da bien a través de la experimentación práctica. Las investigaciones demuestran sistemáticamente que no podemos predecir de antemano nuestros gustos o nuestros puntos fuertes. «Actúa primero, piensa después», es lo que dice la ciencia. Por eso también, en el capítulo anterior, para identificar nuestros puntos fuertes, confiamos en nuestra historia en lugar de apoyarnos en alguno de los principales diagnósticos. La vida, al parecer, se revela mejor viviendo. Desde una perspectiva general, la calidad de la correspondencia es una señal de que nuestros cinco motivadores intrínsecos fundamentales (curiosidad, pasión, propósito, maestría y autonomía) están bien apilados. Los motivadores alineados aumentan la atención, que es siempre la base del aprendizaje.

Todo se reduce a la energía.

Cuando atendemos, estamos eligiendo cómo gastar nuestra energía. Estamos desplazando los limitados recursos neuronales hacia una única fuente, filtrando el mundo al servicio de una pregunta. La atención es una pregunta: ¿Eres importante? Si la respuesta es afirmativa, si la cosa a la que se presta atención merece la pena, el resultado automático es el aprendizaje. Así es como funciona el sistema, y con la calidad de correspondencia conseguimos que el sistema trabaje para nosotros.

MÁS *FLOW*

Si realmente quieres entender cómo esos atletas de los primeros tiempos del deporte de aventura lograron más hazañas imposibles que casi cualquier otro grupo de personas en la historia, si bien la respuesta puede comenzar con la calidad de correspondencia, definitivamente termina con el *flow*.

Y la razón debería ser ya conocida: la neuroquímica.

Si quieres acelerar tu progreso en el camino hacia la maestría, tienes que aprender a amplificar el aprendizaje y la memoria. Una forma rápida de resumir cómo funcionan estos procesos en el cerebro: cuantos más neuroquímicos aparezcan durante una experiencia, más posibilidades hay de que esa experiencia pase de la retención a corto plazo al almacenamiento a largo plazo. Esta es otra de las tareas que realizan los neuroquímicos: etiquetan las experiencias como «importante, guardar para más tarde».

En el *flow*, cuatro, cinco o tal vez seis de los neuroquímicos más potentes que el cerebro puede producir inundan nuestro sistema. Eso es un montón de «importante, guardar para más tarde». El resultado es un pico significativo en el aprendizaje y la memoria. En los experimentos llevados a cabo por investigadores de Advanced Brain Monitoring en colaboración con el Departamento de Defensa de los Estados Unidos, se hizo entrar a unos tiradores novatos en estado de *flow*, y luego fueron entrenados hasta el nivel de experto. Lo hicieron con tiradores de pistola, de rifle y arqueros. En todos los casos, los alumnos tardaron un 50 % menos de lo normal en convertirse en expertos.[12] ¿Y esas legendarias diez mil horas para dominar una disciplina? Lo que la investigación muestra es que el *flow* puede reducirlas a la mitad.

Esto explica por qué los deportistas de riesgo y aventura de *Rise Superman* superaron los límites del rendimiento humano tan rápidamente y llegaron tan lejos. Hacían lo que les gustaba hacer (una combinación perfecta) y lo hacían de una manera que generaba un montón de *flow*. El estado de *flow* y su impacto en el aprendizaje fue lo que permitió a estos atletas acortar el camino hasta la maestría. Es un círculo virtuoso y otra razón por la que el camino hacia lo imposible es más corto de lo que muchos creen.

Cuando el *flow* es la recompensa, el aprendizaje pasa de ser algo que se hace conscientemente, con energía y esfuerzo, a algo que se hace automáticamente, por costumbre y alegría. Es el hábito de la ferocidad aplicado al aprendizaje. Si podemos automatizar todo este instinto, desde la primera chispa de curiosidad que pone en marcha la aventura hasta la llegada a la maestría, que tiene una conclusión infinita, entonces estamos alimentando constantemente nuestra pasión y propósito. Esto es lo que nos permite jugar el juego infinito. Si sigues aprendiendo, sigues jugando. Y si sigues jugando durante años, un día te darás cuenta de que lo que está en juego no sólo supera tus expectativas, sino que supera tu imaginación, que es, después de todo, una de las razones por las que lo llaman el «juego infinito».

Tercera parte
Creatividad

Yo no me drogo. Yo soy la droga.

Salvador Dalí[1]

15

La ventaja creativa

Si lo que te interesa es el alto rendimiento, la creatividad es el punto de partida.

En 2002, la Asociación para el Aprendizaje del Siglo XXI, una coalición educativa sin ánimo de lucro en la que participaban desde ejecutivos de Apple, Cisco y Microsoft hasta expertos de la Asociación Nacional de Educación y el Departamento de Educación de Estados Unidos, se encargó de determinar qué habilidades necesitan nuestros hijos para prosperar en el siglo XXI. La antigua respuesta, por supuesto, eran lectura, escritura y aritmética.[1] ¿La nueva respuesta? Las cuatro C: creatividad, pensamiento crítico, colaboración y cooperación.

Vemos resultados similares en las empresas. En 2010, los investigadores de IBM decidieron que querían conocer mejor las habilidades necesarias para dirigir una empresa. Para obtener la respuesta, preguntaron a más de quince mil líderes empresariales de sesenta países diferentes y treinta y tres sectores diferentes sobre la cualidad más importante en un director general.[2] Una vez más, la creatividad ocupó el primer lugar.

Quizá los mejores datos procedan del *State of Create* de Adobe, una encuesta exhaustiva realizada en 2016 a más de cinco mil adultos de Estados Unidos, Reino Unido, Japón, Alemania y Francia.[3] En lugar de centrarse en un solo sector, Adobe planteó una pregunta más general: ¿Qué importancia tiene la creatividad para la sociedad?

Lo que descubrieron fue increíblemente importante.

En todos los ámbitos, Adobe descubrió que los creativos están significativamente más satisfechos, motivados y tienen más éxito que los no creativos. De media, ganan un 13% más que los no creativos. Las empresas que invierten en creatividad, por su parte, superan a sus rivales en crecimiento de ingresos, cuota de mercado, liderazgo competitivo y satisfacción del cliente, es decir, en casi todas las categorías fundamentales. Y en lo que respecta a la calidad de vida, los creativos son un 34% más felices que los no creativos. Entre otras muchas cosas, esto debería hacernos replantear cómo tratamos la depresión.

Por último, cuando se trata de perseguir lo imposible, la creatividad desempeña un papel aún más importante. Cuando se persiguen grandes sueños, rara vez hay una línea recta entre donde estamos ahora y donde queremos ir. El hecho es que, cuanto más grande es el sueño, menos visible es el camino. Es decir, en el juego infinito del máximo rendimiento, la motivación te hace entrar en el juego, el aprendizaje te permite seguir jugando, pero la creatividad es la forma de dirigirlo.

Lo que nos lleva a la siguiente pregunta: ¿Qué demonios es la creatividad?

LA CREATIVIDAD DESCODIFICADA: PRIMERA PARTE

Los científicos llevan bastante tiempo intentando responder a esta pregunta, sobre todo porque tardaron bastante tiempo en darse cuenta de que era una pregunta. Muchas culturas antiguas, como la griega, la india y la china, carecían de una palabra para designar esta habilidad concreta. Pensaban en la creatividad como «descubrimiento», porque las ideas venían de los dioses y eran simplemente «descubiertas» por los mortales.[4]

Esto cambió durante el Renacimiento, cuando las percepciones otorgadas por lo divino se convirtieron en ideas surgidas de las mentes de grandes personajes. En el siglo XVIII se dio un nombre a este «surgimiento de ideas», desarrollando el concepto de *imaginación* o «el proceso de traer a la mente cosas sin que nuestros sentidos participen». Luego, a principios del siglo XX, el polímata francés Henri Poincaré amplió ese concepto hasta convertirlo en un proceso.

Fascinado por el modo en que su mente resolvía difíciles problemas matemáticos, Poincaré se dio cuenta de que las ideas no surgían de la nada. Más bien, seguían un ciclo fiable de cinco etapas.[5] Unos años más tarde, Graham Wallas, profesor de la London School of Economics, analizó con más detenimiento el ciclo de Poincaré. Decidió que dos de las etapas podían condensarse en una, y publicó los resultados en su clásico libro *The Art of Thought* (*El arte de pensar*).[6]

El ciclo, según Wallas y Poincaré, comienza con un período de *preparación*. En esta fase, se identifica un problema y la mente empieza a explorar sus dimensiones. Esto lleva a la segunda etapa, la *incubación*, en la que el problema pasa de la mente consciente a la mente no consciente, y el sistema de reconocimiento de patrones comienza a masticar el problema. La tercera etapa es la *iluminación*, en la que una idea irrumpe de nuevo en la conciencia, a menudo a través de la experiencia que llamamos «*insight*». El ciclo se cierra con un periodo de *verificación*, en el que esta nueva idea se revisa conscientemente, se pone a prueba y se aplica a problemas del mundo real.

En 1927, el filósofo Alfred North Whitehead dio un nombre a este ciclo: «creatividad»,[7] que se convirtió en una palabra muy conocida en 1948, cuando el ejecutivo de publicidad Alex Osborn publicó *Your Creative Power* (*Tu poder creativo*).[8] El cambio científico comenzó dos años después, cuando el psicólogo J. P. Guilford pronunció su discurso presidencial ante la Asociación Americana de Psicología y señaló que los investigadores habían ignorado por completo una idea (la creatividad) que ahora, gracias a Osborn, estaba muy extendida en la cultura.[9]

Entonces se propuso cambiar esa realidad.

Antes de llegar a ese puesto, Guilford había sido pionero en el campo de los tests de inteligencia (CI). Por el camino, se dio cuenta de que ciertas personas (las creativas) solían obtener una puntuación más baja en los tests de CI, no porque no pudieran resolver los problemas, sino porque su enfoque de esos problemas generaba múltiples soluciones.

Guilford acuñó un término para este proceso: «pensamiento divergente». Se trata de un enfoque antisistemático para la resolución de problemas, abierto y definitivamente no lógico. Y éste era el problema. Los test de CI estaban diseñados para medir lo opuesto, el pensamiento convergente, en el que convergemos en una idea, procediendo por pasos lógicos, reduciendo nuestras posibilidades a medida que avanzamos. Sin embargo, Guilford también se dio cuenta de que el pensamiento divergente no era totalmente libre. Tiene cuatro características fundamentales:

Fluidez: la capacidad de producir un gran número de ideas en poco tiempo.

Flexibilidad: la capacidad de abordar un problema desde múltiples ángulos.

Originalidad: la capacidad de producir ideas novedosas.

Elaboración: la capacidad de organizar esas ideas y ejecutarlas.[10]

Estas características supusieron un gran avance. Convirtieron la creatividad (una idea tan extraña que los antiguos griegos ni siquiera tenían una palabra para designarla) en una cualidad medible. Se podía poner a la gente en un laboratorio y darles problemas para que los resolvieran y contar cuántas ideas habían producido. Se podían comparar y contrastar sus respuestas, viendo qué nociones aparecían por doquier y cuáles eran sorprendentemente originales. Este trabajo nos proporcionó tanto una herramienta de medición como los rudimentos de lo que desde entonces se ha convertido en la definición aceptada de creatividad: «el proceso de desarrollar ideas originales que tengan valor».

En la década de 1960 se produjeron más avances en este proceso. Las investigaciones con pacientes con el cerebro dividido (personas a las que se les había seccionado el cuerpo calloso para tratar una epilepsia grave) revelaron diferencias funcionales en los hemisferios. El lenguaje y la lógica parecían vivir en el izquierdo; el derecho era simbólico y espacial.[11] Era la última pieza del rompecabezas. Teníamos la respuesta: la creatividad es un proceso. El ciclo de cuatro etapas de Poincaré, que se basa en las cuatro características del pensamiento divergente de Guilford, está, a su vez, alojado en el lado derecho del cerebro.

Creatividad descodificada, al menos por un tiempo.

Por desgracia, como hemos descubierto desde entonces, casi ninguna parte de esta historia es cierta. O no exactamente. Y esto nos deja en un lugar peculiar. La investigación nos dice que la creatividad es fundamental para las metas elevadas y el alto rendimiento, pero la investigación no puede decirnos qué es realmente la creatividad.

Que es más o menos cuando los neurocientíficos aparecieron en nuestra fiesta.

CREATIVIDAD DESCODIFICADA: SEGUNDA PARTE

Algo han aprendido los neurocientíficos desde entonces: la creatividad no es una sola cosa. Por eso los viejos mitos ya no se sostienen.

El ciclo de la creatividad de Poincaré, por ejemplo, suele ser la forma en que funcionan las cosas, pero no siempre. A veces te saltas pasos; con frecuencia se reducen los plazos. Mientras tanto, las cuatro características del pensamiento divergente de Guilford se han mantenido, pero se han subdividido, reetiquetado y reorganizado infinitamente. Y la idea de que el cerebro derecho es creativo y el izquierdo lógico, no es cierta.

Se necesita todo el cerebro para ser creativo y no hay datos que demuestren que no se puede ser creativamente lógico o lógicamente creativo. [12]

Esto no significa que estemos perdidos. En realidad, gracias a los continuos avances en la tecnología de imágenes cerebrales, hemos avanzado más que nunca. Pero antes de desgranar lo que hemos aprendido, empecemos con una pregunta más básica: ¿Qué hace el cerebro?

El cerebro transforma la información en acción. Recoge información, tanto a través de los sentidos como de nuestros propios procesos internos (es decir, pensamientos y sentimientos), y luego la convierte en acción a través de los músculos, preferiblemente con la mayor eficiencia energética posible. Esto también explica un poco la estructura básica del cerebro. La información procedente de nuestros sentidos y de esas fuentes internas representa el flujo de entrada del cerebro, mientras que las acciones motoras representan el flujo de salida. La mayoría de los animales tienen opciones limitadas para las acciones, porque sus cerebros son pequeños. Es un problema inmobiliario. No hay suficiente espacio neurológico entre las entradas sensoriales y las salidas motoras, por lo que el circuito es extremadamente estrecho. Por eso usamos términos como «instinto» o «comportamiento reflexivo». Por eso las cebras de hoy en día en África se comportan más o menos como las cebras de toda la vida. [13]

Pero no ocurre lo mismo con los humanos.

¿Por qué? Porque el cerebro de los humanos es diferente. Nuestra corteza cerebral creció mucho más que en la mayoría de los animales. Esto nos da una doble ventaja. En primer lugar, este espacio extra pone distancia entre las entradas sensoriales y las salidas motoras. Ese espacio cerebral adicional significa que no tenemos que funcionar en piloto automático. Tenemos opciones. Podemos elegir. Podemos utilizar esta parte superior del cerebro para reprimir nuestro comportamiento instintivo, reunir más datos, considerar posibilidades, decidir actuar, decidir esperar, decidir bailar un fandango. En resumen, podemos elegir entre una variedad muy amplia de planes de acción.

En segundo lugar, la parte delantera de la corteza cerebral, el córtex prefrontal, puede realizar simulaciones.[14] Esta parte del cerebro nos permite viajar en el tiempo y experimentar con otros futuros y otros pasados posibles. Puedes preguntar: ¿Qué pasaría si? ¿Qué podría pasar? ¿Qué podría haber pasado?

La creatividad, por tanto, desde la perspectiva de la estructura cerebral, siempre tiene que ver con las opciones. Esa es una de las razones por las que ha resultado tan difícil de entender. Es una habilidad invisible escondida dentro de nuestra habilidad más antigua: la exploración y ejecución de planes de acción. Si nuestras exploraciones producen los mismos planes de acción de siempre, estamos siendo instintivos (es decir, eficientes) pero no creativos. Si producimos planes de acción completamente nuevos, somos creativos, pero quizás no eficientes. Pero si producimos planes de acción novedosos que también son eficientes (es decir, útiles y valiosos), hemos llegado a la definición psicológica de creatividad: «La producción de ideas novedosas que tienen valor», pero con una base neurológica más sólida.[15]

Y lo que es aún mejor, hemos aprendido cómo produce el cerebro estas valiosas ideas. En pocas palabras, hemos aprendido que la creatividad es siempre un proceso recombinatorio. Es lo que ocurre cuando el cerebro toma nuevos datos, los combina con información más antigua y utiliza los resultados para producir algo sorprendentemente nuevo. También hemos descubierto que este proceso recombinatorio suele requerir la interacción de tres redes neuronales que se superponen: la atención, la imaginación y la relevancia.[16] Y si podemos entender cómo funcionan estas tres redes, podemos empezar a aumentar sus efectos, lo que significa que podemos empezar a entrenar la creatividad, que es, después de todo, el objetivo.

LA RED DE LA ATENCIÓN

Si la creatividad comienza cuando el cerebro recibe información nueva, ¿qué necesitamos para recibir esa información? La respuesta es la atención.

Como explicó el psicólogo William James: «A mis sentidos llegan millones de elementos que nunca entran propiamente en mi experiencia. ¿Por qué? Porque no me interesan. Mi experiencia es lo que acepto atender. Sólo los elementos que percibo dan forma a mi mente; sin un interés selectivo, la experiencia es un caos total».[17]

El *sistema de atención ejecutiva* gobierna el proceso que James denomina «interés selectivo», o lo que a veces se llama «atención focalizada».[18] Es la red a la que acudimos para concentrarnos intensamente, para enfocar el láser que nos permite tomar decisiones. Podemos elegir en qué centrarnos y qué ignorar. Cuando escribes una redacción, escuchas una conferencia o das una patada a un balón, esta red mantiene tu mente concentrada.

Desde el punto de vista neurobiológico, esta red comprende la corteza prefrontal dorsolateral, la corteza orbitofrontal, la corteza cingulada anterior, la corteza parietal y el núcleo subtalámico. Aunque estos nombres no signifiquen nada para ti, si añadimos sus funciones, empieza a surgir una imagen más clara.[19]

La historia comienza en el núcleo subtalámico.

La información llega a través de los sentidos y se dirige (a través del tálamo) a este lugar. Aquí, las neuronas tienen dos funciones principales. En primer lugar, ayudan a regular los comportamientos instintivos. En segundo lugar, esta zona también proporciona el «foco» de la atención, pero no de la forma que imaginas.

En lugar de resaltar lo que se quiere atender, el núcleo subtalámico atenúa todo lo demás, eliminando esencialmente todas las posibles distracciones. Imagina a cien bailarines apiñados en un escenario bien iluminado. En esta situación, es difícil saber dónde poner la atención. Pero apaga completamente las luces del escenario, coloca un foco sobre un solo bailarín y problema resuelto. Ahora la atención no tiene más remedio que mantenerse fija en el objetivo. Así es exactamente como funciona el núcleo subtalámico.

A partir de ahí, los datos pasan a la corteza cingulada anterior y a la corteza parietal. El cíngulo anterior se encarga de la corrección de errores.

Si esa información entrante no coincide con una predicción que el cerebro ha realizado, esta es la parte del cerebro que se da cuenta. Por ejemplo, digamos que estás tratando de alcanzar el pomo de una puerta. Crees que la puerta está abierta, pero en realidad no lo está. En el momento en que tu mano encuentra resistencia (el pomo no gira), esta parte del cerebro se enciende. Significa que la realidad no coincide con tu predicción y que deberías hacer otros planes, posiblemente más creativos, para salir de esa habitación.

En lo que respecta a la atención ejecutiva, el lóbulo parietal tiene tres funciones. Ayuda a que nuestros ojos permanezcan fijos en el objetivo, permite integrar los objetivos con la atención y, para ayudarnos a cumplir esos objetivos, permite ejecutar planes de acción novedosos. En otras palabras, si estás intentando salir de la fiesta y alcanzar el pomo de la puerta y un amigo te llama por tu nombre, esta es la parte del cerebro que mantiene tus ojos fijos en el pomo y tu mano alcanzándolo. También es la parte del cerebro que te ayuda a desviarte del comportamiento normal, es decir, en lugar de hacer lo que siempre haces (o sea, quedarte a tomar otra cerveza), esta vez ignoras a tu amigo y te vas a casa. Y mañana por la mañana, cuando te levantes sin resaca, puedes dar las gracias a tu lóbulo parietal.

Desde ahí, la información sube a la corteza prefrontal dorsolateral y a la corteza orbitofrontal. Vamos a verlas de una en una.

La corteza prefrontal dorsolateral es donde vive nuestra memoria de trabajo. Se trata de un aparcamiento de información a corto plazo para el cerebro, que almacena temporalmente una parte de los datos mientras reunimos información adicional y consideramos qué hacer a continuación.

El córtex orbitofrontal, por su parte, nos ayuda a tomar decisiones, principalmente mediante la evaluación del riesgo y la cognición social. Como ya se ha dicho, si tratas de resolver un problema difícil por ti mismo, bueno, puede ser arriesgado. Pero si tienes un grupo de amigos ayudándote a resolver ese problema, ya no es tan peligroso. Esta es la parte del cerebro que ayuda a hacer ese cálculo social. También es una parte que inhibe el comportamiento instintivo y nos permite tomar decisiones más creativas.

Por supuesto, la atención ejecutiva no se limita a estas cinco regiones y éstas desempeñan muchas otras funciones además de las exploradas. Sin embargo, a pesar de ser una simplificación excesiva, ahora entendemos un poco mejor cómo están conectadas las redes neuronales y cómo esta red en particular proporciona la atención necesaria para la creatividad.

LA RED DE LA IMAGINACIÓN

La red de la imaginación, como la denomina el psicólogo Scott Barry Kaufman, o, más formalmente, la red del modo por defecto, tiene que ver con el pensamiento espontáneo.[20] Este sistema está activo cuando estamos despiertos pero no concentrados en nada en particular, lo que, según las investigaciones, es un 30% del tiempo. Cuando se activa, el cerebro está en modo de ensoñación, simulando realidades alternativas y probando posibilidades creativas.[21]

Desde el punto de vista neurobiológico, este sistema incluye el córtex prefrontal medial, el lóbulo temporal medial, el precuneus y el córtex inguinal posterior.[22] Y, una vez más, si combinamos la estructura con la función, podemos empezar a ver cómo estas partes trabajan juntas para formar el gran conjunto conocido como creatividad.

El córtex prefrontal medial se ocupa de la teoría de la mente, es decir, de nuestra capacidad para pensar en lo que piensan los demás, y de la autoexpresión creativa.[23] Si estás contando un chiste a un amigo y de repente éste empieza a llorar, el córtex prefrontal medial se da cuenta del llanto. También te dice que dejes de contar el chiste y empieces a consolar a tu amigo. El lóbulo temporal medial es una estructura de memoria, al igual que el córtex prefrontal, aunque esta última área participa principalmente en la recuperación de recuerdos personales. En conjunto, en nuestro ejemplo anterior, una vez que tomas la decisión creativa de desviarte del chiste y empezar a consolar a tu amigo, estas dos estructuras te ayudan a buscar en tus bancos de datos las veces anteriores en las que las bromas te salieron mal y los amigos se pusieron a llorar. Su objetivo es encontrar otra información que pueda ayudarte a decidir exactamente cómo consolar a tu amigo.

El precuneus da un paso más. Más allá de la memoria, esta área se encarga de la autoconciencia, la simulación mental relacionada con uno mismo y la generación de pensamientos individuales. Si estás contando ese chiste, pero de repente te imaginas en un parque de atracciones, gritando en una montaña rusa y sintiéndote avergonzado delante de tu cita, échale la culpa a tu precuneus. Por último, el córtex cingulado posterior nos permite integrar diversos pensamientos internos en conjuntos más coherentes, reuniendo esencialmente todos los datos generados por estas otras áreas del cerebro en una sola idea.

Sin embargo, estas áreas cerebrales no cuentan la historia completa.

Al principio de esta explicación, nuestro objetivo era averiguar cómo estas redes trabajan juntas para producir ideas novedosas que sean útiles. Y aquí está el problema. En circunstancias normales, estas redes no funcionan juntas.

La red de modo por defecto y la red de atención ejecutiva operan en oposición. Normalmente, la activación de una de ellas provoca la desactivación de la otra. Pero este no es el caso de los creativos, que pueden mantener ambos sistemas activos a la vez y pasar de uno a otro con mucha más fluidez que la mayoría.

Esto significa, volviendo a todos nuestros ejemplos, que los creativos pueden empezar a contar un chiste a un amigo, lo que requiere la atención de los focos. A continuación, pueden darse cuenta de que el amigo ha empezado a llorar, lo cual es una señal novedosa que *debería* servir para reforzar ese foco de atención. Sin embargo, los creativos recordarán la vez que gritaron en la montaña rusa, que es una señal generada por la red de modo por defecto. Los no creativos no se darían cuenta y mantendrían su atención en el amigo que llora. Pero los creativos pueden desplazar su atención hacia esta señal interna y permanecer en ella el tiempo suficiente para recordar esa sensación de vergüenza. De repente, el córtex cingulado posterior se da cuenta de todo. Se dan cuenta de que su amigo está llorando porque sienten vergüenza, y en lugar de consolarlo, deberían disculparse por esa broma insultante.

Esta información también nos da una idea del trabajo que tenemos por delante. Cuando entrenamos el cerebro para que sea más creativo, una parte de lo que estamos entrenando es esta capacidad de coactivación de la red.

¿Por qué?

Cuando estas dos redes se activan conjuntamente, podemos realizar tres cosas a la vez: plegar, romper y mezclar.[24] Estas son las habilidades que subyacen a la creatividad y que nos permiten plegar lo que vemos, romper lo que sentimos y mezclarlo todo de nuevo. Pero hay una parte más en esta historia, que es la red que realmente controla todo el espectáculo, la que nos permite ir y venir entre estas otras dos redes.

LA RED DE SALIENCIA

La saliencia, como término, se refiere a la perceptibilidad.[25] Los objetos tienen saliencia física por su color o intensidad, como cuando un Corvette rojo brillante te llama la atención. Los objetos también pueden tener saliencia emocional o personal, como cuando ese Corvette brillante te recuerda el viejo coche de tu abuelo. La red de saliencia, por tanto, es la parte del cerebro que se da cuenta de esta capacidad de percepción.[26]

Esta red funciona como un gigantesco filtro de información que supervisa los datos que llegan y los clasifica como importantes o irrelevantes. Y vigila tanto el mundo externo como el interno, lo que es parte de la razón por la que la red de saliencia es tan importante para la creatividad.

Nuestro mundo interno es turbio. Las señales no siempre son claras. Los pensamientos y las emociones que surgen suelen ser sutiles y, a veces, entran en conflicto con otros elementos más llamativos del mundo exterior. La red de saliencia es la que te avisa de que la idea que acaba de surgir es buena y merece tu atención.

Y, lo que es más importante, para proporcionar esa atención, la red de saliencia es la que controla nuestra capacidad de ir y venir entre la red de modo por defecto y la red de atención ejecutiva. Es el interruptor principal, lo que la convierte en la puerta de entrada a una mayor creatividad.

Para entender cómo funciona la red de saliencia, tenemos que desgranar algunas regiones cerebrales más, empezando por la ínsula anterior y el córtex cingulado anterior dorsal. Nos ocuparemos de ellas de una en una.

La ínsula desempeña un papel importante en el conocimiento de uno mismo. Toma las señales del cuerpo, desde el nivel de energía hasta el estado emocional, las combina con las características clave del entorno y utiliza los resultados más importantes para tomar decisiones. Digamos que estás subiendo una escalera y el siguiente peldaño te parece flojo. La ínsula es la parte del cerebro que inicia el proceso de convertir esa sensación en la decisión de no subir esa escalera.

La corteza cingulada anterior dorsal es la mitad superior de la corteza cingulada anterior. Es la región responsable de la corrección de errores, la que se ilumina cuando la puerta, que debía estar abierta, en realidad está cerrada. La parte superior se encarga de los errores cognitivos y la inferior de los errores emocionales. En total, cuando tuviste la sensación de que el peldaño de la escalera estaba flojo, la ínsula utilizó esa flojedad para llamar tu atención, mientras que el cíngulo anterior convirtió esa saliencia en una señal de error: no des ese paso, algo se tambalea en Dinamarca.

Por último, si bien la ínsula y el córtex cingulado anterior se consideran los puntos de anclaje de la red de saliencia, también son fundamentales otro trío de estructuras: la amígdala, el estriado ventral y el área tegmental ventral. La amígdala se encarga de la detección de amenazas. Es la parte del cerebro que se da cuenta de cualquier cosa nueva y novedosa, aunque es especialmente sensible a los peligros nuevos y novedosos. El estriado ventral y el área tegmental ventral, por su parte, participan en la motivación y las recompensas. Estas regiones impulsan el comportamiento, refuerzan la conducta y, en general, proporcionan una tonelada de neuroquímicos para sentirse bien cumpliendo estas tareas.

En los cerebros de los creativos, todas estas áreas funcionan de forma diferente que en otras personas. [27] Todo se reduce a la «supresión de la repetición», que es la supresión automática de los estímulos familiares. Cuando te mudaste a San Francisco y viste por primera vez las curvas de la calle Lombard, tu cerebro produjo una gran respuesta. Pero esa respuesta se redujo la segunda vez que vio esas curvas, y aún menos la tercera. A la cuarta, apenas hubo reacción alguna. Es entonces cuando la calle Lombard se convierte en otro borrón en el fondo mientras caminas hacia la tienda de la esquina, y esto es la supresión de la repetición.

Pero los cerebros creativos no tienen esta tendencia. Su reflejo de supresión de la repetición no está en funcionamiento. [28] En la vida real, esto se traduce en la capacidad de percibir lo nuevo en lo viejo.

¿Qué significa todo esto?

Esto significa que, si tu interés es entrenar la creatividad, tienes que entrenar las tres redes: saliencia, modo por defecto y atención ejecutiva. «Para conseguir una creatividad óptima», como escribió Scott Barry Kaufman, psicólogo de la Universidad de Columbia y experto en creatividad, en la revista *Atlantic,* «es necesario que varias redes cerebrales funcionen a pleno rendimiento, listas para activarse y desactivarse de forma flexible en función de la fase del proceso creativo.» [29]

Así que, ¿cómo conseguir que esas redes funcionen a pleno rendimiento? Es exactamente lo que vamos a hacer ahora.

16

Hackear la creatividad

El término hackear tiene mala fama. Proviene de la codificación y se refiere a alguien que intenta hacerse con el control de un sistema informático, normalmente con fines nefastos. La palabra se transformó un poco, convirtiéndose en la cultura popular en un sinónimo de «solución rápida» o «atajo». Ninguna de esas definiciones es aplicable aquí. En primer lugar, el sistema que intentamos controlar es nuestra propia neurobiología. En segundo lugar, cuando se trata de mantener el máximo rendimiento, no hay atajos.

En cambio, cuando utilizo un término como «hackear» para describir una técnica de máximo rendimiento, lo que realmente estoy diciendo es «averiguar cómo hacer que tu neurobiología trabaje a tu *favor* en lugar de en tu *contra*». Este ha sido el enfoque para el alto rendimiento desde que comenzamos este libro, y es una vez más nuestro enfoque aquí, cuando dirigimos nuestra atención a las formas de aumentar la creatividad.

Siete formas, para ser exactos.

Durante el resto de este capítulo, vamos a tomar toda la ciencia que acabamos de aprender y aplicarla al problema de la creatividad. Identificaremos siete estrategias para potenciar nuestra capacidad de producir ideas novedosas y útiles, explorando cómo funcionan estas tácticas en el cerebro y viendo cómo podemos aplicarlas en nuestras vidas.

UNO: HAZTE AMIGO DE TU CCA

Cuando los investigadores hablan de creatividad, uno de los temas de conversación más frecuentes sobre el fenómeno es el conocido como *insight*. Se trata de la experiencia de la comprensión repentina, ese momento «ajá» en el que entendemos un chiste, resolvemos un rompecabezas o solucionamos una situación ambigua. Sin embargo, aunque durante mucho tiempo se ha reconocido que el misterio de la creatividad es fundamental, durante gran parte del siglo xx, el *insight* era una caja negra.

Esto cambió a principios del siglo xxi, cuando el neurocientífico de la Universidad North Western, Mark Beeman, y el psicólogo cognitivo de la Universidad de Drexel, John Kounios, encontraron una forma de arrojar algo de luz sobre el tema.[1] Beeman y Kounios dieron a un grupo de personas una serie de problemas de asociación remota (también conocidos como problemas de perspicacia) y luego utilizaron EEG y fMRI para monitorizar los cerebros de los sujetos mientras intentaban resolverlos.

Los problemas de asociación remota son rompecabezas de palabras. Los sujetos reciben tres palabras (viuda/picadura/mono) y un objetivo: encontrar una cuarta palabra que complemente a cada una. En este caso, la respuesta es «araña», es decir: araña viuda, picadura de araña y mono araña. Otro ejemplo: cuarto / sangre / sal. La respuesta es «baño»: cuarto de baño, baño de sangre y sal de baño. Algunas personas resuelven este problema de forma lógica, simplemente probando una palabra tras otra. Otros lo hacen a través de la perspicacia, es decir, la respuesta correcta simplemente aparece en su mente. Un puñado de personas combina ambas estrategias.

Lo que Beeman y Kounios descubrieron fue un cambio notable en la función cerebral. Justo antes de que las personas vieran un problema que finalmente resolverían con perspicacia, había una mayor actividad en el córtex cingulado anterior, o CCA. Como ya hemos visto, el córtex cingulado anterior desempeña un papel tanto en la saliencia como en la atención ejecutiva y es la parte que se encarga de corrección de errores mediante la detección de señales conflictivas en el cerebro. «Esto incluye estrategias alternativas para resolver un problema», explica Kounios. «El cerebro no puede utilizar dos estrategias diferentes al mismo tiempo. Algunas se activan fuertemente, porque son las más obvias. Y otras son débiles y sólo se asocian remotamente al problema —pensamientos raros, ideas a largo plazo—. Estas ideas son las creativas. Cuando el CCA se activa, puede detectar estas ideas no evidentes, débilmente activadas, e indicar al cerebro que dirija la atención hacia ellas. Eso es un momento "ajá".»

Lo que Beeman y Kounios descubrieron es que el CCA se ilumina cuando estamos considerando esas ideas extrañas. Se trata de la red de modo por defecto que busca posibilidades y de la red de saliencia que controla la actividad del modo por defecto, siempre lista para encenderse si encuentra algo interesante. Sin embargo, el CCA también gobierna el último paso. Si encontramos algo interesante, el CCA apaga la red de modo por defecto y enciende la red de atención ejecutiva. Es lo que nos permite iniciar ese proceso de consideración.

Lo que plantea una pregunta clave: ¿Qué es lo que enciende el CCA? La respuesta: el buen humor.

Cuando estamos de buen humor, el CCA es más sensible a los pensamientos extraños y a las corazonadas.[2] Dicho de otro modo, si un CCA activo es la condición necesaria para la perspicacia, un buen estado de ánimo es la condición necesaria para un CCA activo. Lo contrario también es cierto. Mientras que un buen estado de ánimo aumenta la creatividad, un mal estado de ánimo amplifica el pensamiento analítico.

Cuando tenemos miedo, el cerebro limita nuestras opciones a lo probado y verdadero. Es lo lógico, lo obvio, lo que sabemos que funcionará.

Cuando estamos de buen humor, es lo contrario. Nos sentimos seguros y tranquilos. Somos capaces de dar al CCA más tiempo para prestar atención a las señales débiles. También estamos más dispuestos a correr riesgos. Esto es importante. La creatividad siempre es un poco peligrosa. Las nuevas ideas generan problemas. Pueden ser totalmente erróneas, difíciles de aplicar y amenazantes. Pero esto también significa que la negatividad nos cuesta el doble.

El mal humor no sólo limita la capacidad del CCA para detectar esas señales más débiles, sino que también limita nuestra voluntad de actuar sobre las señales que detectamos. Y aunque un buen estado de ánimo es el punto de partida para una mayor creatividad, ya hemos empezado a recorrer ese camino. La práctica diaria de la gratitud, la atención plena, el ejercicio regular y un buen descanso nocturno (es decir, las cuatro actividades presentadas en la sección de motivación) siguen siendo la mejor receta que se ha encontrado para aumentar la felicidad. Como cada una de estas prácticas desempeña un papel adicional en la estimulación de la creatividad (más allá de la amplificación que se obtiene gracias al buen humor), todas ellas son excelentes formas de resolver múltiples problemas a la vez. Esto también es importante. Las personas de alto rendimiento están demasiado ocupadas para resolver los problemas de uno en uno. Siempre buscan soluciones múltiples. Estas cuatro prácticas son potenciadores de la creatividad que potencian nuestra capacidad de convertir lo novedoso en algo útil.

La gratitud entrena al cerebro para que se centre en lo positivo, alterando sus tendencias de filtrado de la información, que suelen ser negativas. Esto influye en el estado de ánimo, pero también aumenta la novedad: como estamos acostumbrados a lo negativo, lo positivo suele ser refrescantemente diferente. Dado que la información novedosa es el punto de partida del proceso recombinatorio de la creatividad, la gratitud alimenta a la red de saliencia con más materia prima; entonces, el buen humor resultante ayuda a la red de modo por defecto a utilizar ese material para hacer algo sorprendentemente nuevo.[3]

El mindfulness enseña al cerebro a estar tranquilo, concentrado y no reactivo, ampliando esencialmente la atención ejecutiva. Pero también pone un poco de espacio entre el pensamiento y el sentimiento, y por tanto da al CCA más tiempo para considerar esas posibilidades alternativas y lejanas. Y, lo que es más importante, hay que tener en cuenta el tipo de entrenamiento de mindfulness que se utiliza.

Las prácticas basadas en la concentración, como seguir la respiración o repetir un mantra, son fantásticas para el pensamiento convergente. Pero el pensamiento divergente, que a menudo es la base de esas conexiones lejanas, requiere un estilo de meditación de monitorización abierta.[4] En la monitorización abierta, en lugar de intentar ignorar los pensamientos y sentimientos, los permitimos, pero sin juzgarlos. De este modo, enseñas a la red de saliencia a supervisar las ideas generadas por defecto por la red, pero sin la negatividad normal que suele surgir al supervisar esa corriente de conciencia.

El ejercicio, por su parte, reduce los niveles de estrés, eliminando el cortisol de nuestro sistema y aumentando los neuroquímicos que nos hacen sentir bien, como la serotonina, la norepinefrina, las endorfinas y la dopamina. Esto reduce la ansiedad, aumenta nuestro buen humor y potencia la capacidad del CCA para detectar posibilidades más remotas. Además, el tiempo de descanso de la vida normal que proporciona el ejercicio funciona como un período de incubación, la segunda etapa del ciclo creativo de Poincaré.

Por último, un buen descanso nocturno ofrece beneficios adicionales. Aumenta los niveles de energía, proporcionando más recursos para afrontar los retos de la vida. La sensación de seguridad resultante eleva nuestro estado de ánimo y aumenta nuestra disposición a asumir riesgos, y ambas cosas amplifican la creatividad. Además, el sueño es el periodo de incubación más crítico de todos. Cuando dormimos, el cerebro tiene tiempo para encontrar todo tipo de conexiones ocultas entre las ideas.[5] Por eso hay tantas historias de momentos «Eureka» en mitad de la noche.

Por eso también la gratitud, la atención plena, el ejercicio y el sueño son elementos no negociables para un rendimiento máximo sostenido.

La parte no negociable es clave. Cuando la vida se complica, estas cuatro prácticas suelen ser las que eliminamos de nuestra agenda. Pero los estudios demuestran que ésta es la última opción que deberíamos tomar. En lugar de ello, apóyate en estas prácticas, ya que con ellas obtendrás la creatividad necesaria para desenredar lo complicado.

DOS: AMPLÍA TUS HORIZONTES

Al principio de este capítulo, hablamos de la antigua idea de la división entre el cerebro derecho y el izquierdo, con la creatividad viviendo en la derecha y la lógica en el izquierdo. Aunque desde entonces hemos aprendido que se necesitan ambos lados del cerebro para ser creativo, también sabemos que hay diferencias reales y fundamentales entre los hemisferios, y que esas diferencias son importantes para la creatividad.

Una de las mayores diferencias es la de las partes frente al todo. El lado izquierdo del cerebro está orientado a los detalles, mientras que el lado derecho quiere comprender el panorama general. El lado izquierdo ve los árboles; el derecho se fija en el bosque. Y si lo que nos interesa es entrenar la creatividad, tenemos que aprender a utilizar el lado derecho del cerebro para comprender la visión de conjunto.[6]

Esta es otra razón por la que el estado de ánimo es importante. En tiempos de crisis, nos centramos en los detalles. Queremos saber si hay datos para resolver el problema, aquí y ahora. Nos volvemos analíticos y lógicos y preferimos un plan de acción sencillo con altas probabilidades de éxito.

Cuando estamos relajados, el sistema se mueve en la otra dirección. La perspectiva se amplía. Es más probable que empecemos a pensar en un contexto más amplio y que, como resultado, se active el lado derecho del cerebro. Pero esto no significa que un buen estado de ánimo sea la única manera de conseguir que el cerebro empiece a considerar ese panorama más amplio. Resulta que las visiones amplias también amplían la atención. Cuando ves literalmente en la distancia, ves figurativamente. Por eso el tiempo en la naturaleza está tan estrechamente ligado a las ideas creativas. Ese tiempo actúa como un período de incubación, y la naturaleza le dice al CCA que empiece a considerar posibilidades más lejanas. Y como la naturaleza también tiene efectos significativos para mejorar el estado de ánimo, esto amplía aún más la capacidad del CCA para encontrar esas conexiones más lejanas y potencia aún más la creatividad.[7]

En la misma línea, estar en espacios pequeños y estrechos tiene el efecto contrario. Reduce la atención, haciendo que nos centremos en las partes y no en el todo. Así que, en términos prácticos: sal de tu despacho. Sal al exterior. Mira a tu alrededor. Repite la operación cuando sea necesario.

TRES: LA IMPORTANCIA DEL NO-TIEMPO Y DE NADIE

El «no-tiempo» es mi palabra favorita: ese vasto tramo de vacío entre las 4:00 a.m., cuando comienzo mi sesión de escritura matutina, y las 7:30 a.m., cuando el resto del mundo se despierta. Es un no-tiempo, una negrura que no pertenece a nadie. No está cerca de la mañana, así que las preocupaciones urgentes del día aún no han aparecido. Hay tiempo para ese lujo supremo: la paciencia. Si una frase tarda dos horas en salir bien, qué más da: no es tiempo. Si tengo que escribir cinco párrafos, desecharlos y escribir otros cinco, no hay relojes en el no-tiempo.

Y la creatividad necesita este no-tiempo.

Los plazos suelen ser estresantes.[8] Cuando luchamos contra el reloj, la presión obliga al cerebro a centrarse en los detalles, activando el hemisferio izquierdo y bloqueando el panorama general. Y lo que es peor, cuando nos presionan, solemos estresarnos. A menudo nos sentimos de mal humor por las prisas, lo que agrava nuestro estado de ánimo y hace que nos obcequemos aún más. Por lo tanto, la falta de tiempo suele ser la criptonita de la creatividad.

Sin embargo, a los trabajadores de alto rendimiento no les gusta el tiempo de inactividad. Es la razón por la que la «recuperación» se considera una habilidad valiosa. También es la razón por la que tenemos que incluir en nuestra agenda tiempo para el no-tiempo. El no-tiempo es tiempo para soñar despierto y para el distanciamiento psicológico. Soñar despierto enciende la red del modo por defecto. Si el objetivo es permitir que nuestro subconsciente encuentre asociaciones remotas entre las ideas, entonces necesitamos que esta red se active.

También necesitamos un poco de distancia respecto a nuestros problemas, que es otra razón por la que el no-tiempo es tan crucial. Esta distancia nos permite ver las cosas desde múltiples perspectivas, considerar el punto de vista de otro. Pero si no tenemos tiempo para conseguir esa distancia psicológica, para alejarnos de nuestras emociones y tomarnos un respiro del mundo, entonces no disfrutaremos del lujo de la paciencia ni el surgimiento de posibilidades alternativas.

Y no es sólo el no-tiempo; también es nadie.

La soledad es importante. Ciertamente, gran parte de la creatividad requiere colaboración, pero la fase de incubación exige lo contrario. Tomarse un respiro del bombardeo sensorial del mundo a tu cerebro te da aún más motivos para vagar por rincones lejanos. Un estudio realizado en 2012 por psicólogos de la Universidad de Utah, por ejemplo, descubrió que, tras cuatro días a solas en la naturaleza, los sujetos obtuvieron un 50 % más de puntuación en las pruebas estándar de creatividad. [9] Esta es otra razón para apartar las distracciones y empezar el día con 90 a 120 minutos de concentración ininterrumpida. Es un poco de no-tiempo de alto *flow*, y ofrece importantes dividendos a largo plazo.

CUATRO: RECONOCIMIENTO DE PATRONES, PARÁMETROS DE BÚSQUEDA Y ALMUERZOS DE TRES MARTINIS

Fue un estudio extraño. En enero de 2012, científicos de la Universidad de Chicago mostraron a cuarenta voluntarios una película de animación.[10] La mitad del grupo se limitó a ver la película. La otra mitad la vio mientras bebía cócteles de vodka y arándanos. Después, todos recibieron una tarea creativa de resolución de problemas de una variedad ya conocida. A los voluntarios se les mostraron tres palabras, como *tormenta, blanco, bola,* y se les pidió que eligieran una cuarta que pudiera combinarse con cada una (*nieve*). Antes de empezar a beber, ambos grupos obtuvieron un rendimiento casi igual en la tarea.

Después, no tanto.

Resulta que los borrachos (una exageración, ya que los voluntarios borrachos bebieron hasta un nivel de alcohol en sangre de 0,075, justo por debajo del límite legal de 0,08 en Estados Unidos) superaron a los sobrios tanto en velocidad como en precisión. De media, los ebrios resolvieron los rompecabezas en 11,5 segundos; los sobrios necesitaron 15,2 segundos. Además, los ebrios obtuvieron nueve respuestas correctas en comparación con las seis de los abstemios. Entonces, ¿hay una moraleja en esta historia? ¿Necesita la creatividad volver a la época de los almuerzos con tres martinis?

Tal vez.

O tal vez haya una manera más fácil.

En primer lugar, consideremos por qué la bebida nos ayuda a resolver los rompecabezas de asociación remota. Nuestro cerebro es un sistema de reconocimiento de patrones. En las personas sobrias, cuando el sistema va a la caza de patrones, tiende a buscar en redes familiares y locales. La creatividad requiere un enfoque más exótico. En lugar de buscar en territorio conocido, tenemos que hurgar en los rincones polvorientos del cerebro, en sus trastiendas y armarios olvidados.

Entonces, ¿por qué ayuda el alcohol? Suaviza nuestro enfoque y amplía nuestra atención. La embriaguez funciona del mismo modo que las grandes vistas de la naturaleza. Le dice al CCA que empiece a buscar ideas más lejanas. Expande nuestros parámetros de búsqueda, ampliando el tamaño de la base de datos en la que busca el sistema de reconocimiento de patrones.[11]

Los bebedores también son más juguetones que los sobrios. Cuando jugamos, el miedo al fracaso disminuye y aumenta la asunción de riesgos. Por eso la gente resuelve más problemas de asociación de palabras después de ver una película divertida. La risa nos pone de buen humor, lo que aumenta la capacidad del cerebro para encontrar más conexiones remotas. ¿Todo esto se traduce en la experiencia cotidiana? Bueno, no hace falta un almuerzo de tres martinis si un vídeo divertido funciona igual de bien.

Pero hay otros enfoques a tener en cuenta, como empezar por lo desconocido.[12] Cuando te enfrentas a una tarea creativa, el lugar por el que empiezas influye mucho en el lugar donde terminas. Si quieres que haya más creatividad en tu vida, tienes que empezar con una idea que no se relacione inmediatamente con lo que ya conoces. Al empezar con lo desconocido, estamos obligando al cerebro a ampliar los parámetros de búsqueda y a poner en marcha sus habilidades de asociación remota.[13]

Por ejemplo, si te encargan la redacción del boletín de la empresa, empieza por lo raro. En lugar de: «El mes pasado alcanzamos nuestras cifras trimestrales», prueba: «El mes pasado, los empleados encontraron un bebé elefante en el comedor». No se trata de que acabes empezando el boletín con esa frase (lo más probable es que la elimines después). Más bien se trata de que idear una frase que siga la línea del elefante y sea realmente relevante para el boletín de la empresa obliga al cerebro a empezar a hacer conexiones inusuales.

Y lo mejor: no hay resaca.

CINCO: PENSAR DENTRO DE LA CAJA

«Piensa fuera de la caja» es lo que dice el dicho, pero puede que sea al revés. Aprende a pensar dentro de la caja. Las limitaciones impulsan la creatividad. Como explicó una vez el gran jazzista Charles Mingus: «No puedes improvisar sobre la nada; tienes que improvisar sobre algo».[14]

En los estudios realizados en la Universidad Rider sobre la relación entre los límites y la creatividad, se dio a los estudiantes ocho sustantivos y se les pidió que los utilizaran en una serie de versos rimados, del tipo que podría aparecer en una tarjeta de felicitación. A otro grupo se le pidió que se limitara a escribir rimas. A continuación, un grupo independiente de expertos evaluó la creatividad de los trabajos. Una y otra vez, los participantes que empezaron con ocho sustantivos (un límite predeterminado) superaron a los demás.[15]

El psicólogo de la Universidad de Carolina del Norte, Keith Sawyer, observó lo mismo en sus estudios sobre los grupos de teatro de improvisación.[16] «A los actores de improvisación se les enseña a ser específicos», dijo Sawyer en una ocasión. «En lugar de decir: "¡Cuidado, es una pistola!", deberían decir: "¡Cuidado, es el nuevo dispositivo láser asesino ZX-23!" En lugar de preguntar: "¿Cuál es tu problema?", di: "No me digas que todavía estás cabreada por aquella vez que se me cayó tu collar por el retrete".»

La cuestión es: los límites impulsan la creatividad. La página en blanco está demasiado vacía para ser útil. Por eso, en mi trabajo, una de mis reglas cardinales es: conoce siempre tus comienzos y tus finales. Son límites que liberan. Si tengo estas dos piedras angulares, todo lo que hay entre ellas (un libro, un artículo, un discurso) consiste simplemente en conectar los puntos. Pero sin estos puntos que conectar, puedo quedarme atascado o, lo que es peor, perder el tiempo deambulando por territorios tangenciales, lo que ayuda a explicar por qué mi primera novela tardó once años en completarse. Si se requiere creatividad, no saber a dónde se va es la forma más rápida de no llegar nunca.

Advertencia importante: mucha gente cree que las limitaciones de tiempo (es decir, los plazos) son un límite que permite la creatividad. Puede ser. Tal vez no. Antes aprendimos que no sentirse presionado por el tiempo era una de las claves para fomentar la creatividad. Esto sigue siendo cierto. Pero también es cierto que los plazos pueden evitar que los proyectos creativos se alarguen indefinidamente. Sólo tienes que fijar esa fecha límite lo suficientemente lejos en el futuro como para incluir en tu agenda largos periodos de no-tiempo. En otras palabras, los plazos creativos deben encajar dentro de ese punto dulce entre desafío y habilidades: lo suficientemente duro como para que nos esforcemos, pero no tanto como para hacernos desistir.

SEIS: CARGAR EL SISTEMA DE RECONOCIMIENTO DE PATRONES

La creatividad requiere el reconocimiento de patrones, pero ¿qué requiere el reconocimiento de patrones? Munición. Si no se alimenta el sistema de reconocimiento de patrones con información nueva de forma regular, el cerebro carece de la munición que necesita para establecer conexiones entre las ideas. Por eso «el azar favorece a la mente preparada», aunque, por azar, lo que realmente queremos decir es dopamina.

El reconocimiento de patrones es tan fundamental para nuestra supervivencia que el cerebro recompensa la experiencia. Como ya hemos dicho, cada vez que vinculamos dos ideas, es decir, cuando el cerebro reconoce un patrón, recibimos una pequeña descarga de dopamina. Esto debería ser familiar para cualquiera que haya hecho un crucigrama o un sudoku. Ese pequeño subidón de placer que obtenemos cuando completamos una respuesta correcta: eso es dopamina.

Pero la dopamina también ajusta las proporciones entre señal y ruido, ayudándonos a percibir aún más patrones. En nuestro ejemplo del crucigrama, después de rellenar la primera respuesta correcta, solemos completar una segunda o una tercera inmediatamente después. La dopamina que surgió en esa primera instancia de reconocimiento de patrones impulsa la siguiente instancia, y así sucesivamente. Es por eso que las ideas creativas tienden a ser una espiral.

Pero aquí también hay advertencias.

Si la información que le damos al sistema de reconocimiento de patrones está estrechamente relacionada con la información con la que se conecta —un patrón familiar—, no hay suficiente novedad para producir la reacción deseada. Y esto puede ser un problema en el mundo especializado de hoy.

Aunque la especialización es el camino estándar hacia la pericia, es una pésima fórmula para el reconocimiento de patrones. «La especialización es un arma de doble filo», explica Scott Barry Kaufman.[17] «Una parte es buena para la creatividad. Pero encontrarte en lo alto de esa curva —con demasiada experiencia— puede impedirte percibir esas asociaciones remotas.»

La solución: lanzar una red amplia.

Lee entre veinticinco y cincuenta páginas al día de un libro que esté lejos de tu especialidad. Elige un tema que se encuentre en la intersección de múltiples intereses —como hicimos en el capítulo 2, cuando aprendimos la receta de la pasión—, pero que no tenga nada que ver con tu trabajo habitual. Mientras lees, date tiempo para soñar despierto. Cuando una idea te llame la atención, haz una pausa y dale a tu cerebro la oportunidad de establecer una conexión. No te esfuerces. El cerebro reconoce patrones automáticamente. Si le proporcionas munición, encontrará la forma de encender los fuegos artificiales.

SIETE: EL MÉTODO MACGYVER

El personaje televisivo MacGyver es un excelente solucionador de problemas. Por eso Lee Zlotoff, que creó el personaje, tuvo que aprender a solucionar problemas de forma excelente. «Para escribir los episodios de la serie de televisión», explica Zlotoff, «tuve que producir una enorme cantidad de material creativo con plazos muy ajustados. No había tiempo para bloquearse.» [18]

Tras años de trabajo, Zlotoff se dio cuenta de que cuando se quedaba bloqueado, las respuestas que buscaba nunca aparecían en los lugares obvios, como por ejemplo estando sentado en su escritorio pensando en el problema. En cambio, obtenía las respuestas mientras conducía o se duchaba. Esto ocurría con tanta frecuencia que, cada vez que Zlotoff se quedaba bloqueado, salía de su oficina para conducir hasta su casa y ducharse.

Finalmente, Zlotoff decidió averiguar por qué ocurría esto. Lo que descubrió fue que una actividad ligeramente estimulante, como tomar una ducha, ocupa la mente consciente, pero no demasiado. Sirve como periodo de incubación, lo que nos permite pasar un problema del consciente al subconsciente. Y el subconsciente es mucho más eficaz solucionando problemas. Es mucho más rápido, mucho más eficiente energéticamente y tiene una memoria RAM casi ilimitada, lo que significa que, mientras que la mente consciente puede manejar unos 7 bits de información a la vez, parece que no hay límite en el número de ideas que el subconsciente puede gestionar.

Y, lo que es más importante, Zlotoff también descubrió que se puede programar el subconsciente de antemano. Se puede dar al cerebro un problema para que lo resuelva conscientemente, luego utilizar una actividad ligeramente estimulante para activar el subconsciente, y después volver a activar la mente consciente al final de esa actividad para recuperar la respuesta. Zlotoff lo llama el método MacGyver.

Así es como funciona:

PRIMER PASO: IDENTIFICACIÓN DEL PROBLEMA

Escribe tu problema. Literalmente. Decirlo en voz alta no funciona. Contárselo a un amigo no ayuda. La escritura, debido a la relación entre la experiencia táctil y la memoria, es la clave.

Además, sé lo más detallado posible, pero no hace falta que te extiendas en el tejido conectivo.

Por ejemplo, digamos que mañana voy a escribir un nuevo capítulo de un libro, pero no sé por dónde empezar. Simplemente escribiría: «Mañana quiero escribir un nuevo capítulo divertido, atractivo, que termine con un *cliffhanger* y que tenga algo que ver con las ballenas azules y la Madre Teresa».

Quiero tantos detalles como sea posible, pero no necesito preocuparme por conectar esos detalles. ¿Por qué? Porque el reconocimiento de patrones está integrado en el sistema. Si tengo claros mis objetivos, el resto tiene lugar de forma automática, como parte del segundo paso.

SEGUNDO PASO: INCUBACIÓN

Aléjate del problema durante un rato. Cuando te hayas acostumbrado, entre una y cuatro horas serán suficientes. Pero, al principio, intenta pasar medio día o algo así (o duerme con el problema toda la noche). Durante este periodo, haz algo que te estimule pero que no te exija. A Zlotoff le gusta construir maquetas de aviones. La jardinería, la limpieza de la casa y los tiros a la canasta funcionan bien. También los paseos largos. Lo que no funciona es la televisión: requiere demasiado procesamiento mental para apagar la conciencia.

Además, si decides hacer ejercicio durante el periodo de incubación, asegúrate de que sea algo ligero. Agotarte físicamente puede dificultar tu capacidad para encontrar la solución que estás buscando. Y si acabas estresado porque estás cansado y no puedes encontrar esa solución, la ansiedad extra va a disminuir aún más tu capacidad de conectar ideas y hará que encontrar esa solución sea aún más difícil.

TERCER PASO: ESCRITURA LIBRE

Una vez pasadas esas horas, siéntate otra vez ante tu cuaderno y empieza a escribir de nuevo. No importa qué. Copia pasajes de tu libro favorito, escribe la letra de una canción, haz haikus. Tras un breve lapso de tiempo (normalmente no más de unos minutos), las respuestas a tu problema empezarán a surgir.

En el caso de mi ejemplo anterior, simplemente empezaría con: «Ahora estoy intentando escribir mi próximo capítulo, pero no sé realmente de qué trata». Parece sencillo, pero los resultados pueden ser sorprendentes. Te encontrarás resolviendo problemas creativos con mucha más rapidez y eficacia de lo normal.

Zlotoff cree que los mayores beneficios son emocionales. «Nunca tengo que preocuparme por un problema», dice. «Si me quedo bloqueado, sé que mi subconsciente puede darme respuestas con las que mi mente consciente no podría soñar, y en plazos mucho más cortos. Ha eliminado totalmente la ansiedad de mi proceso de escritura.»

17

Creatividad a largo plazo

Hace diez años, empecé a investigar un tipo de creatividad fundamental del que se habla muy poco. Mientras que la mayoría de las investigaciones científicas se han centrado en la creatividad cotidiana o en el tipo de creatividad necesaria para resolver un problema determinado, me pregunté qué se necesitaba para mantener esa creatividad a lo largo de una carrera de varias décadas. La *creatividad a largo plazo* es la forma en que he denominado este tema.[1]

La creatividad a largo plazo es un misterio apilado sobre un misterio. Las carreras creativas son escurridizas. Abundan las maravillas de un solo éxito, pero son menos las estrellas duraderas. Una carrera creativa no consiste en escalar una montaña, sino en escalarla siempre. Y este nivel de compromiso requiere no sólo originalidad, sino la máxima expresión de la originalidad: la reinvención constante de uno mismo.

Una y otra vez.

La creatividad a largo plazo no consiste en un primer acto o un segundo acto. Es un tercer, cuarto y quinto acto. Es ese último imposible, el juego infinito, donde el objetivo es simplemente seguir jugando.

En el último capítulo, examinamos siete formas de aumentar la creatividad diaria. En este capítulo, buscamos formas de mantener esa creatividad elevada durante toda la vida. Por desgracia, aquí es donde la ciencia se queda corta. Se han realizado pocos trabajos sobre la creatividad a largo plazo. Hay demasiados factores de confusión para cualquier enfoque razonable. La mayoría de los investigadores simplemente han evitado el tema.

Sin embargo, esto no significa que estemos completamente perdidos. Lo que sí significa, al menos para este capítulo, es que vamos a modificar nuestro enfoque. Como no hay grandes investigaciones sobre el tema, he hecho algunas por mi cuenta. A lo largo de la última década, he hablado con un par de centenares de deportistas de alto rendimiento (atletas, artistas, científicos, académicos, arquitectos, diseñadores, músicos, guionistas y otros) en busca de soluciones que hayan superado la prueba del tiempo.

Una cosa es cierta: la creatividad de largo recorrido implica una serie de habilidades inusuales, muchas de las cuales entran en conflicto con nuestras ideas sobre lo que se necesita para ser creativo. Además, la creatividad a largo plazo suele requerir ganarse la vida con la propia creatividad. Sin embargo, ser creativo es diferente del negocio de ser creativo. Y muchas de las personas que aprenden a ser buenas en lo primero suelen ser realmente terribles en lo segundo. Por último, desde el punto de vista emocional, la creatividad pasa factura.

Década tras década, ese peaje se va acumulando.

Así que aquí tenéis nueve de mis lecciones favoritas sobre la dura lucha de la creatividad a largo plazo. Algunas son mías. La mayoría las he aprendido de otros. Todas son cosas que he aplicado en mi carrera con bastante éxito. Pero no supongas que lo que me funciona a mí te va a funcionar a ti. Improvisa como creas conveniente.

UNO: EMPACA TU ALJABA COMPLETA

En la escuela de posgrado, tuve la oportunidad de estudiar con el novelista John Barth.[2] Considerado a menudo el padrino de la metaficción estadounidense, Barth hizo carrera ampliando los límites del lenguaje e inspirando un movimiento literario. También me dio algunos de los mejores consejos que jamás he recibido sobre la creatividad a largo plazo.

El contexto es útil.

Barth y yo hablábamos del clásico de Thomas Pynchon *El arco iris de gravedad*. Para los que no estén familiarizados, el libro es una bestia: más de ochocientas páginas, con más de ochocientos personajes diferentes y con uno de los lenguajes más hiperestilizados jamás escritos. Y de eso estábamos hablando: la pirotecnia lingüística de Pynchon y mi obsesión por imitar esa pirotecnia. Yo también quería escribir oraciones superestilizadas y de múltiples capas, llenas de brillo. Sin embargo, Barth señaló que había algo más.

En *El arco iris de gravedad*, explicó, Pynchon cuenta dos historias que son fundamentales para los temas principales del libro, y las cuenta en un lenguaje muy sencillo. [3] Cuando lo necesitó, Pynchon sustituyó el estilo por la sustancia.

«Nunca se tienen demasiadas flechas en la aljaba», decía Barth. Se refería a que, a lo largo de un libro, la mayoría de los autores necesitan dominar media docena de estilos diferentes. Pynchon incluyó en *El arco iris de gravedad* desde anuncios hasta letras de canciones y relatos cortos. Del mismo modo, en el transcurso de una larga carrera, un escritor tendrá que ser experto en una docena de formas de comunicación diferentes: publicidad, marketing, novelas, libros de no ficción, artículos, blogs, cartas de venta, sitios web, etc. Barth hacía hincapié en la necesidad de circundar tu oficio.

Para los creativos, esta es una lección difícil de aprender.

Lo divertido de la creatividad es hacer bien lo tuyo, pero aprender a hacer bien lo de los demás no es tan emocionante. Pero así es como se sostiene una carrera. Es así en la escritura. Es así en todos los campos. Como señaló Barth: nunca se tienen demasiadas flechas en la aljaba.

DOS: LOS CUATRO DE FERRIS

Anteriormente, Tim Ferriss nos ayudó a aplicar el principio del 80/20 en nuestro enfoque de la adquisición de habilidades. Aquí nos habla de la creatividad a largo plazo. Ferriss adopta un enfoque de cuatro pasos.[4] Cuatro cosas que hace regularmente y que le han ayudado a mantener el impulso creativo durante años.

EJERCICIO DIARIO

Ferris recomienda al menos una hora al día, y la razón debería ser ya conocida: el ejercicio reduce los niveles de ansiedad y ayuda a despejar la cabeza. Para aliviar el estrés de forma constante, puede que no haya nada mejor.

MANTENER UN HORARIO DE TRABAJO

El término *maker schedule* (horario del creador) procede de un ensayo escrito en 2009 por el cofundador de Y Combinator, Paul Graham.[5] Se refiere a un horario que deja espacio para el no-tiempo y para nadie. Reserva grandes bloques de tiempo para concentrarse en una tarea concreta.

Graham contrasta esto con el *manager schedule*, que consiste en organizar el día en pequeños espacios, cada uno con un propósito específico: reuniones, llamadas, correos electrónicos, etc. El *manager schedule* es útil en ocasiones, pero para mantener la creatividad a lo largo del tiempo, Ferriss cree que el horario del creador es fundamental.

Así que reserva grandes espacios de tiempo para las tareas creativas clave. Si es necesario resolver o analizar problemas complejos, Ferriss recomienda reservar bloques de tiempo de cuatro horas. Y esto significa no tener distracciones: apagar el correo electrónico, el teléfono, los mensajes, Skype, Twitter y todo lo demás. Aunque no sea así como solemos organizar nuestros días, cuando necesitamos creatividad, no hay otra opción.[6]

DAR LARGOS PASEOS

Sin música ni podcasts ni distracciones, deja que la mente divague a propósito. El paseo es un periodo de incubación obligatorio. Apaga la atención de los focos y enciende la red del modo por defecto (la red de la imaginación), dando al cerebro el tiempo que necesita para buscar asociaciones remotas entre las ideas.[7]

HACER LA MEJOR PREGUNTA

Rodéate de personas que sepan detectar tus suposiciones. «No son sólo las personas las que me hacen cuestionar mis suposiciones», explica Ferriss. «Las personas que son las mejores en esto son las que escuchan mi pregunta y responden: "Estás haciendo la pregunta equivocada. La mejor pregunta es..."»

Este último punto es importante. La retroalimentación es fundamental para la creatividad, pero también lo es la elección de la persona que la proporciona. Todo el mundo tiene puntos ciegos. Todo el mundo tiene preferencias. Coincidir demasiado con tu interlocutor puede frustrar el objetivo. Pero si tu compañero está demasiado alejado de ti, sus comentarios nunca serán realmente aplicables. Es un equilibrio delicado.

Y, para los creativos, conseguir el equilibrio adecuado es mucho más importante cuanto más éxito se tenga. Si te haces un nombre como «creativo», la gente tiende a confiar más en tus ideas de lo que deberían.

Con demasiada frecuencia, puedes encontrarte con el beneficio de la duda. Esta no es una fórmula ganadora, por lo que Ferriss adopta un enfoque proactivo.

Para obtener la información que necesita, Ferriss busca personas que le ayuden a replantear su pregunta. En lugar de profundizar en los detalles o hacer de abogado del diablo, los reformuladores llevan la idea más lejos y más rápido. Al ofrecer una pregunta mejor, proporcionan una plataforma de lanzamiento para la curiosidad. Esto devuelve la energía al sistema, y eso crea un impulso. Y para la creatividad a largo plazo, nada es más importante que el impulso.

TRES: EL IMPULSO ES LO MÁS IMPORTANTE

Hablando de impulso… Hay algo profundamente agotador en las exigencias de la imaginación. Cada mañana, el escritor se enfrenta a una página en blanco, el pintor a un lienzo vacío, el innovador a una docena de posibilidades a la vez.

El consejo que me ha ayudado a resolver este escollo vino del premio Nobel Gabriel García Márquez. En una entrevista que concedió hace años a *Playboy*, Márquez dijo que la clave para mantener el impulso era dejar de trabajar en el momento en que uno está más emocionado. En otras palabras, cuando Márquez se ponía a cocinar de verdad, apagaba los fogones.[8]

Esto parece contradictorio. La creatividad es un don emergente. Abandonar cuando más entusiasmado estás, cuando las ideas están surgiendo realmente, parece exactamente lo contrario de lo que deberías hacer.

Sin embargo, Márquez tenía toda la razón.

La creatividad no es una sola batalla; es una guerra continua. Si dejas de trabajar cuando estás entusiasmado, te llevas el impulso a la sesión de trabajo del día siguiente. El impulso es la verdadera clave.

Cuando te das cuenta de que lo dejaste en un lugar emocionante y familiar (en un lugar donde conoces la idea que viene después) te sumerges de nuevo, sin perder tiempo, sin dejar que el miedo vuelva a entrar en la ecuación, y te pones al día mucho más rápido.

Y no sólo Márquez piensa así. Ernest Hemingway defendía exactamente la misma idea. Hemingway, de hecho, lo llevaba a un extremo aún mayor, y a menudo terminaba la sesión de escritura del día a mitad de frase, dejando una ristra de palabras colgando de...[9]

CUATRO: ALGUNAS REFLEXIONES SOBRE EL LLANTO, LOS GRITOS Y LOS PUÑETAZOS A OBJETOS DUROS

He escrito quince libros. Dos están en el cajón. Trece están en las librerías. Todos tienen algo en común: en algún momento de su escritura, perdí la cabeza.

Sin excepción, al menos una vez por libro, acabo boca abajo en el suelo, sollozando, gritando y dando puñetazos al suelo. No sé cómo pasa. Simplemente, parece que ocurre. Un momento estoy sentado en mi escritorio y al siguiente estoy completamente desencajado.

Pero, por supuesto, no soy el único.

Casi todas las personas con las que he hablado sobre la creatividad a largo plazo tienen una historia similar. Así que, sí, la creatividad es increíblemente frustrante, y lo es para todo el mundo. La pregunta de la creatividad a largo plazo es: ¿Qué hacer al respecto?

Resulta que nada.

La frustración es un paso fundamental en el proceso creativo. Freud hablaba de la «sublimación», un mecanismo de defensa que transforma frustraciones primarias, a menudo socialmente inaceptables (yo, boca abajo, dando puñetazos en el suelo), en expresiones de creatividad socialmente aceptables (el libro que estás leyendo ahora).[10] El psicólogo gestáltico Kurt Lewin simplificó aún más las cosas, argumentando que la frustración es simplemente una obstrucción a un objetivo que exige una respuesta innovadora.[11]

Una cantidad considerable de datos científicos respalda esta idea. El pensamiento general es que los problemas no resueltos se quedan en el cerebro, en forma de recuerdos fáciles de recuperar. En *The Eureka Factor*, John Kounios y Mark Beeman lo explican así: «Este recuerdo es mucho más que una nota mental. Dinamiza todas tus asociaciones con la información del problema, sensibilizándote con cualquier cosa de tu entorno que pueda ser relevante, incluyendo potencialmente la solución. Por lo tanto, cuando encuentras algo que está remotamente asociado al problema —una palabra, un sonido, un olor— puede actuar como una pista que desencadena una visión».[12] Desde una perspectiva práctica, esto significa que tenemos que invertir nuestra relación tradicional con la frustración. Cuando la mayoría de las personas se encuentran con este sentimiento, lo toman como una señal de que están haciendo algo mal. Pero si la frustración es un paso necesario en el proceso creativo, tenemos que dejar de tratar su llegada como un desastre. Para la creatividad, la frustración es un signo de progreso, una señal de que ese avance tan necesario está mucho más cerca de lo que se sospecha. O, como dijo una vez el dramaturgo Edward Albee: «A veces es necesario desviarse un largo trecho del camino para volver a recorrer una corta distancia correctamente».[13]

CINCO: SIR KEN ROBINSON OPINA SOBRE LA FRUSTRACIÓN

Sir Ken Robinson se ha convertido en uno de los principales defensores de la creatividad. Su charla TED sobre el tema sigue siendo la más vista de todos los tiempos.[14] Sostiene que la creatividad debería considerarse tan importante para la educación de los niños como la alfabetización y la aritmética. Ha afirmado que la creatividad es la habilidad de supervivencia más importante en un mundo de cambios tecnológicos acelerados. Pero de lo que nunca ha hablado mucho es de lo que se necesita para mantener esa habilidad de supervivencia durante una larga carrera.

Así, hace unos años, en una conferencia en Italia, cuando tuve la oportunidad de sentarme a hablar con Robinson, una de las primeras cosas que le pregunté fue sobre los ingredientes necesarios para la creatividad de largo recorrido.[15]

«La frustración», fue su respuesta.

Robinson cree que la creatividad a largo plazo requiere una sensación de frustración de bajo nivel y casi constante. Esto es diferente de la versión de la frustración del momento de locura del que hablábamos antes. La frustración del momento de locura es la que hace que uno (o, al menos, yo) dé un puñetazo en el suelo. La versión de Robinson tiene que ver con la motivación. Se trata de una insatisfacción constante, una profunda sensación de «qué pasaría si», de «puedo hacerlo mejor» y cosas por el estilo. Para ilustrar la diferencia, me contó una anécdota sobre la vez que pudo conocer a George Lucas. Al parecer, Robinson le propuso matrimonio. «Oye, George —le preguntó—, ¿por qué sigues haciendo todas esas películas de *Star Wars*?»

Lucas le dio una gran respuesta: «En este universo particular, soy Dios. Y Dios no está satisfecho».

SEIS: TODO EL MUNDO TIENE UN TRABAJO QUE HACER

Hay una suposición errónea de que la creatividad es una actividad solitaria. Esto puede ser cierto en algunos pasos del proceso, pero si te interesa el negocio de la creatividad —es decir, que te paguen por tener ideas originales y útiles— entonces será mejor que te acostumbres a trabajar con otros.

El negocio de la creatividad es siempre colaborativo. Todos los periodistas tienen que enfrentarse a un montón de editores, correctores y directores de redacción *ad infinitum*. Las películas, los libros, las obras de teatro y los poemas son más de lo mismo. Los emprendedores siempre tienen inversores, mientras que los directores ejecutivos creativos deben lidiar con los consejos de administración. Y esto me lleva a un punto importante: todo el mundo tiene un trabajo que hacer.

Y todo el mundo quiere mantener ese trabajo.

En la escritura, esto significa que, aunque entregue algo perfecto, mis editores seguirán cobrando por editar, y eso es lo que harán. Por eso, es importante tratar de adelantarse a esta curva. Hoy en día, cada vez que entrego un trabajo terminado, incluyo intencionadamente algunos párrafos horribles. Esto da a mis editores algo que hacer. Les permite sentirse útiles y mantener sus sucias manos alejadas de mis malditas frases perfectas.

SIETE: ALGUIEN SIEMPRE TE PERSIGUE

Burk Sharpless es guionista, productor y miembro de un club bastante selecto: una de las pocas personas de Hollywood que puede escribir películas de acción de gran presupuesto. «Gran presupuesto» significa más de cien millones de dólares. Significa un gran riesgo. A Burk le costó casi dos décadas de trabajo increíblemente duro antes de que le dejaran correr ese riesgo. Y para mantener su creatividad durante todo ese tiempo, Burk aprovechó uno de los motivadores más antiguos de todos: la competencia.

«Siempre hay alguien que me persigue», dice. «Intento recordarlo. Por cada película mía que se hace, hay miles que no se hacen. Por cada una mía, hay otros cinco mil guionistas justo detrás de mí, y otros diez mil justo detrás de ellos. Siempre hay competencia. Todos quieren mi trabajo. Y un par de cientos de ellos son probablemente muy, muy buenos. Están casi a mi nivel. Tienen el talento necesario, sólo que no han hecho todas las conexiones correctas. Pero lo harán. Me motiva mucho recordarlo.»[16]

OCHO: LA CREATIVIDAD ES UN SUBPRODUCTO

En contra de la opinión popular, la creatividad es casi siempre el producto de un trabajo apasionado y no al revés. Dos veces campeona olímpica y cuatro veces medallista de oro en los X Games, Gretchen Bleiler, considerada una de las *snowboarders* más creativas de la historia, lo explica así: «No te levantas y dices: "Hoy voy a ser más creativa". Haces lo que te gusta e intentas llegar a su esencia y dejar que las cosas surjan».[17]

Merece la pena desgranar un poco más la idea de Bleiler. Hacer lo que te gusta consiste en apilar impulsores intrínsecos. Con la frustración incorporada en el proceso creativo, sin esta pila bien ensamblada, no hay manera de mantener ese esfuerzo a largo plazo. Intentar llegar a la esencia de las cosas significa recorrer el camino de la maestría, la necesidad de estar constantemente aprendiendo y mejorando. Permitir que las cosas surjan es lo que ocurre si se consigue todo esto correctamente.

Parafraseando a la neurocientífica Liane Gabora: «La creatividad consiste en sacar del cerebro algo que nunca se puso en él». En este proceso, nos damos cuenta de que hay opciones donde antes no las había. Sin embargo, muchas de esas opciones sólo se hacen visibles en medio de la actividad. Siempre me propongo escribir grandes frases, pero nunca me propongo escribir una gran frase. El arte surge del trabajo. Es la naturaleza de la bestia. Las asociaciones remotas hacen que una cosa lleve a la siguiente y a la siguiente y a la siguiente. Por lo tanto, no se puede forzar la cuestión antes de tiempo. Lo único que puedes hacer es prepararte, trabajar duro y, como dice Bleiler, dejar que las cosas surjan.

NUEVE: SÉ SIEMPRE FIEL A TU PALABRA, SOBRE TODO CUANDO HABLES CONTIGO MISMO

«Las personas creativas muestran tendencias de pensamiento y acción que en la mayoría de la gente están segregadas», escribió el psicólogo Mihaly Csikszentmihalyi en su obra maestra, *Creatividad*. «Contienen extremos contradictorios; en lugar de ser un "individuo", cada uno de ellos es una "multitud".»[18]

A lo que Csikszentmihalyi llega es a la naturaleza de la personalidad creativa. Cada rasgo de carácter puede considerarse un espectro. La mayoría de nosotros somos de una u otra variedad. Somos extrovertidos o introvertidos, competitivos o cooperativos, inteligentes o ingenuos. Pero esto no es cierto para los creativos.

Los creativos suelen ser ambas cosas a la vez.

Considera la posibilidad de ser *conservador* y *rebelde*, dos rasgos que parecen diametralmente opuestos. Sin embargo, los creativos a menudo tienen que ser ambas cosas a la vez. Un cineasta que hace una historia de detectives de época está *conservando* la tradición del cine negro. Ese mismo cineasta puede optar por sustituir los planos oscuros y tristes que suelen aparecer en este estilo de películas por colores brillantes y sobre-saturados, con lo que se está *rebelando* contra la tradición. Y, obviamente, puede ser ambas cosas en la misma película.

Lo mismo puede decirse de los introvertidos y los extrovertidos. Los empresarios creativos pueden ser extremadamente introvertidos cuando construyen su estrategia de ventas para el siguiente trimestre, pero extremadamente gregarios cuando se ponen a hacer llamadas de venta. O bien fantasioso y realista. Un escritor de ciencia ficción tiene que ser fantasioso para escribir un libro sobre la vida en otros planetas, y extremadamente práctico cuando diseña la estrategia de marketing para el lanzamiento de ese mismo libro.

En total, Csikszentmihalyi identificó diez características de los creativos: enérgicos y tranquilos, inteligentes e ingenuos, juguetones y disciplinados, fantásticos y realistas, extrovertidos e introvertidos, ambiciosos y desinteresados, conservadores y rebeldes, humildes y orgullosos, apasionados y objetivos, sensibles a los demás y fríos como el hielo. Todos son subproductos del proceso creativo o de los requisitos neurobiológicos de la creatividad. Pero, ¿cuál es el resultado final de esta combinación?

A menudo, una montaña rusa emocional. «La apertura y la sensibilidad de los individuos creativos les expone a menudo al sufrimiento y al dolor, pero también a un gran disfrute —continúa Csikszentmihalyi—. El sufrimiento es fácil de entender. La alta sensibilidad puede provocar desprecios y angustias que no suelen sentir los demás. Estar solo en la vanguardia de una disciplina también te hace exponerte y ser vulnerable. También es cierto que el interés y la implicación profundos en temas oscuros no suele compensar, o incluso provoca el ridículo. El pensamiento divergente suele ser percibido como desviado por la mayoría, por lo que la persona creativa puede sentirse aislada e incomprendida. Estos peligros ocasionales vienen con el paquete, por así decirlo, y es difícil ver a una persona creativa que sea insensible a ellos.»

Y esto nos lleva al último consejo para la creatividad de largo recorrido: sé fiel a tu palabra.[19]

En primer lugar, mantén tu palabra con los demás. La montaña rusa de la creatividad puede parecer una crisis. Para muchos, es casi como un permiso para portarse mal. Esto da a los creativos la reputación de ser difíciles de tratar a corto plazo y poco fiables a largo plazo. Y aunque esto puede ser cierto, no lo es para las personas que se ganan la vida siendo creativas.

Y, lo que es más importante, sé fiel a tu palabra.

El máximo rendimiento es una lista de control. Es la fortaleza de levantarse cada día y completar todos los objetivos de esa lista, y repetirlo. Pero cuando la creatividad empieza a entrar en esta combinación y esos objetivos se convierten en objetivos creativos, la montaña rusa puede arrastrarnos. Por eso hay que aprender a cumplir con la palabra dada. Si te fijas un objetivo, lo cumples, sin importar las emociones que conlleve. Así es como se mantiene la creatividad a lo largo del tiempo. Al fin y al cabo, si no puedes seguir trabajando, no recibirás ninguna recompensa, por mucho tiempo que lleves haciéndolo.

18

El flow de la creatividad

En 1968, la NASA estaba confundida.[1] La agencia espacial contaba con mucha gente inteligente en su plantilla, pero ser inteligente y ser creativo son cosas distintas. El alma de la NASA era la innovación. Necesitaban desesperadamente a sus ingenieros más creativos trabajando en sus retos más difíciles. Sin embargo, el problema era distinguir a Picassos entre la gente de ciencias.

Para ayudar a cribar y clasificar a los ingenieros, la NASA recurrió al experto en creatividad George Land. Land diseñó un test para medir el pensamiento divergente (es decir, no lineal, de flujo libre, fuera de la caja), lo que ahora llamamos «test de usos alternativos». Una pregunta típica: nombra todos los usos que puedas para ese tarro de M&Ms. Respuestas típicamente lógicas de «pensamiento convergente»: guardar caramelos, usar como portalápices o para poner monedas sueltas. Respuestas más divergentes, menos típicas: una prisión para cucarachas, un casco espacial poco aislado.

La prueba funcionó. La tierra resolvió el problema y a la NASA le encantaron los resultados. Pero el éxito planteó otra cuestión: ¿De dónde viene la creatividad? ¿De la naturaleza o de la educación? Entonces cayeron en la cuenta: Land había diseñado involuntariamente una herramienta para responder a esta pregunta. Su prueba era tan sencilla que podía hacerse con niños. De hecho, podía repetirse una y otra vez, haciendo un seguimiento de los niños a lo largo del tiempo, para ver cómo afectaba la educación a la naturaleza.

Con la ayuda de la NASA, Land reunió a un grupo de mil seiscientos niños de cuatro y cinco años de muy diversos orígenes. Todos se sometieron a la prueba y los resultados sorprendieron a todo el mundo. El 98 % de los niños alcanzó el nivel de creatividad de un genio. Esto significaba que un niño promedio de cuatro años podía innovar más que un ingeniero promedio de la NASA.

Pero ese ingenio no duraba.

Land volvió a examinar a los niños cinco años después. Para entonces, los resultados de las pruebas habían caído en picado hasta el 30 %. A los diez años, por razones poco claras, un 68 % de su creatividad había desaparecido.

Cinco años después, los resultados eran peores. Cuando estos niños llegaron a los quince años, su nivel de creatividad había descendido al 12 %.

A continuación, Land realizó la prueba a más de un millón de adultos. La edad promedio era de 31 años. Su creatividad promedio: un 2 %.

Land consiguió la respuesta. La naturaleza construye a los creativos; la educación los destruye. Según su investigación, el crecimiento es el principal factor de riesgo para la innovación.

¿Por qué?

Land cree que el problema radica en un conflicto entre el cableado fundamental de nuestro cerebro y el sistema educativo. En general, el cerebro tiene un pensamiento convergente con la red de atención ejecutiva y un pensamiento divergente con la red de modo por defecto. Pero nuestro sistema educativo exige que los estudiantes utilicen ambos sistemas a la vez. La red por defecto es la que aporta las ideas novedosas y la atención ejecutiva la que las juzga inmediatamente. Este juicio constante, este ciclo interminable de crítica y duda creativa, en opinión de Land, está matando al genio.[2]

Sin embargo, hay problemas con esta explicación. Para empezar, el test de Land fue diseñado en la década de 1960, cuando los investigadores creían que los estilos cognitivos convergente y divergente eran diferentes. No lo son. «Divergente y convergente no son tipos de pensamiento —explica el psicólogo John Kounios—, sino tipos de tareas de laboratorio. En términos de cognición, el pensamiento divergente es el pensamiento convergente repetido sin la sustitución de las soluciones generadas previamente. No son tan diferentes.»[3]

Además, el problema de Land es que las escuelas obligan a los alumnos a utilizar tanto la red por defecto como la red de atención ejecutiva a la vez. Sin embargo, la ciencia demuestra que la creatividad requiere exactamente este tipo de enfoque de redes múltiples. Al obligar a los alumnos a utilizar ambas, ¿no deberían las escuelas estar entrenando las dos capacidades por igual?

Pero no son iguales.

¿La razón? Una vez más: la neurobiología.

La atención ejecutiva vive en el córtex prefrontal, pero éste no madura completamente hasta los veinticinco años. Como resultado, los niños tienen una capacidad de atención ejecutiva más débil. Esto significa un menor control de sí mismos, pero también de sus ideas creativas. Además, el cerebro de los niños no está hiperorganizado. Nacemos con una gran cantidad de conectividad entre neuronas, pero esas conexiones se reducen con la edad. Por eso, cuando los cerebros jóvenes van a la caza de asociaciones remotas entre ideas, encuentran muchas más. Esta es la verdadera razón por la que el pensamiento divergente disminuye con el tiempo. No es que la educación mate la creatividad, sino que los procesos normales del desarrollo se interponen.

Y aquí es donde entra el *flow* en esta historia.

En el *flow*, las tres principales redes cerebrales que sustentan el proceso creativo trabajan juntas de una forma inusual. La red ejecutiva está activa, pero no completamente. La parte que genera la concentración láser específica de la tarea está hiperactiva; todo lo demás está apagado.

Esto significa que puedes centrarte en tu problema creativo, pero el crítico interior permanece en silencio.

Al mismo tiempo, la red de saliencia está hiperactiva e increíblemente sensible. Está sintonizada tanto con las señales internas generadas por la red por defecto y las señales externas que exigen atención ejecutiva.

Por último, la red por defecto está muy despierta y ligeramente alterada. El córtex cingulado anterior está hiperactivo, la amígdala está casi desconectada, lo que significa que nuestra capacidad de reconocimiento de patrones y de asociación remota está aumentada, pero la tendencia normal del cerebro a la formación de ideas negativas está baja. En otras palabras, el *flow* es el cerebro en marcha creativa.[4] Es una imitación de toda la inventiva de los cuatro años, pero sin la desventaja de tener un cerebro de cuatro años.

Sin embargo, esto plantea una última cuestión: ¿cómo conseguir más *flow*?

Cuarta parte
Flow

Hoy, ¿es posible la grandeza?

FRIEDRICH NIETZSCHE[1]

19

El anillo decodificador

Hay una historia que he dejado fuera de nuestro relato, que es cómo conseguí descifrar el código del *flow*. Mi anillo decodificador: la enfermedad de Lyme.

Cuando tenía treinta años, contraje la enfermedad de Lyme y pasé tres años en cama.[1] Para los que no estén familiarizados, la enfermedad de Lyme es como la peor gripe que hayas tenido nunca mezclada con una esquizofrenia paranoide. Físicamente, apenas podía cruzar una habitación. Mentalmente, era peor. El término técnico para esto es «niebla cerebral». Mi experiencia personal fue totalmente descabellada.

Primero, la concentración desapareció. Era como intentar pensar a través de un algodón de azúcar. Luego llegó el insomnio, la paranoia y la depresión. A continuación, me falló la vista. La memoria a largo plazo desapareció. La memoria a corto plazo también. Y así sucesivamente.

Al cabo de tres años, estaba harto. Los médicos tuvieron que retirarme los medicamentos porque el revestimiento de mi estómago comenzó a sangrar, y ya no había nada más que pudieran hacer por mí. Estaba activo menos de una hora al día. ¿Mejoraría alguna vez? Nadie lo sabía.

Me di cuenta de que todo lo que iba a ser a partir de ese momento era una carga para mi familia y mis amigos. Tenía una considerable colección de barbitúricos en el baño y un par de botellas de whisky en la cocina. El suicidio se convirtió en una posibilidad muy real. Ya no era una cuestión de «si», sino de «cuándo».

En medio de esta oscuridad, un amigo se presentó en mi casa y me pidió que fuéramos a surfear. Era, por supuesto, una petición ridícula. Apenas podía caminar, y mucho menos cabalgar olas. Pero mi amigo insistió. No se callaba y no se iba. Después de horas de insistencia, no pude aguantar más. «Qué demonios», dije. «Vamos a surfear. También puedo matarme mañana.»

Mi amigo me llevó a Sunset Beach en Los Ángeles, que seguramente tiene las olas para principiantes más débiles del mundo. Me dio una tabla del tamaño de un Cadillac: cuanto más grande es la tabla, más fácil es surfear. El día era cálido, las olas eran pequeñas y la marea estaba baja. Esto significaba que podíamos vadear hasta la línea de salida, lo que era bueno, ya que mi amigo tuvo que llevarme en brazos hasta allí.

Tres segundos después de salir, apareció una ola en el horizonte. Mi memoria muscular se despertó. Giré la tabla, remé dos veces y me puse de pie. Me dejé caer sobre esa ola, y luego me dejé caer en otra dimensión, una que ni siquiera sabía que existía.

Lo primero que noté fue que el tiempo se había ralentizado. Mi cerebro parecía funcionar a velocidad normal, pero el mundo se había congelado. Mi visión era panorámica. Parecía que podía ver desde la parte posterior de mi cabeza. Entonces me di cuenta de que parecía que no tenía cabeza. O no exactamente. Había un cuerpo viajando en una tabla de surf a través de una ola, pero el piloto había desaparecido. Mi sentido del yo se había desvanecido. Mi conciencia se había expandido hacia el exterior. Me había fundido con el océano, me había convertido en uno con el universo, porque, la verdad, eso ocurre.

Pero eso no era lo más extraño.

La parte más extraña: me sentía muy bien. Por primera vez en años. El dolor había desaparecido. Mi cabeza estaba despejada, mi mente aguda, mis tendencias suicidas eran cosa del pasado.

Esa ola me sentó tan bien que ese día cabalgué cinco más. Después, no sólo me quedé destrozado, sino desmontado. Mi amigo me llevó a casa, me metió en la cama y no me moví durante dos semanas. La gente tenía que traerme la comida, porque estaba demasiado agotado para caminar los quince metros que me separaban de la cocina para preparar una comida. Sin embargo, al decimoquinto día, el primero en que pude caminar, pedí una tabla a un vecino, volví a la playa y lo hice de nuevo.

Y ocurrió lo mismo. Un estado alterado de conciencia radicalmente poderoso sobre las olas, una versión desaliñada y apagada de mí mismo después. Pero algo había cambiado, y lo sabía. Así que dormí otros diez días, volví al océano y lo hice de nuevo.

Y otra vez.

Y en el transcurso de ocho meses, cuando lo único especial que hacía era surfear y tener estas experiencias casi místicas sobre las olas, mejoré. Mi salud mejoró. Mucho. Pasé de ser funcional el 10 % del tiempo a serlo el 80 % del tiempo.

No tenía sentido.

Para empezar, el surf no es una cura conocida para las enfermedades autoinmunes crónicas. En segundo lugar, yo era un científico, un materialista racional empedernido. No tenía experiencias místicas, y ciertamente no las tenía mientras surfeaba.

Pero también sospechaba que había una buena razón para ello. En raras ocasiones, el Lyme puede llegar al cerebro, que es la única vez que la enfermedad puede ser mortal. Estaba bastante seguro de que estas experiencias místicas se debían a que la enfermedad había hecho precisamente eso. Una vez más, aunque me sentía mejor, estaba seguro de que mi fin estaba cerca.

Así que me embarqué en una gigantesca búsqueda para averiguar qué demonios me estaba pasando. No entendía lo que me ocurría sobre las olas, pero sabía que una parte de esa experiencia (la parte de convertirse en uno con todo) se clasificaba como «mística». ¿Podría la ciencia decirme algo sobre lo místico? ¿Podría alguien decirme por qué aparecía lo místico cuando practicaba surf?

Resulta que había mucho que contar.

Las experiencias místicas son bastante comunes en los deportes de acción. La literatura sobre el tema está repleta de historias. El surf, por supuesto, pero también el senderismo, el paracaidismo, el esquí, el *snowboard*, la escalada en roca, la escalada en hielo y el alpinismo. Uno de esos libros, *Bone Games*, escrito por Rob Schultheis, desempeñó un papel importante en mi búsqueda.[2] Schultheis sugiere que las experiencias místicas que los alpinistas relataban podrían estar relacionadas con la entonces nueva idea de *flow*. Era la primera vez que recuerdo haber oído ese término. Schultheis hablaba mi idioma. Hablaba de neurobiología. Relacionaba el *flow* con las endorfinas, la expresión popular del «subidón del corredor» y nuestras hormonas de lucha o huida, así como una serie de sustancias químicas de recompensa que potencian el estado de ánimo.

Empecé a vislumbrar una idea. Era más bien una pregunta: si este cambio en la neurobiología llamado *flow* me ha ayudado a pasar de estar muy por debajo de la normalidad, ¿podría el *flow* ayudar a la gente normal —como aquellos primeros deportistas de acción y aventura que había conocido— a llegar a ser Superman?

No tenía ni idea. Ni siquiera estaba seguro de a quién preguntar. Pero entonces tuve otra oportunidad. Seguía intentando descifrar la ciencia de las experiencias místicas y llegué al neurocientífico de la Universidad de Pensilvania Andrew Newberg.

Newberg había sentido curiosidad por la «unidad cósmica», que es el término que designa esa sensación que tenía yo practicando surf, esa sensación de ser uno con todo. Para intentar entenderlo mejor, utilizó la tomografía computarizada por emisión de fotón único para tomar imágenes de los cerebros de las monjas franciscanas y los budistas tibetanos durante la «meditación extática», es decir, la meditación que produce esa sensación de unidad cósmica.

Newberg descubrió la biología que hay detrás de estas experiencias. La meditación extática crea un profundo cambio en la función cerebral. Se trata de una concentración extrema, necesaria para la meditación extática, que, a su vez, requiere una tonelada de energía. Pero el cerebro tiene un presupuesto de energía fijo, lo que significa que siempre intenta ahorrarla. Durante la meditación extática, para utilizar la energía extra que requiere esa concentración extrema, el cerebro realiza un intercambio de eficiencia. Apaga las estructuras no críticas y desvía esa energía a la atención.

Una de las estructuras que se apaga es el lóbulo parietal superior derecho.[3] En condiciones normales, es una parte del cerebro que nos ayuda a navegar por el espacio. Crea una línea fronteriza alrededor del cuerpo, separando el yo del otro, una sensación que nos dice que aquí es donde terminamos y empieza el resto del mundo. Si intentas cruzar una habitación llena de gente, necesitas esta sensación de identidad para no chocar con otras personas. Por el contrario, si sufres un daño cerebral en esta zona, tienes dificultades para sentarte en una silla porque no estás seguro de dónde terminas tú y dónde empieza la silla.

En la meditación, una vez que esta estructura se desactiva, se disuelve la línea divisoria que trazamos en torno a nosotros mismos. Perdemos la capacidad de separar el yo del otro. «En ese momento —explica Newberg—, el cerebro llega a la conclusión de que eres uno con todo.»

El descubrimiento de Newberg me llevó a otra pregunta: los surfistas necesitan una concentración extraordinaria para cabalgar las olas. ¿Podría ser el mismo tipo de atención que requiere la meditación extática? ¿Podría ser esta misma concentración extrema la que desencadena el *flow* en los surfistas y produce esa sensación de ser uno con las olas?

No lo sabía, y fue entonces cuando llamé a Andrew Newberg por primera vez. Aquella llamada llevó a una segunda, y luego a una tercera. A lo largo de unos ocho meses, lo reconstruimos.[4] El resultado: Newberg sospechaba que yo podía tener razón. «La concentración es la concentración —dijo—. Probablemente no hay tanta diferencia entre la atención milimétrica que requieren los surfistas y la atención milimétrica que requieren los meditadores.»

También le pregunté si creía que el objeto de la atención es importante. Las monjas se centraban en el amor de Dios, por lo que se hacían una con el amor. Los budistas, centrados en la unidad cósmica, se hacían uno con todo. Y los surfistas tenían su atención en las olas, por lo que se fundían con el océano. ¿Será que te haces uno con aquello en lo que estás concentrado?

«Es una buena pregunta —dijo Newberg—. Hay que seguir haciendo preguntas.»

Y durante las siguientes dos décadas, eso es lo que hice. A continuación, desgranaremos lo que descubrí, viendo cómo funciona el *flow* en el cerebro y aprendiendo a utilizar esta información en nuestras vidas. Pero antes de hacerlo, hablaremos un poco de historia. Y el mejor lugar para empezar es donde comienza la historia, a finales del siglo xix, con Friedrich Nietzsche, el primer filósofo de alto rendimiento del mundo.

20

La ciencia del *flow*

LA ERA ÜBERMENSCH

«Yo os enseño el superhombre. El hombre es algo que debe ser superado. ¿Qué habéis hecho para superarlo?»

Nietzsche escribió estas palabras en 1883, en su obra maestra, *Así
habló Zaratustra*.[1] Vale la pena mencionarlo aquí porque Nietzsche
fue el primer filósofo del alto rendimiento, el primer pensador verdaderamente moderno que se planteó la cuestión del máximo rendimiento. Ese es el «superhombre» de la cita anterior, el Übermensch
en el original alemán, y cómo llegar a ser ese Übermensch era la principal preocupación de Nietzsche.

Nietzsche no se gana este título por ser el primer filósofo que re-
flexiona sobre el rendimiento máximo. Hay mucha historia aquí: el
credo estoico de los antiguos griegos, la perfectibilidad del hombre de
los pensadores de la Ilustración. Pero Nietzsche fue el primer filósofo
que se preocupó por el tema después de que Charles Darwin publicara
El origen de las especies, lo que significa que fue el primero en creer que
el máximo rendimiento depende de la biología.[2]

En 1859, Darwin reescribió las reglas del rendimiento máximo. *El
origen de las especies* derrumbó la casa de Dios. Hasta ese momento, el
alto rendimiento había sido un regalo de los dioses. ¿Quieres derrotar a

tus enemigos en combate? Pídeselo a Marte. ¿Quieres escribir un soneto? Quizá las musas puedan ayudarte.

Pero Darwin decía lo contrario, y Nietzsche estaba de acuerdo.[3]

Nietzsche se dio cuenta de que, si el cuerpo evoluciona, la mente evoluciona, la conciencia evoluciona, y te interesa el rendimiento humano, tienes que tener en cuenta estos hechos. Nietzsche empezó a reclamar una nueva ciencia que utilizara el marco de la evolución y las herramientas del método científico para examinar el funcionamiento de la mente humana. Adoptó el término popular en aquella época para este campo, la «psicología», y dejó clara su opinión: cualquier filósofo que no conociera esta nueva ciencia, no merecía ser conocido. O, como escribió Nietzsche en *Ecce Homo*: «¿Quién, antes de mí, ha sido entre los filósofos psicólogo y no más bien lo contrario de éste, "farsante superior", "idealista"? Antes de mí no ha habido en absoluto psicología».[4]

Lo primero que esta nueva psicología le enseñó a Nietzsche fue que aquellos pensadores de la Ilustración, sus predecesores intelectuales, estaban equivocados. Ellos sostenían que la humanidad evoluciona hacia la perfección, que la evolución está dirigida y tiene un propósito. Nietzsche veía la cultura a través de la lente de Darwin: como un surtido de historias de éxito al azar. La cultura era algo que ayudaba a la gente a sobrevivir, codificada en nuestra biología, grabada en nuestros cerebros, moldeando el comportamiento a través del trabajo inaccesible de nuestro inconsciente. En lugar de ser la cúspide de la evolución, los seres humanos no somos más que un conjunto de partes aleatorias, un pastiche de instintos, impulsos, hábitos, historias y demás. «El pasado de cada forma y de cada modo de vivir, de culturas que antes se hallaban duramente yuxtapuestas, superpuestas, desemboca gracias a esa mezcolanza en nosotros las "almas modernas", a partir de ahora nuestros instintos corren por todas partes hacia atrás, nosotros mismos somos una especie de caos.»[5]

Pero Nietzsche pensaba que podíamos escapar de ese caos. Podíamos sustituir la lucha por la supervivencia por la «voluntad de poder», la batalla por la autorrealización, por la autocreación y la superación, por el dominio, la excelencia y el sentido. En otras palabras, todo lo que solía venir de Dios debía venir ahora de nosotros.

De acuerdo, Nietzsche, ¿cómo lo hacemos?

Y aquí es donde la historia se pone interesante, porque Nietzsche tenía un plan bastante práctico para aprovechar la voluntad de poder y convertirse en el Übermensch, y su plan nos suena terriblemente familiar. El primer paso de Nietzsche hacia el superhombre: encontrar tu pasión y tu propósito, lo que él llamaba «una idea organizadora». Una idea organizadora es una visión, un tema central para la vida de uno, y no surge de golpe. «La "idea" organizadora, la idea llamada a dominar, comienza a dar órdenes, nos saca lentamente, con su guía, de los caminos secundarios y equivocados, prepara cualidades y capacidades que un día resultarán indispensables.»

Nietzsche también tenía muy claro el siguiente paso: aprender a sufrir. El rendimiento máximo exige agallas, y el sufrimiento, sostenía el filósofo, es la forma más rápida de adquirir esa habilidad. «Aquellos hombres que en definitiva me interesan, son a los que les deseo sufrimientos, abandono, enfermedad, malos tratos, desprecio; yo deseo, además, que no desconozcan el profundo desprecio de sí mismos, el martirio de la desconfianza de sí mismos, la miseria del vencido; y no tengo compasión de ellos, porque les deseo lo que revela el valor de un hombre: ¡que aguanten con firmeza!» O, como se jactó en *La voluntad de poder*: «Yo no soy un hombre. Soy un campo de batalla».

Esto nos lleva al tercer paso de Nietzsche: aprendizaje y creatividad. Asimilarlo todo, transformarlo en arte. El aprendizaje y la creatividad tienen que ver con la autoexpresión, la superación y el descubrimiento del sentido. Nietzsche sentía que el arte era el antídoto contra el nihilismo. Si Dios ha muerto y la vida no tiene sentido, tenemos que encontrarlo nosotros mismos. Esta es la voluntad de poder, el mandato existencialista. Asumimos la responsabilidad de nuestras elecciones, actuamos, creamos, y sólo nosotros cargamos con la responsabilidad de nuestra creación.

Y esto nos lleva al último paso del proceso de Nietzsche: fluir, *flow*, aunque él no utilizó esa palabra.

La palabra de Nietzsche era *Rausch* ***, una palabra acuñada originalmente por Johann Goethe que se traduce como «la aceleración del movimiento que conduce a una alegría fluyente».[6] En *La voluntad de poder*, Nietzsche describe el *Rausch* como «el gran estímulo de la vida», tanto un proceso inconsciente y biológico como un modo de ser más elevado, caracterizado por el poder, la fuerza y la visión, en el que nuestro moderno yo reflexivo es sustituido por el «vigor animal» de un yo más antiguo y primitivo.

Nietzsche pensaba que el *Rausch* es una de las experiencias más poderosas que podemos tener, y un requisito fundamental para aprovechar nuestro genio creativo interior. En *El crepúsculo de los ídolos*, escribió: «Para que haya arte, para que haya algún hacer y contemplar estéticos, resulta indispensable una condición fisiológica previa: la embriaguez. La embriaguez tiene que haber intensificado primero la excitabilidad de la máquina entera: antes de esto no se da arte ninguno».[7]

Nietzsche comenzó su carrera pidiendo un enfoque basado en la ciencia para alcanzar el máximo rendimiento y terminó con el mismo proceso presentado en este libro.

Primer paso: Encontrar una pasión y un propósito.

Segundo paso: Fortalecer la pasión con agallas y objetivos.

Tercer paso: Ampliar los resultados con aprendizaje y creatividad.

Cuarto paso: Utilizar el *flow* para impulsar todo el proceso.

Y también hay una razón para ello. Es exactamente a lo que nos lleva la ciencia. Echemos un vistazo más de cerca.

*** En español, «frenesí, embriaguez». N. de la T.

PSICOLOGÍA DEL FLOW

El psicólogo Mihaly Csikszentmihalyi acuñó la palabra *flow*, y lo hizo por una razón. En la década de 1970, se embarcó en uno de los mayores estudios sobre el rendimiento óptimo jamás realizados, en el que recorrió el mundo preguntando a decenas de miles de personas sobre los momentos de su vida en los que se sentían mejor y rendían mejor. Empezó con expertos (ajedrecistas, cirujanos, bailarines, etc.) y siguió con todos los demás: cultivadores de uva italianos, pastores de ovejas navajos, trabajadores de una cadena de montaje de Chicago, mujeres coreanas de edad avanzada, adolescentes japoneses miembros de bandas de motociclistas... Y la lista continúa.[8]

Todas las personas con las que habló, independientemente de la cultura, la clase social, el sexo o la edad, dijeron que se sienten mejor y rinden más cuando se encuentran en un estado de conciencia fluido, un estado en el que cada decisión, cada acción, *fluye* perfectamente desde la anterior. Csikszentmihalyi eligió el término *flow* (flujo) porque esta es precisamente la sensación que produce. El flujo se siente fluido; es una descripción literal de la propia experiencia.

Este fue el primero de una serie de descubrimientos fundamentales que Csikszentmihalyi hizo sobre este estado. Su segundo descubrimiento se basó en el primero. El *flow* existía en todos los lugares a los que iba. ¿Por qué? Porque este estado es universal. La evolución ha hecho que el cerebro rinda al máximo al entrar en *flow*. Así que este estado puede aparecer en cualquier persona, en cualquier lugar, siempre que se cumplan ciertas condiciones.

Su tercer descubrimiento fue que el *flow* era definible. El estado tiene seis características psicológicas fundamentales, y si aparecen las seis, llamamos a esa experiencia *flow*. Esta es la lista completa:

Concentración total: Más concretamente, concentración total en un campo de información limitado. La atención se centra en la tarea que se está llevando a cabo. Compromiso, disfrute y absorción total en el aquí y ahora.

La fusión de la acción y la conciencia: Esta es la primera frontera con ese sentimiento de unidad con el todo. Significa que la dualidad, la sensación de ser a la vez un observador externo en tu vida y un participante activo, se desvanece. Ya no puedes distinguir el yo de lo que el yo está haciendo.

Nuestro sentido del yo se desvanece: En el *flow*, nuestro sentido del yo desaparece. Nuestro sentido de la autoconciencia también se esfuma. El crítico interior se calla. La voz de la duda se silencia. Y lo experimentamos como una liberación, como libertad; finalmente salimos de nuestro propio camino.

Un sentido alterado del tiempo: Técnicamente, «dilatación del tiempo». O bien el tiempo se ralentiza, y obtenemos ese efecto de fotograma congelado, o bien el tiempo se acelera y pasan cinco horas en cinco minutos. El pasado y el futuro desaparecen, y nos sumergimos en un presente alargado, lo que a veces se llama «el ahora profundo».

Paradoja del control: Tenemos una poderosa sensación de control sobre la situación, a menudo con una situación que normalmente no es controlable. En este momento, somos el capitán de nuestro barco, el dueño de esta pequeña porción de nuestro destino.

Experiencia autotélica: La experiencia es intensa e intrínsecamente gratificante o, en lenguaje técnico, «autotélica», lo que significa que la actividad es la propia recompensa. Lo que estamos haciendo es tan placentero y significativo que haremos todo lo posible por repetirlo, aunque tengamos que asumir enormes riesgos y gastos personales.

El cuarto avance de Csikszentmihalyi se deriva del tercero: como el *flow* es descriptible, es medible. Los psicólogos disponen ahora de una serie de métodos muy bien validados para hacerlo. Todos miden estos seis atributos y la profundidad con la que aparecen durante una experiencia determinada.

La quinta cosa de la que se dio cuenta Csikszentmihalyi fue que la experiencia que llamamos *flow* es en realidad un espectro de experiencias.[9] En cierto sentido, este estado es como cualquier otra emoción.

Por ejemplo, la ira. Puedes estar un poco enfadado o ser un asesino furioso: la misma emoción, pero en los extremos opuestos del espectro. Lo mismo ocurre con el *flow*. Puedes estar en un estado de «micro-*flow*» de baja calidad en un extremo de este espectro o en un estado de «macro*flow*» en toda regla en el otro.

En el micro*flow*, aparecen todas o la mayoría de las seis características principales del *flow*, pero reducidas al mínimo. Es cuando te sientas a escribir un correo electrónico rápido y, una hora después, te das cuenta de que has escrito una redacción. Por el camino, no tenías ni idea de que el tiempo estaba pasando y tu sentido del yo se ha desvanecido un poco; tal vez tenías que ir al baño pero no te diste cuenta hasta que terminaste de escribir el correo electrónico.

El macro*flow* es el otro extremo del espectro. Es cuando todas las características del *flow* aparecen a la vez, elevadas al máximo. El macro-*flow* es lo cuasi-místico, mi experiencia con el surf padeciendo la enfermedad de Lyme, por ejemplo, y una de las experiencias más potentes que podemos tener en este planeta. En el macro*flow*, lo imposible no sólo se hace posible, sino que se convierte en una actividad más, como desayunar o atarnos los cordones de los zapatos.

El sexto descubrimiento que hizo Csikszentmihalyi sobre el *flow* es quizá el más importante. En su investigación, las personas que obtuvieron puntuaciones más altas en cuanto a bienestar general y satisfacción con la vida fueron las que tenían más *flow* en sus vidas. Este estado es el código fuente.

La siguiente pregunta: ¿Cuál es la fuente de ese código fuente?

Y aquí es donde la neurociencia entra en esta historia. En los años transcurridos desde que Csikszentmihalyi realizó este trabajo fundacional, la tecnología de imágenes cerebrales ha avanzado a pasos agigantados. Esto nos ha permitido mirar profundamente bajo el capó del *flow*, para ver de dónde viene este estado y por qué viene. Y es este mapa, posiblemente más que cualquier otro descubrimiento, el que ha convertido el entrenamiento del *flow* en una posibilidad muy real.

Pero nos estamos adelantando.

Empecemos por la alfabetización cognitiva: la comprensión de lo que ocurre exactamente en nuestros cerebros y cuerpos cuando rendimos al máximo.

LA NEUROCIENCIA DEL *FLOW*

Para entender el *flow*, queremos comprender cómo los cambios en las cuatro categorías de actividad cerebral presentadas anteriormente —neuroanatomía, neuroquímica, neuroelectricidad y redes— contribuyen a crear este estado. Dos de estas áreas, la neuroanatomía y las redes, responden a la pregunta de en qué parte del cerebro está ocurriendo algo. La neuroanatomía es una forma de hablar de estructuras localizadas, como la amígdala y el hipocampo. Sin embargo, como las cosas rara vez ocurren en un solo lugar del cerebro, también tenemos que hablar de redes. La red de saliencia, la red de modos de fallo, la red del miedo: todas son ejemplos. Son áreas del cerebro unidas por conexiones de alta velocidad o áreas que tienden a activarse al mismo tiempo.

Las dos categorías siguientes, la neuroquímica y la neuroelectricidad, se refieren a la comunicación. Son las dos formas en que el cerebro envía mensajes, tanto a sí mismo como al resto del cuerpo. Las sustancias neuroquímicas (como la dopamina, la serotonina y todas las demás) son moléculas de señalización que suelen indicar al cerebro que haga más o menos de algo. La neuroelectricidad es lo mismo, pero las señales son eléctricas en lugar de químicas.

Para explorar el *flow*, vamos a ir categoría por categoría, comenzando por la neuroanatomía, o el lugar del cerebro donde se produce el *flow*. Sin embargo, si quieres saber dónde, en realidad tienes que empezar por el cuándo. Y no: «¿Cuándo tiene lugar esta experiencia de flujo en particular?» Sino: «¿En qué momento de la historia te planteas la pregunta de dónde tiene lugar el flujo?»

NEUROANATOMÍA

Durante la mayor parte del siglo pasado, la principal idea sobre el máximo rendimiento ha sido lo que ahora llamamos «el mito del 10% del cerebro».[10] Esto es la idea de que, en condiciones normales, sólo utilizamos una pequeña parte de nuestro cerebro, por ejemplo el 10%, cuando el máximo rendimiento, es decir, el *flow*, requiere el cerebro completo a toda marcha.

Resulta que era exactamente al revés.

En el *flow*, no usamos más el cerebro, sino menos. El término para esto es «hipofrontalidad transitoria». *Transitorio* significa temporal. *Hipo* es lo contrario de «hiper»: significa ralentizar, apagar o desactivar. La *frontalidad* se refiere a la corteza prefrontal.[11]

El córtex prefrontal es un lugar poderoso. Como hemos visto, es la sede de muchas de nuestras funciones cognitivas superiores. La atención ejecutiva, la toma de decisiones lógicas, el pensamiento a largo plazo, nuestro sentido de la moralidad, nuestro sentido de la fuerza de voluntad, todo ello reside aquí. Sin embargo, en el *flow*, esta parte del cerebro se apaga.

A medida que entramos en este estado y aumenta nuestra necesidad extrema de concentración, el sistema extrínseco —el procesamiento consciente—, más lento y que consume mucha energía, se sustituye por el procesamiento mucho más rápido y eficiente del sistema intrínseco, subconsciente. «Es un intercambio de eficiencia», dice el neurocientífico de la Universidad Americana de Beirut Arne Dietrich, que contribuyó en el descubrimiento de este fenómeno. «Cambiamos la energía que normalmente se utiliza para las funciones cognitivas superiores por la atención y la conciencia aumentadas.»[12]

Esta es una de las razones por las que el tiempo pasa de forma tan extraña en el *flow*. El tiempo es un cálculo que se realiza en varias partes del córtex prefrontal.[13] Es un efecto de red. Pero, como cualquier red, cuando se apagan demasiados nodos, todo el sistema se colapsa.

Cuando esto ocurre, ya no podemos separar el pasado, el presente y el futuro y nos vemos abocados al «ahora profundo».

Y el ahora profundo tiene un gran impacto en el rendimiento. La mayoría de nuestros miedos y ansiedades no existen en el presente. O bien estamos preocupados por cosas horribles que ocurrieron hace mucho tiempo (y las estamos reafirmando en el presente para no repetir esos errores) o bien son cosas que nos dan miedo y que pueden ocurrir en el futuro, y tratamos de evitarlas desde el presente. Pero si eliminamos el pasado y el futuro de esta ecuación, los niveles de ansiedad caen en picado. Las hormonas del estrés se eliminan del sistema y se sustituyen por sustancias químicas que mejoran el estado de ánimo, como la dopamina. Y como el buen humor aumenta nuestra capacidad de encontrar vínculos lejanos entre las ideas, la creatividad también se dispara.

Algo similar ocurre con nuestro sentido del yo.[14] El yo es otro efecto de red, creado por un montón de estructuras diferentes en la corteza prefrontal. Cuando esas estructuras comienzan a apagarse, ese sentido comienza a desaparecer.

En 2008, tuvimos una buena visión de este desvanecimiento, cuando el neurocientífico de la Universidad Johns Hopkins, Charles Limb, utilizó la IRMf para examinar los cerebros de músicos de jazz en estado de *flow*.[15] Descubrió que su corteza prefrontal dorsolateral, una zona del cerebro conocida por su autocontrol, estaba completamente desactivada.[16] La autovigilancia es esa voz de la duda, ese regaño derrotista, nuestro crítico interior. Dado que el *flow* es un estado fluido (en el que la resolución de problemas es casi automática), la autoevaluación sólo ralentiza ese proceso. Cuando el córtex prefrontal dorsolateral se calla, esas conjeturas se cortan de raíz. El resultado es la liberación. Actuamos sin vacilar. La creatividad se vuelve más fluida, la asunción de riesgos se vuelve menos aterradora y la combinación nos permite fluir a un ritmo mucho más rápido.

NEUROELECTRICIDAD

Los cambios en el funcionamiento de las ondas cerebrales favorecen este proceso. En el *flow*, pasamos de la onda beta de movimiento rápido de la conciencia despierta a la frontera mucho más lenta entre alfa y theta.[17]

Beta es donde te encuentras ahora mismo, mientras lees este libro. Es la señal neurológica de estar despierto, alerta y prestando atención. Normalmente significa que el córtex prefrontal está activado, y la red de atención ejecutiva está trabajando. Y, si acelero un poco más esa onda, amplificándola en «beta alta», se convierte en demasiada atención: ansiedad, respuesta al estrés, pensamiento a toda marcha.

Alfa es ligeramente más lenta que beta. Es el cerebro en pausa, al ralentí y en modo de ensoñación, cuando nos deslizamos de idea en idea sin mucha resistencia interna. Alfa aparece cuando se activa la red de modo por defecto, por lo que se asocia frecuentemente con la creatividad.

Theta, por su parte, es más lenta todavía. Esta onda aparece sobre todo durante la fase REM o justo antes de quedarnos dormidos, en ese estado hipnagógico en el que las ideas pueden combinarse de forma fantástica. En theta, el jersey verde en el que estás pensando se convierte de repente en una tortuga verde, que se convierte en un océano verde y luego en un planeta verde.

Aunque el flujo de la línea de base parece rondar la línea fronteriza alfa/theta (alrededor de 8 hercios), no permanecemos allí todo el tiempo. Cada vez que tomamos una decisión (y el *flow* es un estado de acción en el que tomamos decisiones continuamente) nos salimos de la línea de base. Esto nos ocurre a todos. Una de las grandes diferencias entre las personas que rinden al máximo y los demás es que los que rinden al máximo pueden volver a la línea de base, mientras que la mayoría de la gente se queda atascada en la distracción.

Por último, hay que tener en cuenta otra onda cerebral: la gamma. Se trata de una onda extremadamente rápida que aparece cuando el cerebro establece conexiones entre ideas, un proceso conocido como *binding* (vinculación). Se llama *binding* porque el acto de hacer estas conexiones realmente cambia el cerebro, uniendo las neuronas en una nueva red: una auténtica manifestación física de la conexión entre ideas. El *binding* es exactamente lo que ocurre cuando experimentamos un avance repentino, cuando la solución a un problema simplemente aparece en la conciencia, la experiencia conocida como «discernimiento "ajá"».[18]

Las investigaciones de John Kounios y Mark Beeman demuestran que justo antes de que tengamos ese discernimiento, hay un pico de ondas gamma en el cerebro.

Pero gamma está «acoplada» a theta, lo que significa que sólo podemos crear una onda gamma si ya estamos creando ondas theta. Dado que el *flow* tiene lugar en el límite entre alfa y beta, ese estado nos sitúa, perpetuamente, al borde del «discernimiento "ajá"». Por esta razón, cuando estamos en esta zona, siempre estamos a un paso de un gran avance creativo.

NEUROQUÍMICA

La neuroquímica del *flow* se ha convertido en una de las mejores historias detectivescas de la ciencia. El misterio surgió a finales de la década de 1970, cuando el «subidón del corredor» sustituyó al *flow* como descripción de moda del máximo rendimiento. Los investigadores decidieron que las endorfinas, un reciente descubrimiento entonces, eran la salsa secreta detrás de este subidón.

Las endorfinas son una sustancia química de recompensa extremadamente potente. Son un analgésico que produce placer, una forma de opioide interno, lo que significa que se unen a los mismos receptores que los opioides externos, como la heroína y el OxyContin. El problema es que las endorfinas son difíciles de medir en el cerebro y nadie ha podido demostrarlas de forma concluyente. Esta frustración alcanzó un crescendo en 2002, cuando la entonces presidenta de la Sociedad de Neurociencia, Huda Akil, declaró al *New York Times* que las endorfinas en los corredores «son una fantasía total de la cultura pop».[19]

Los detectives habían llegado a un punto muerto.

Esto duró unos años. Entonces, Arne Dietrich encontró una nueva pista. Dietrich, el primer neurocientífico que propuso la hipofrontalidad transitoria como mecanismo de *flow*, estaba investigando con atletas de resistencia. Y descubrió la presencia de anandamida en sus cerebros durante el subidón del corredor.[20]

La anandamida proviene de *ananda*, la palabra sánscrita que significa felicidad. Es otro neurotransmisor que mata el dolor e induce el placer, sólo que en este caso actúa igual y se une al mismo receptor que el THC: la molécula que impulsa el subidón de la marihuana. El descubrimiento de Dietrich ha sido confirmado y ampliado, y ahora sabemos que, si bien la anandamida se produce durante el *flow* en los deportes, también aparece durante el canto, y el baile, y lo más probable es que aparezca siempre que el *flow* esté presente.

En 2007, neurocientíficos alemanes utilizaron escáneres PET para demostrar que Huda Akil estaba equivocada, al encontrar endorfinas en el cerebro durante el *flow*, y zanjar la cuestión de una vez por todas.[21] A continuación, el psicólogo de la Universidad de Emory Greg Berns sugirió que la dopamina estaba presente en el *flow*,[22] y desde entonces otros investigadores han secundado esa opinión.[23] Y puesto que la red de saliencia está activa en ese estado, otros investigadores se dieron cuenta de que la norepinefrina debía estar implicada.[24] Por último, también se ha sugerido que la serotonina y la oxitocina están presentes en el *flow*, aunque todavía no hay pruebas suficientes para asegurarlo.[25]

Lo que sí podemos asegurar es que todos estos neuroquímicos ayudan a explicar por qué el *flow* tiende a aparecer cuando lo imposible se hace posible. ¿La razón? Se debe a la forma en que estos neuroquímicos afectan a los tres lados del triángulo del alto rendimiento: la motivación, el aprendizaje y la creatividad. En el lado de la motivación, estas seis sustancias químicas son drogas de recompensa, lo que hace que el *flow* sea una de las experiencias más gratificantes que podemos tener. Por eso los investigadores llaman a este estado «el código fuente de la motivación intrínseca», y por eso McKinsey descubrió que la productividad se amplifica un 500 % durante el *flow*: ese es el poder de la química del placer adictivo.[26] El aprendizaje también está impulsado por la química. Cuantos más neuroquímicos intervengan en una experiencia, más posibilidades hay de que esa experiencia pase de la retención a corto plazo al almacenamiento a largo plazo. Como el *flow* produce un enorme cóctel neuroquímico, nuestra capacidad de retener información se dispara. En una investigación llevada a cabo por Advanced Brain Monitoring y el Departamento de Defensa de EE. UU., en el *flow*, las tasas de aprendizaje se disparan en un 230 %.[27] Por último, la creatividad da un salto aún mayor, ya que estas mismas sustancias químicas envuelven el proceso creativo en el cerebro. Cuando están en nuestro sistema, asimilamos más información por segundo, prestamos más atención a la información entrante y encontramos conexiones más rápidas entre la información entrante y las ideas más antiguas, por lo que la adquisición de datos, la prominencia y el reconocimiento de patrones aumentan. También encontramos conexiones más lejanas entre esas ideas, por lo que el pensamiento lateral también aumenta. Además, como no basta con tener una buena idea, sino que hay que introducirla en el mundo, la creatividad también requiere la asunción de riesgos. Y la asunción de riesgos, gracias a toda la dopamina de nuestro sistema, también se amplifica. Y lo que es mejor, Teresa Amabile, de Harvard, descubrió que el aumento de la creatividad producido por el *flow* puede durar más que el propio estado de *flow*: un día, a veces dos.[28]

Esta combinación neuroquímica es lo que hace que el *flow* sea tan importante para los avances que cambian los paradigmas. Igualmente importante: abordar objetivos elevados y difíciles suele implicar trabajo en equipo, y aquí la neuroquímica desempeña un papel adicional.

El *flow* se presenta en dos variedades. Dado que la mayor parte de este libro se ha centrado en el rendimiento individual, a menudo nos hemos estado refiriendo al *flow* individual. Pero también existe el *flow* grupal, la versión compartida y colectiva de ese estado. Estos mismos neuroquímicos ayudan a impulsar ese estado compartido. Las seis sustancias neuroquímicas que se han relacionado con el *flow* son «prosociales», es decir, que refuerzan el vínculo social. El enamoramiento es la combinación de norepinefrina y dopamina. Las endorfinas crean un vínculo maternal, la oxitocina promueve la confianza, mientras que la serotonina y la anandamida aumentan nuestra apertura a los demás y favorecen la calma en situaciones sociales. Este cóctel es la razón por la que, en el estado de *flow*, la cooperación y la colaboración se disparan.

REDES

Las redes son el lugar donde la ciencia del *flow* comienza a ser un poco más confusa, pero esto es normal, ya que el conectoma (el diagrama de cableado de la red cerebral) es una de las últimas fronteras de la neurociencia. Empecemos por lo que creemos saber.

Cada vez son más las investigaciones que demuestran que el *flow* implica una complicada interacción entre la red de saliencia, la red de atención ejecutiva y la red de modo por defecto. Pero hay resultados contradictorios. Numerosas pruebas indican que el *flow* activa tanto la red de saliencia como la de atención ejecutiva, al tiempo que desactiva la red de modo por defecto. El problema es que el *flow* aumenta la creatividad, y la creatividad se asocia con una mayor actividad en la red de modo por defecto. En otras palabras, hay que trabajar más.

Y se ha trabajado más.

Otras investigaciones llevadas a cabo por el Flow Research Collective y el neurocientífico de Stanford Andrew Huberman indican que la respuesta de lucha del cerebro, que implica un circuito entre el tálamo y el córtex prefrontal medial, se involucra en el borde frontal en estado de *flow*.[29] También sabemos que todos los demás aspectos de nuestro sistema de miedo se desactivan, mientras que casi todos los aspectos del sistema de recompensa productor de dopamina se activan. Además, gracias a la hipofrontalidad transitoria, la red que crea nuestro sentido del yo se desactiva.

Este rompecabezas, por supuesto, sigue y sigue. Sin embargo, aunque no lo sabemos todo, definitivamente sabemos lo suficiente como para arriesgarnos, lo que nos lleva a los desencadenantes del estado de *flow* y a la cuestión de cómo, exactamente, podemos conseguir más *flow* en nuestras vidas.

21

Activadores de *flow*

En la década de 1970, cuando Csikszentmihalyi empezó a investigar el *flow*, describió ese estado con nueve características principales, en lugar de las seis introducidas anteriormente. Esas tres características adicionales eran los *objetivos claros*, la *retroalimentación inmediata* y el *equilibrio entre retos y habilidades*. En los años siguientes a este trabajo, quedó claro que, si bien estas características aparecían siempre que el *flow* estaba presente, había una razón diferente para ello. En lugar de ser características de ese estado, eran sus causas, o lo que Csikszentmihalyi denominó más tarde «condiciones de proximidad para el *flow*» y que ahora conocemos como «desencadenantes del *flow*».[1]

Desde entonces, hemos identificado otros diecinueve desencadenantes del *flow*, hasta llegar a un total de veintidós.[2] Probablemente haya más, pero esto es todo lo que la investigación nos ha aportado. Todos estos desencadenantes actúan llevando la atención al momento presente.[3] Y lo hacen de alguna combinación de tres maneras. O bien introducen norepinefrina y/o dopamina en nuestro sistema, que son sustancias químicas de concentración, y/o disminuyen la carga cognitiva, lo que libera energía extra que puede reutilizarse para la atención.

Ya hemos hablado de muchos de estos factores desencadenantes, pero aquí vamos a desarrollar estas ideas y a encajar las piezas, creando un panorama general práctico y táctico. Pero el punto más importante: estos desencadenantes son tu caja de herramientas. Si quieres más *flow* en tu vida, construye tu vida en torno a estos desencadenantes.

ACTIVADORES INTERNOS

Los desencadenantes internos son condiciones de nuestro entorno psicológico interno que crean más *flow*. Ya en la década de 1970, Mihaly Csikszentmihalyi identificó los *objetivos claros*, la *retroalimentación inmediata* y el *equilibrio entre retos y habilidades* como las tres condiciones más importantes. También incluyó la *concentración total* como característica del *flow* (que sigue estando), y desde entonces se ha añadido a la lista de desencadenantes (por razones obvias). Mientras tanto, los psicólogos que estudian la motivación intrínseca han incluido otros dos desencadenantes en la lista: *la autonomía* y la trinidad *curiosidad-pasión-propósito*. Empezaremos por la autonomía.

AUTONOMÍA

La autonomía es un activador del *flow* porque junto con la atención forma sistemas acoplados. Cuando estamos a cargo tanto de nuestra mente (libertad de pensamiento) como de nuestro destino (libertad de elección), todo nuestro ser se involucra. En su artículo de 2014 «Attention and the Holistic Approach to Behavior» (La atención y el enfoque holístico de la conciencia), Csikszentmihalyi lo explica así:

Si la atención es el medio por el que una persona intercambia información con su entorno, entonces la atención voluntaria es un estado de interacción óptimo. En ese estado, la persona se siente plenamente viva y controlando, porque puede dirigir el flujo de información recíproca que une a la persona y al entorno en un sistema interactivo. Sé que estoy vivo, que soy alguien, que importo. La capacidad de centrar la atención es la forma más básica de reducir la ansiedad ontológica, el miedo a la impotencia, a la inexistencia. Esta podría ser la razón principal por la que el ejercicio de la concentración, cuando se interpreta subjetivamente como libre, es una experiencia tan agradable.[4]

Esta cita también nos da una idea de los mecanismos que subyacen al proceso. La atención, dependiendo de lo que nos concentremos, puede ser producida tanto por la dopamina como por la norepinefrina. La sensación de estar plenamente vivo proviene de la excitación y el placer creados por estas sustancias químicas, mientras que la sensación de control proviene del aumento de la maquinaria de procesamiento de información del cerebro.

Al mismo tiempo, lo que Csikszentmihalyi describe como «ansiedad ontológica» es tanto nuestro miedo a la muerte como nuestro deseo de que esta vida dure. Es una carga cognitiva persistente, lo que el psicólogo Ernest Becker denominó «la negación de la muerte».[5] Cuando centramos la atención en el presente, retiramos la atención de estas formas de ansiedad. Esto aligera la carga y nos permite reutilizar la energía extra para concentrarnos.

Entonces, ¿cuánta autonomía necesitamos realmente para apretar este gatillo?

Ya abordamos esta cuestión cuando analizamos los diferentes enfoques adoptados por Google, 3M y Patagonia. Vimos que dedicar entre el 15 y el 20 por ciento del tiempo es más que suficiente, mientras que los requisitos mínimos son la autonomía necesaria para hacer cuatro cosas: dormir lo suficiente por la noche, hacer ejercicio con regularidad, ser capaz de trabajar durante los periodos de máxima alerta y ser capaz de alcanzar el *flow* cuando se desee.

Y, a decir verdad, cuando se persigue un estilo de vida de alto *flow*, éste es uno de los mejores lugares para empezar. Pero esa idea ya se ha tratado antes. Aquí quiero añadir un componente más: el arte de decir no.

Las personas de alto rendimiento suelen rechazar oportunidades, incluso fantásticas, si éstas reducen su autonomía. Normalmente, esto tiene que ver con el dinero. Los escritores, por ejemplo, tienen muchas dificultades para pagar sus facturas. Los sitios web, las revistas y los periódicos a veces ofrecen a estos mismos escritores la oportunidad de resolver ese problema, convertirse en redactores y obtener un sueldo regular. La seguridad y la protección son tentadoras. El prestigio también. Sin embargo, es una de las principales diferencias entre los escritores que tienen éxito y los que no lo tienen. Los que tienen éxito dicen no a la contratación temporal. Los otros dicen que sí, perdiendo su capacidad de controlar sus horarios, su capacidad de escribir con regularidad y convirtiéndose, bueno, en redactores.

Hay salidas similares en casi cualquier profesión. Si realmente estás interesado en alcanzar logros elevados y constantes, tienes que aprender que el arte del no está entretejido con el arte de lo imposible. ¿Por qué? Porque el arte de fluir exige tener autonomía.

CURIOSIDAD-PASIÓN-PROPÓSITO

Cuando John Hagel, cofundador del Center for the Edge de Deloitte, realizó un estudio global sobre los profesionales de mayor rendimiento del mundo, descubrió que «las personas y los equipos que llegaban más rápido eran los que aprovechaban la pasión y encontraban el *flow*».[6] ¿Por qué? Porque la curiosidad, la pasión y el propósito son factores desencadenantes del *flow*, una tríada de motivadores intrínsecos que ayudan a centrarse sin esfuerzo.

Y *tríada* es la palabra clave. Cuando los tres motivadores se combinan a la perfección (especialmente cuando se incluye el propósito) su poder aumenta considerablemente. Desde el punto de vista neurobiológico, cada uno de estos motivadores tiene el potencial de impulsar la dopamina y la norepinefrina en nuestro sistema. Apilados unos sobre otros, su aumento neuroquímico combinado suele ser lo suficientemente potente como para reforzar la concentración y empezar a llevar la conciencia hacia el *flow*.

Y, lo que es más importante, la pasión es una experiencia bastante egoísta. El propósito soluciona el problema. La pasión produce un enfoque impulsado por el ego, en el que suelen intervenir cuestiones de orgullo e identidad. ¿Por qué es importante? Cuando el ego está comprometido, el córtex prefrontal está activo. Esto hace casi imposible lograr una hipofrontalidad transitoria. Pero el propósito cambia nuestra lente, poniendo la atención fuera de nosotros mismos, en la tarea que tenemos entre manos. Cuando nos centramos en algo fuera de nosotros mismos, es mucho más fácil salir de nuestra cabeza y entrar en *flow*.

CONCENTRACIÓN TOTAL

La fluidez es consecuencia de la concentración. Este estado sólo aparece cuando toda nuestra atención se centra en el momento presente, firmemente concentrada en la tarea que tenemos entre manos. Esto ayuda a mantener el ego fuera de la escena y el córtex prefrontal desactivado. Cuando está bloqueada y cargada, la atención específica se convierte en la puerta de entrada de la fusión de la acción y la conciencia y en el interruptor de activación para el procesamiento automatizado. El cerebro puede ahora pasar las responsabilidades de gestión del consciente al inconsciente, mientras que el yo que aplasta el *flow* permanece fuera de escena.

Esto hace que la concentración total sea algo más que un desencadenante del *flow*, también es un factor de ruptura del *flow*. Siempre que trabajo con organizaciones, lo primero que les digo es que si no pueden colgar un cartel en sus puertas que diga «Fuera de aquí: estoy fluyendo», no podrán hacer este trabajo. Esto significa nada de distracciones. Nada de multitarea. El correo electrónico y los teléfonos móviles apagados, el vídeo en *streaming* desconectado y las redes sociales bloqueadas.

¿Por cuánto tiempo?

Las investigaciones demuestran que entre 90 y 120 minutos de concentración ininterrumpida es el periodo de tiempo ideal para maximizar la concentración y, por extensión, el *flow*.[7] Y si la tarea en cuestión requiere una creatividad significativa, a menudo son necesarios los «bloques de cuatro horas» sugeridos por Tim Ferriss. Además, dado que la autonomía y la atención son sistemas acoplados, hay que asegurarse de que la tarea que tenemos entre manos, la que nos va a reclamar entre 90 y 120 minutos, es exactamente lo que queremos hacer con nuestro tiempo.

Si no lo es, hay que buscar un mejor por qué. Encuentra algo en la tarea que se alinee con la curiosidad, la pasión y el propósito. Encuentra algo en la tarea que te ayude a avanzar en tu oficio y a recorrer ese camino hacia la maestría. Es una forma de reencuadre cognitivo que puede mejorar significativamente el *flow*.

Por último, programa tus conversaciones con antelación. En el mundo actual es difícil encontrar largos períodos de concentración sin interrupciones. Explica a tus jefes, compañeros de trabajo, cónyuges e hijos lo que estás haciendo y por qué. Lo que puede parecer una pérdida de tiempo al principio se convierte en un ahorro de tiempo al final. Una vez que el aumento del rendimiento y la productividad que produce el *flow* empiecen a aparecer de forma regular, conseguirás hacer mucho más en mucho menos tiempo y podrás dar más de ti a tus jefes, compañeros de trabajo, cónyuges e hijos.

OBJETIVOS CLAROS

Los *objetivos claros* nos indican dónde y cuándo poner nuestra atención. Si nuestros objetivos son claros, el cerebro no tiene que preocuparse por lo que hay que hacer ahora o a continuación: ya lo sabe. Por lo tanto, la atención se intensifica, la motivación aumenta y la información nueva se filtra. Esto reduce la carga cognitiva y libera energía extra, que puede reutilizarse en forma de atención. La acción y la conciencia pueden empezar a fusionarse, y nos sentimos atraídos aún más por el ahora. Y, en el ahora, no hay pasado ni futuro, y hay mucho menos espacio para el yo, que es el molesto intruso más propenso a arrastrarnos al entonces.

Esto también nos dice algo importante sobre el énfasis. Cuando se habla de «objetivos claros», la mayoría de nosotros tiende a saltarse el adjetivo *claro* para llegar a los *objetivos* sustantivos. Cuando se nos dice que establezcamos objetivos claros, nos visualizamos inmediatamente en el podio olímpico, en el escenario de los Oscar o en la lista de Fortune 500, diciendo: «He estado imaginando este momento desde que tenía quince años».

Creemos que esa es la cuestión.

Pero esos momentos triunfales pueden sacarnos del presente. Aunque el éxito esté a unos segundos de distancia, sigue siendo un acontecimiento futuro sujeto a las esperanzas, los temores y todo tipo de distracciones del presente. Pensemos en la larga lista de descalabros deportivos famosos: el tiro fallado en el último segundo de las finales de la NBA; el *putt* errado que cierra el Masters de Augusta. En esos momentos, la importancia del objetivo sacó a los participantes del ahora, cuando, irónicamente, el ahora era todo lo que necesitaban para ganar.

Si el objetivo es crear más *flow*, el énfasis recae en la *claridad* y no en los *objetivos*. La claridad nos da seguridad. Sabemos qué hacer y dónde centrar nuestra atención mientras lo hacemos. Cuando los objetivos son claros, la metacognición se sustituye por la cognición en el ahora, y el yo queda fuera de juego. [8]

Si queremos aplicar esta idea en nuestra vida diaria, dividamos las tareas en trozos del tamaño de un bocado y establezcamos objetivos en consecuencia. Apunta al punto óptimo de desafío y habilidad. Un escritor, por ejemplo, es mejor que intente escribir tres grandes párrafos que un gran capítulo. Piensa en un reto manejable: el estímulo suficiente para que la atención se dirija al ahora, pero no tan estresante como para que vuelva a salir.

Por supuesto, los mejores objetivos claros son los que están alineados con nuestro propósito de transformación masiva, nuestras metas altas y difíciles, y todos nuestros motivadores intrínsecos: curiosidad, pasión, propósito, autonomía, dominio, miedo, etc. En pocas palabras, es muy difícil detener a las personas que consiguen todo esto.

RETROALIMENTACIÓN INMEDIATA

La *retroalimentación inmediata* es otro atajo hacia el ahora.[9] El término se refiere a un acoplamiento directo, en el ahora, entre causa y efecto. Como mecanismo de motivación, la retroalimentación inmediata es una extensión de los objetivos claros. Los objetivos claros nos dicen lo que estamos haciendo; la retroalimentación inmediata nos dice cómo hacerlo mejor.

Si sabemos cómo mejorar el rendimiento en tiempo real, la mente no va a ir a buscar pistas para mejorar. Nos mantenemos totalmente presentes y totalmente concentrados y es mucho más probable que estemos en *flow*.

Poner en práctica este activador en nuestras propias vidas es bastante sencillo: reforzar los circuitos de retroalimentación. Poner en marcha mecanismos para que la atención no tenga que vagar. Pedir más información. ¿Cuánta información? Bueno, olvídate de los controles trimestrales. Piensa en revisiones diarias. Los estudios han revelado que en las profesiones con un ciclo de retroalimentación menos directo (gestión de *stocks*, psicología, medicina), incluso los mejores empeoran con el tiempo. Los cirujanos, por el contrario, son la única clase de médicos que mejoran cuanto más tiempo pasan fuera de la facultad de medicina.

¿Por qué? Si te equivocas en la mesa de operaciones, alguien muere. Eso es una retroalimentación inmediata.[10]

Igual de importante es determinar el tipo exacto de respuesta que necesitas. Se trata de una preferencia individual. A algunas personas les gusta el refuerzo positivo, mientras que otras prefieren las duras verdades de los comentarios negativos. A algunas personas les gusta que se lo digan por escrito; otras quieren oírlo en voz alta. Una forma fácil de determinar lo que funciona mejor para ti es el análisis retrospectivo. Revisa tus tres últimas experiencias de *flow* profundo. ¿Qué tipo de retroalimentación recibiste? ¿Con qué frecuencia la recibiste? Ahora apunta este dato. Durante las próximas semanas, a medida que surja el *flow*, pregúntate sobre su llegada.

Además, no exageres.

Mi consejo: determina tu «retroalimentación mínima para la fluidez», o RMF. Como escritor, me gusta saber tres cosas sobre mi trabajo: ¿Es aburrido?

¿Es confuso? ¿O es arrogante? Estos son los tres errores más comunes que cometo, así que, si tengo esta información, sé cómo dirigirme. Es la mínima retroalimentación que necesito para fluir.

Y, para conseguir esta información, trabajo con un redactor, alguien de mi equipo que lee todo lo que escribo unos días después de escribirlo. Pero así soy yo. Si no quieres contratar a alguien para este trabajo, busca un compañero de comentarios. Lo importante aquí es mantener la atención del otro. Los compañeros de retroalimentación no se dicen mutuamente todo lo que han hecho bien o mal en la vida. Se trata de un análisis estrechamente dirigido: lo suficiente para orientarse, pero no para abrumar. Si puedes decirle a tu compañero de retroalimentación exactamente qué información estás buscando (tu RMF), a menudo puedes mantener sus opiniones subjetivas fuera del proceso.

Para estar seguros, la determinación de tu RMF no ocurrirá de repente. Ni tampoco formar a un compañero de reflexiones. Pero si lo que te interesa es un estilo de vida de alto *flow*, entonces ésta es una aventura más que vas a tener que vivir. A menos que, por supuesto, seas un fanático de la mediocridad.

EL EQUILIBRIO ENTRE RETOS Y HABILIDADES

El equilibrio entre retos y habilidades es el más importante de los desencadenantes del *flow*, y merece la pena repasar por qué. El *flow* exige una concentración específica en la tarea. Prestamos la máxima atención a la tarea que tenemos entre manos cuando el reto de esa tarea supera ligeramente nuestro conjunto de habilidades. Si el reto es demasiado grande, el miedo inunda el sistema. Si el reto es demasiado fácil, dejamos de prestar atención. El *flow* está cerca, pero no en el punto medio emocional entre el aburrimiento y la ansiedad, en lo que los científicos llaman el «canal de *flow*». Es el punto en el que la tarea es lo suficientemente dura como para que nos esforcemos, pero no lo suficiente como para hacernos estallar.

Este punto dulce mantiene la atención en el presente. Cuando el reto se encuentra firmemente dentro de los límites de nuestras habilidades conocidas (lo que significa que lo he hecho antes y estoy bastante seguro de que puedo hacerlo de nuevo) el resultado está predeterminado. Estamos interesados, pero no fascinados. Pero cuando no sabemos lo que va a pasar a continuación, prestamos más atención a lo que sigue. La incertidumbre impulsa nuestro viaje en cohete hacia el ahora.

Sin embargo, hay que tener cuidado.

En realidad, bastante. Ha habido un largo debate sobre lo que entendemos por *reto* y lo que entendemos por *habilidades*. Los investigadores han indagado en el tema. Aparecen sistemáticamente siete factores, muchos de los cuales te resultarán familiares. Esta es la lista completa: confianza, optimismo, mentalidad, habilidades reales, tolerancia a la ansiedad, capacidad de retrasar la gratificación y valores sociales.[11] Merece la pena analizar con más detalle algunos de ellos. La confianza y el optimismo, por ejemplo, parecen obvios. Cuanto más confiados y optimistas estemos respecto a nuestras habilidades, más fácil nos parecerá el reto. Sin embargo, no estamos hablando de una medida real de las habilidades, sino de nuestra actitud hacia ellas. Se podría suponer que, para desencadenar el *flow*, las actitudes importan menos que las habilidades reales, pero no siempre es así. Entre los deportistas de élite, por ejemplo, los estudios demuestran que lo que sienten sobre lo que están haciendo es tan importante como la habilidad que utilizan para hacerlo.

Los valores sociales también son complicados. Muchos de los primeros pensadores de alto rendimiento, como Friedrich Nietzsche, William James y Sigmund Freud, creían que la familia y la cultura pesaban demasiado. En su opinión, el primer paso necesario en el camino hacia la autorrealización era no tener en cuenta las limitaciones de la sociedad. Ciertamente, en los años posteriores, las fuerzas de la modernización, la globalización y el progreso social aflojaron estos grilletes. Sin embargo, estas barreras siguen existiendo, y los mejores deben seguir enfrentándose a este dilema.

Por último, en *The Rise of Superman*, para maximizar este disparador, hablé del 4% como número mágico. Esto significa que prestamos la máxima atención a la tarea que tenemos entre manos cuando el reto de esa tarea es un 4% mayor que nuestro conjunto de habilidades. También señalé que este número era más una metáfora que una métrica real. Sin embargo, en los años transcurridos desde la publicación de ese libro, esta metáfora ha dado resultados positivos a miles de personas.

He aquí por qué el 4% es difícil.

Si el reto es un 4% mayor que tus habilidades, es suficiente para empujarte fuera de tu zona de confort. Esto es problemático para los tímidos y los reacios al riesgo. El 4% está en el lado de los nervios de la ecuación. Por eso la tolerancia a la ansiedad es un componente crítico del punto dulce de las habilidades de desafío. Cuando se hace correctamente, se está fuera de la zona de confort, por lo que es obligatorio aprender a sentirse cómodo con la incomodidad.

260 • EL ARTE DE LO IMPOSIBLE

En los tipos agresivos, tipo A, vemos lo contrario. El 4% es demasiado pequeño. Las personas que buscan sensaciones se enfrentan a retos que son un 20%, 30% o incluso un 40% superiores a sus habilidades, simplemente por la emoción. Pero al poner nuestras miras en esas altas montañas, nos estamos privando del mismo estado que necesitamos para escalarlas.

Esto no significa que no haya que fijarse metas altas y difíciles. Sólo hay que dividirlas en pasos manejables que puedan convertirse en objetivos claros. ¿Cuál es un objetivo claro perfecto? Uno en el que el reto es un 4% mayor que tus habilidades.

Por ejemplo, cuando estoy escribiendo un libro, aclaro esta cuestión con mi recuento diario de palabras. Al principio, antes de saber exactamente lo que estoy haciendo, mi objetivo es escribir 500 palabras al día. A mitad de camino, cuando ya tengo un mejor sentido de la orientación, ese objetivo aumenta a 750 palabras al día. Cuando ya estoy terminando, 1.000 es mi objetivo. En otras palabras, aunque el punto óptimo de las habilidades de desafío puede ser un objetivo móvil, el 4% es mi objetivo.

Para aplicarlo en tu propia vida, piensa en las tareas más importantes a las que te enfrentas cada día y pregúntate si estás sobrecargado o infracargado. ¿Es el reto demasiado grande? ¿Pensar en ello te produce demasiada ansiedad? Si es así, divídelo en tareas más pequeñas y aligera la carga. Si ocurre lo contrario, si los retos que tienes por delante te parecen poco estimulantes, hazlos más difíciles. Exige más excelencia de ti mismo. En cualquier caso, afina cada tarea que realices cada día para que cada una de ellas se sitúe en el punto óptimo de las habilidades de desafío.

ACTIVADORES EXTERNOS

Los desencadenantes externos son factores ambientales o cualidades del mundo que nos rodea que nos llevan a fluir más profundamente. Hay cuatro en total, aunque todos tienden a funcionar de la misma manera, impulsando la dopamina y la norepinefrina en nuestro sistema, mejorando la concentración y empujándonos al estado de *flow*.

ALTAS CONSECUENCIAS

Las altas consecuencias tienen que ver con las amenazas que acechan en nuestro entorno. [12] Puede tratarse de un director general que entra en la sala de juntas, un soldado que se escabulle tras las líneas enemigas o un surfista que se adentra en el océano. En cualquier caso, el peligro es un rasgo inherente a la experiencia.

Y el peligro ayuda a nuestra causa.

El riesgo aumenta la cantidad de norepinefrina y dopamina en nuestro sistema. De hecho, el «subidón de adrenalina» es un término equivocado. A muy poca gente le gusta la sensación que produce la adrenalina. Pero casi todos hacemos cola por la dopamina y la norepinefrina.

También merece la pena distinguir entre las *altas consecuencias* y los riesgos necesarios para mantener el equilibrio entre *retos* y *habilidades*. En la cara de la moneda de los retos y las habilidades, el riesgo es más un enfoque interno de la tarea en cuestión que una cualidad externa que se encuentra en el entorno. Como escritor, si soy excepcionalmente vulnerable y sincero en un texto, entonces estoy un poco fuera de mi zona de confort y estoy aplicando correctamente el equilibrio desafío-habilidad. Si decido llevar mi portátil hasta la cima de una montaña y escribir encaramado al borde de un acantilado, eso sería un entorno de alta consecuencia. Por supuesto, también se pueden combinar estos desencadenantes, como un esquiador en una pendiente muy pronunciada (un entorno de alta consecuencia) que intenta saltar por un acantilado (una forma de ampliar el equilibrio entre retos y habilidades) o un directivo de nivel medio que decide presentar una nueva idea (un movimiento de retos y habilidades) en una reunión de toda la empresa (un entorno de alta consecuencia). Es importante señalar que el desencadenante de altas consecuencias no requiere un riesgo físico. Puedes estar en entornos sociales peligrosos tanto creativos como intelectuales. Pregunta a cualquier médico en formación: la facultad de medicina es un entorno intelectual de alta consecuencia.

Los riesgos sociales son un fantástico desencadenante del *flow*. Tu cerebro procesa el peligro social con las mismas estructuras que procesa el peligro físico, y por sólidas razones evolutivas. Hasta hace poco, formar parte de una comunidad era lo que nos mantenía vivos. Hace trescientos años, molestar a tus conciudadanos y acabar desterrado o exiliado era una pena capital. Nadie sobrevivía solo. Así que el cerebro trata el peligro social como un peligro mortal, porque, hasta hace poco, eso es exactamente lo que era.

Estos hechos también nos dicen algo sobre las empresas de Silicon Valley cuyo lema es *fail forward* (se permite fracasar). Este lema crea un entorno favorable a las consecuencias, lo que lo convierte en un entorno de alto nivel de *flow*. Si los empleados no tuvieran espacio para fracasar, entonces no tendrían la capacidad de asumir riesgos. En Facebook, hay un cartel colgado en la escalera principal que dice: «muévete rápido, rompe cosas». Este tipo de actitud es fundamental para cualquier cultura de la innovación. Si no se incentiva el riesgo, se niega el acceso al *flow*, que es la única forma de seguir impulsando la innovación.

Como explicaba el psiquiatra de Harvard Ned Hallowell en *The Rise of Superman*: «Para alcanzar el *flow*, hay que estar dispuesto a correr riesgos. El enamorado debe desnudar su alma y arriesgarse al rechazo y la humillación para entrar en ese estado. El deportista debe estar dispuesto a arriesgarse a sufrir daños físicos, incluso a perder la vida, para entrar en ese estado. El artista debe estar dispuesto a ser despreciado por los críticos y el público y seguir adelante. Y los ciudadanos de a pie —tú y yo— debemos estar dispuestos a fracasar, a parecer tontos y a caer de bruces si queremos entrar en ese estado».[13]

ENTORNO RICO

Nuestro siguiente desencadenante del *flow* es un *entorno rico*. Se trata de una plataforma que combina tres desencadenantes distintos: la *novedad*, la *imprevisibilidad* y la *complejidad*. Los tres impulsan la dopamina en nuestros sistemas y, como resultado, captan y mantienen nuestra atención de forma similar al riesgo.[14] Vamos de uno en uno.

La novedad es una de las experiencias favoritas de nuestro cerebro. Como ya sabemos, existe toda una red (la red de saliencia) dedicada a su detección. Desde una perspectiva evolutiva, esto tiene mucho sentido. La novedad podría significar que hay un peligro o una oportunidad al acecho en nuestro entorno. Como ambos son cruciales para la supervivencia, el cerebro prioriza la información.

La imprevisibilidad significa que no sabemos lo que va a pasar después. Por lo tanto, prestamos más atención a lo que viene después. Los trabajos realizados por Robert Sapolsky en Stanford demuestran que el pico de dopamina producido por la imprevisibilidad, especialmente cuando va unida a la novedad, se acerca mucho en tamaño al pico producido por sustancias como la cocaína. Es un pico de casi el 700 % de aumento de la dopamina, lo que conduce a un gran aumento de la concentración, que tiende a llevarnos directamente al *flow*.

La complejidad aparece cuando obligamos al cerebro a ampliar su capacidad perceptiva, por ejemplo, cuando nos situamos al borde del Gran Cañón y cavilamos sobre la cuestión del tiempo geológico, o cuando miramos el cielo nocturno y nos damos cuenta de que muchos de esos puntos de luz sinulares son en realidad galaxias. Esta es la experiencia del asombro, en la que nos sentimos tan absorbidos por la belleza y la magnitud de lo que contemplamos que el tiempo se ralentiza y el momento se alarga hasta el infinito. Es un proceso parcialmente impulsado por la dopamina, lo que también lo convierte en la primera línea del estado de *flow*.

¿Cómo emplear estos desencadenantes en tu propia vida? Simplemente aumenta la cantidad de novedad, complejidad e imprevisibilidad en tu entorno.

Esto es exactamente lo que hizo Steve Jobs cuando diseñó las oficinas de Pixar. Jobs construyó un gran atrio en el centro del edificio. Luego colocó los buzones, la cafetería, las salas de reuniones y, lo más famoso, los únicos baños del lugar, justo al lado de ese atrio. Esto obligó a los empleados de toda la empresa a encontrarse aleatoriamente unos con otros, aumentando enormemente la novedad, la complejidad y la imprevisibilidad. El resultado fue un mayor flujo, una mayor creatividad y todos aquellos Oscars.

Pero, una vez más, no hace falta llegar tan lejos.

Un viaje a la naturaleza será suficiente. Los entornos naturales tienen altas concentraciones de novedad, complejidad e imprevisibilidad. Esto impulsa la neuroquímica del bienestar en nuestro sistema, lo que también explica por qué un paseo de veinte minutos por el bosque supera a la mayoría de los antidepresivos del mercado.

También podemos activar estos disparadores leyendo, o decidiendo trabajar en una cafetería que esté lejos de casa, o ambas cosas. Cuando intento aprender una nueva materia, por ejemplo, siempre me llevo mis libros de texto de viaje. La novedad, la complejidad y la imprevisibilidad del nuevo entorno impulsa el *flow*, y el *flow* hace que el aprendizaje de esa materia sea mucho más fácil.

CORPOREIDAD PROFUNDA

En el umbral entre el desencadenante interno y el externo se encuentra la corporeidad profunda (*deep embodiment*).[15] Se trata de un tipo de conciencia física ampliada. Significa que prestamos la máxima atención a la tarea que tenemos entre manos cuando todos nuestros sentidos están implicados en esa tarea.

Si te limitas a ver cómo se desarrolla una escena, ese es un nivel de implicación. Pero si realmente participas en el desarrollo de la escena, es una experiencia mucho más atractiva. Esta es una de las principales razones por las que los deportistas tienen tanto éxito en el *flow*. El deporte exige corporeidad, estar integrado en el entorno. Pero no sólo los atletas pueden activar este mecanismo, y éste es el punto más importante.

Hace unos años, Csikszentmihalyi y un investigador de la educación de la Universidad de Utah llamado Kevin Rathunde fueron en busca de entornos educativos de alto *flow*. ¿Qué descubrieron? La educación Montessori. [16]

El método Montessori hace hincapié tanto en la motivación intrínseca como en el aprendizaje a través de la práctica. De hecho, por esta última razón, suele llamarse «corporeidad educativa». No te limites a leer sobre la agricultura ecológica: sal y planta un jardín. La plantación involucra múltiples sistemas sensoriales a la vez (vista, oído, tacto, olfato), lo que lleva a la atención en el ahora y al *flow* como resultado. El impulso al aprendizaje que produce el estado de *flow* es una de las razones por las que los niños educados con el método Montessori tienden a superar a otros niños en casi todos los exámenes imaginables.

Pero la cuestión aquí es simple: hazlo físicamente. Aprende haciendo. Eso es lo que hace falta para empezar. Los múltiples sentidos exigen toda nuestra atención, y eso es más que suficiente para llevarnos a la zona de *flow*.

DISPARADORES CREATIVOS

Creatividad

Si miramos bajo el capó de la creatividad, vemos dos cosas: el reconocimiento de patrones, la capacidad del cerebro para relacionar nuevas ideas, y la asunción de riesgos, el coraje para poner en práctica esas nuevas ideas. Ambas experiencias producen dopamina, que impulsa la concentración y el *flow*.

Esto significa que los que queremos más *flow* en nuestras vidas, tenemos que hacer tres cosas de forma constante. En primer lugar, tenemos que cargar constantemente el sistema de reconocimiento de patrones con la materia prima que necesita para encontrar conexiones. Esta es la razón por la que hay que leer entre veinticinco y cincuenta páginas al día de un libro que esté un poco fuera de tu especialidad.

En segundo lugar, aprende a pensar de forma diferente. En lugar de abordar los problemas desde los ángulos conocidos, hazlo al revés, de lado y con estilo. Despliega tu imaginación. Aumenta la cantidad de novedades en tu vida. Los nuevos entornos y las nuevas experiencias suelen dar lugar a las conexiones que se convierten en nuevas ideas.

La tercera cosa podría ser la más importante: hacer de la creatividad un valor y una virtud. Tu vida tiene que convertirse en tu arte. O, para ser más específicos, el arte de lo imposible exige el arte de la vida.

Una de las razones por las que vimos tal explosión de *flow* en el mundo de los deportes de aventura fue este tipo de cambio de prioridades. Antes del movimiento de las *expression sessions* del surf de la década de 1990, la excelencia se juzgaba por métricas fácilmente cuantificables como la velocidad. En el esquí y el snowboard, ganaba el más rápido en llegar al final de la colina. Pero en la década de 1990, la gente se alejó de este tipo de pruebas y empezó a valorar la creatividad. La línea más creativa era la verdadera medida de la excelencia. El estilo importaba. La forma en que un esquiador concreto interpretaba el terreno era el factor más importante. Así es como la creatividad se convirtió en un valor central y en una virtud. El resultado fue un asalto a lo imposible con un gran nivel de *flow*.

DESENCADENANTES SOCIALES

Anteriormente, vimos que el *flow* se presenta en dos variedades: individual y grupal. Aunque la mayor parte de este libro se ha dedicado a la faceta individual, aquí quiero dedicar un poco de tiempo a averiguar cómo activar la versión compartida y colectiva de este estado.

Un poco de historia puede ser útil.

El psicólogo Keith Sawyer fue el primero en identificar el *flow* grupal.[17] Sawyer, músico de jazz de toda la vida, observó que, cuando la banda se reunía y la música se imponía, se producía un cambio fundacional en la conciencia. Se trataba de una confluencia de mentes que producía un efecto de «el todo es más grande que la suma de las partes».

Sawyer investigó esta sensación en la escuela de posgrado de la Universidad de Chicago, donde estudió con Mihaly Csikszentmihalyi. Aunque Csikszentmihalyi había observado que algunos grupos de personas parecían entrar juntos en el *flow*, había supuesto que era el subproducto de un grupo de individuos en *flow* y no una experiencia compartida. Sawyer creía que ocurría algo más.

Para averiguarlo, hizo un trabajo de campo, investigando el *flow* grupal en grupos de improvisación de jazz, comedia y teatro durante casi quince años. Gran parte de su trabajo se llevó a cabo en Second City Television, una compañía dramática con sede en Chicago que produjo programas como *Saturday Night Live*. Sawyer grababa en vídeo las actuaciones y luego desarrollaba una minuciosa técnica de análisis fotograma a fotograma para revisar el material. Buscaba esos momentos característicos en los que el grupo se unía y el nivel de actuación se disparaba. A continuación, Sawyer fue hacia atrás desde esos momentos hasta las condiciones previas que los crearon, y al final descubrió que hay diez desencadenantes de este estado compartido.

En los años transcurridos desde que Sawyer realizó este trabajo original, otros investigadores han ampliado y revisado sus ideas. El *flow* grupal se ha ampliado, subdividiéndose en «*flow* social», o el que surge en un contexto social; «*flow* interpersonal», o el que podrían experimentar dos personas hablando; y «*flow* de equipo», en el que el *flow* es el resultado de desencadenantes innatos en la dinámica del equipo.[18] También se ha trabajado mucho sobre la naturaleza de esta experiencia de *flow* compartido y, al menos desde una perspectiva psicológica, sobre lo que podría causarlo.

Sin embargo, todavía existen importantes lagunas en nuestros conocimientos. Las limitaciones tecnológicas han impedido una investigación más profunda de la neurobiología del *flow* grupal o de sus desencadenantes.

Sin embargo, como se verá en el siguiente resumen, hemos aprendido lo suficiente para ser prácticos y tácticos.

CONCENTRACIÓN TOTAL

De la misma manera que el *flow* individual exige una concentración total, el *flow* grupal requiere lo mismo. La investigación sugiere que lo mejor es aislar al equipo. Nada de mensajes ni de multitarea. Nada de teléfonos ni redes sociales. El correo electrónico es mejor dejarlo para más tarde. O el grupo presta atención o no fluye.

OBJETIVOS CLAROS Y COMPARTIDOS

Para que el grupo fluya, es necesario que todos vayan en la misma dirección. Esto se consigue con objetivos claros y compartidos. Recuerda que no hace falta que sea algo muy elegante. Lo que importa es que el grupo sienta que avanza conjuntamente hacia los mismos objetivos (o hacia metas complementarias).

Es importante destacar que Sawyer descubrió que, aunque los equipos de alto rendimiento necesitan un objetivo compartido, el hecho de que el objetivo esté demasiado delimitado va en contra de la fluidez del grupo. Esencialmente, lo que se quiere es un objetivo suficiente para que el equipo sepa cuándo se está acercando al éxito (y se pueda medir el progreso), pero que sea lo suficientemente abierto como para que surja la creatividad.

Más recientemente, otros investigadores han ideado el concepto de «ambición colectiva» como una variación de este disparador. La principal diferencia es el tamaño del objetivo.

Por último, los «objetivos personales alineados» se han convertido en otra variación de este tema. Significa que, si se quiere que el grupo fluya, cuando el equipo gana, los individuos que lo componen también tienen que ganar. Si el equipo sabe que el líder acabará acaparando el protagonismo, entonces ese líder está robando dopamina al equipo, y pagando el precio del *flow*.

RIESGO COMPARTIDO

Cuando el riesgo es compartido, significa que todos los miembros del equipo tienen algo que decir. Sawyer lo describe como «el potencial de fracaso» y argumenta que sin el peligro de que todos caigan, no hay oportunidad para que nadie se eleve. Esto también significa que todos se cubren las espaldas, dando a todos el espacio para fracasar y ayudándoles a levantarse de nuevo cuando lo hacen.

ESCUCHAR ATENTAMENTE

La escucha atenta se produce cuando la atención se centra plenamente en el aquí y el ahora. En una conversación, esto significa que no estás pensando en lo que se va a decir a continuación o qué frase sarcástica servirá como despedida. Se trata más bien de producir respuestas en

270 • EL ARTE DE LO IMPOSIBLE

tiempo real y no planificadas al diálogo a medida que éste se desarrolla. Son imprescindibles la empatía y la atención, y tu parte de la conversación surge espontáneamente del intercambio.

BUENA COMUNICACIÓN

Para que el grupo fluya, tiene que haber un diálogo constante entre los miembros del equipo. La información se comparte por igual, al igual que la estrategia y la dirección. En un sentido muy real, una buena comunicación es simplemente la versión grupal de la retroalimentación inmediata, uno de los desencadenantes más importantes del *flow* individual. Lo cierto es que la retroalimentación debe guiar el comportamiento colectivo del grupo y proporcionar la información necesaria para maximizar las habilidades individuales de cada miembro del grupo.

MEZCLA DE EGOS

La mezcla de egos es una versión colectiva de la humildad. Cuando los egos se han mezclado, nadie acapara el protagonismo y todo el mundo está muy implicado. Esto evita que el córtex prefrontal se ponga en marcha, permite una fusión colectiva de la acción y la conciencia, y crea un sentido de identidad compartido.

PARTICIPACIÓN EQUITATIVA

La participación equitativa exige que todos tengan un papel que desempeñar y que todos desempeñen su papel. Y el papel que desempeñamos exige que utilicemos nuestras habilidades al máximo. Esta es otra razón por la que la información debe circular libremente por todo el equipo. Sin esto, la participación no puede ser equitativa, y esta inclinación en el equilibrio de poder impide que la gente entre en el *flow* del grupo o impide que se produzca.

FAMILIARIDAD

La familiaridad significa que el grupo tiene una base de conocimientos compartida, un lenguaje común y un estilo de comunicación basado en entendimientos tácitos. Significa que todo el mundo está siempre en la misma página y, cuando surgen nuevas ideas, no se pierde el impulso debido a la necesidad de una larga investigación.

La familiaridad también requiere que tengamos suficiente experiencia con los tics y las tendencias de los demás para que, cuando surja lo inesperado, la reacción del grupo a ese acontecimiento no sea, en sí misma, inesperada. El objetivo es la imprevisibilidad predecible. Si sabes lo que van a hacer los miembros de tu equipo cuando las cosas se pongan difíciles, es más fácil seguir juntos.

SENSACIÓN DE CONTROL

La sensación de control combina la autonomía (ser libre para hacer lo que quieres) con la competencia (ser bueno en lo que haces). Significa que eres adecuado para el papel que desempeñas en ese equipo.

En ese equipo, esto también significa que puedes elegir tus propios retos y tener las habilidades para afrontarlos. Esto significa que el grupo no te asigna un objetivo sin tu consentimiento, y tampoco limita (demasiado severamente) la forma en que quieres abordar ese objetivo.

Marisa Salanova, psicóloga de la Universidad Jaume I de Castellón, en España, amplió recientemente esta idea, descubriendo que las «creencias de eficacia colectiva» son un predictor frecuente del *flow* grupal.[19] Las creencias de eficacia colectiva pueden considerarse una extensión de la sensación de control: es la confianza de un equipo en sí mismo. Un equipo tiene que creer que puede hacer el trabajo; necesita tener un sentido de control colectivo para maximizar el *flow*.

DECIR SIEMPRE QUE SÍ

Nuestro último disparador, *decir siempre que sí*, es quizás el más importante. Significa que las interacciones deben ser aditivas más que argumentativas. Es un disparador basado en la primera regla de la comedia de improvisación. Si empiezo un sketch diciendo: «Oye, hay un elefante azul en el baño», contestar «No, no lo hay» no lleva la escena a ninguna parte. Pero si la respuesta es afirmativa («Vaya, espero que no esté gastando todo el papel higiénico»), entonces la historia va a un lugar interesante.

Al decir que sí, estás ayudando a la otra persona, reduciendo su carga cognitiva y manteniéndola involucrada en el ahora. Estas afirmaciones impulsan la dopamina y la oxitocina en nuestro sistema, lo que aumenta el reconocimiento de patrones y la comodidad social, lo que, a su vez, hace surgir más ideas y aumenta nuestra disposición a compartirlas. Así es como creamos impulso colectivo.

Pero esto no significa que haya que estar siempre de acuerdo con todo el mundo. De hecho, la investigación muestra que esto es una receta para el pensamiento grupal en lugar de la fluidez del grupo. En su lugar, simplemente hay que encontrar algo en lo que basarse. En una sesión de *brainstorming*, esto es tan sencillo como decir: «Bueno, no estoy de acuerdo con algo de lo que ha dicho Sarah, pero su idea de utilizar ordenadores cuánticos para descubrir fármacos es brillante, y aquí está el porqué». Mantener el impulso es lo fundamental, ya que esa es la señal exacta de que estamos cabalgando en el *flow*.

CONSEJO FINAL

Uno de los hechos más probados sobre el *flow* es que este estado es omnipresente. Aparece en cualquier lugar, en cualquier persona, siempre que se cumplan ciertas condiciones. ¿Cuáles son esas condiciones? Estos veintidós factores desencadenantes: es así de sencillo.

Y también hay una razón para ello.

Somos organismos biológicos, y la evolución es conservadora por definición. Cuando una determinada adaptación funciona, su funcionalidad básica se repite una y otra vez. El *flow*, sin duda, funciona. Como resultado, nuestros cerebros están programados para repetir esta experiencia. Todos estamos diseñados para alcanzar el máximo rendimiento. Por lo tanto, todos somos susceptibles a los desencadenantes del *flow*, ya que estos elementos son veintidós cosas que la evolución consideró excepcionalmente cruciales para la supervivencia, lo que significa que son las veintidós cosas a las que nuestro cerebro presta atención automáticamente.

Y para cultivar el *flow* en tu vida, desarrolla estos desencadenantes en cada faceta de tu vida. Entrena el riesgo, busca la novedad, refuerza los bucles de retroalimentación, mantén el sistema de reconocimiento de patrones repleto de información para que el desencadenante de la creatividad esté siempre a mano, juega a «ser siempre afirmativo» en tus relaciones personales, practica la mezcla del ego en cada conversación en la que te encuentres, y así sucesivamente.

22

El ciclo del *flow*

Antes creíamos que el *flow* funcionaba como un interruptor de la luz, que se encendía o se apagaba. O se estaba en la zona o no se estaba. Pero, gracias a la investigación realizada por el cardiólogo de Harvard Herbert Benson, ahora sabemos que la fluidez es un ciclo de cuatro etapas, en el que cada una de ellas se apoya en cambios diferentes y precisos en la función cerebral.[1] Hay que pasar por cada etapa del ciclo antes de poder entrar en la siguiente. No puedes saltarte pasos, y tienes que completar un ciclo entero para volver a entrar en el *flow*, que es exactamente la razón por la que no puedes vivir en ese estado permanentemente.

Sin embargo, aunque no es posible vivir en *flow*, sí se puede maximizar el tiempo que se pasa en ese estado. Entender este ciclo es un paso crucial en esa dirección. Este conocimiento proporciona un mapa del territorio. Si sabes dónde estás ahora, sabrás qué hacer después. Así que, aunque no puedes vivir en *flow*, sí puedes acelerar tu paso por todas las etapas del ciclo y aumentar significativamente la cantidad de *flow* en tu vida.

Una cosa que hay que tener en cuenta: aunque la fluidez es muy agradable, es sólo un paso en un proceso de cuatro pasos. Y hay un par de pasos más que resultan desagradables. De hecho, como veremos, ese malestar forma parte de la experiencia. Es una necesidad biológica inevitable.

La buena noticia es que todas las habilidades que hemos aprendido en este libro cumplen una doble función dentro de este ciclo, acelerando el progreso a través de las etapas complicadas y difíciles, y ayudándonos a ampliar y maximizar las positivas.

Veámoslo más de cerca.

PRIMERA ETAPA: LA LUCHA

El rendimiento óptimo comienza en la máxima frustración. Aunque el *flow* es un subidón increíble, puede empezar con un bajón profundo. Bienvenido a la *lucha,* la primera etapa del ciclo del *flow.*

La lucha es una fase de carga. Estamos cargando, y luego sobrecargando, el cerebro con información. Y por eso el córtex prefrontal, que está desactivado en el *flow,* está hiperactivo en la fase de lucha. En esta fase estamos aprendiendo. Necesitamos a nuestra mente consciente para adquirir habilidades e información. Sin embargo, esto significa que el crítico interior, que es silencioso durante el *flow,* puede ser lamentablemente ruidoso durante la lucha.

Así que abróchate el cinturón.

He aquí la razón: el *flow* se construye en torno al procesamiento automático, pero la automatización requiere trabajo. Las habilidades se dominan lenta y conscientemente, antes de que el cerebro pueda ejecutarlas de forma impecable e inconsciente. El procesamiento inconsciente impecable es una de las razones por las que el *flow* produce una sensación de fluidez. Cuando el cerebro sabe lo que tiene que hacer, lo hace. Pero primero hay que aprender lo que hay que hacer, que es lo que ocurre en la etapa de lucha.

Para un escritor, la lucha es cuando se investiga el tema, se hacen entrevistas, se lee material relevante, se hacen esquemas de los capítulos, se da un puñetazo en el suelo porque esos esquemas son un asco, se hacen diagramas de posibles estructuras argumentales en las paredes de tu oficina recién pintadas con un rotulador rojo permanente porque eres demasiado tonto para retenerlas en tu maldita cabeza... o quizá sólo sea yo.

Para un ingeniero, la lucha consiste en esbozar el problema, determinar las condiciones de contorno, diseñar modelos matemáticos, sopesar los resultados probables, etc.

Para un deportista, la lucha puede ser la adquisición de habilidades. En el fútbol americano, es un receptor externo que aprende a recorrer rutas precisas, luego aprende a utilizar su cuerpo para bloquear a los defensas, y después aprende a capturar el balón con una sola mano. La fluidez, por su parte, es lo que ocurre cuando todas estas habilidades automatizadas se unen en un momento brillante.

Durante este proceso, lo desagradable es casi inevitable. El esfuerzo consiste en aprender, pero la memoria de trabajo es un recurso limitado. Cuando hemos adquirido tres o cuatro datos nuevos, el espacio se acaba. Estamos agotados. Todo lo que intentamos meter ahí produce sentimientos de frustración. Y como al inconsciente le gusta trabajar con muchos datos, hay que llegar al límite de la sobrecarga para maximizar este proceso.

En la lucha, descubrimos de nuevo ese permanente perjuicio para el rendimiento máximo: nuestras emociones no significan lo que creemos que significan. El escenario es frustrante por definición. Para la mayoría de la gente, la frustración es una señal de que se está moviendo en la dirección equivocada, de que es hora de parar, repensar y reagruparse. Pero en la lucha, la frustración es una señal de que se está avanzando en la dirección correcta. En este camino se encuentra la fluidez. Sigue adelante.

Por eso este libro comienza con la tríada de la motivación: el impulso, el valor y los objetivos. Por eso dedicamos tanto tiempo al aprendizaje y la creatividad. Sin estas habilidades, nos estancamos en la lucha. Y aquí está el problema: el *flow* es lo que realmente redime la lucha. Es nuestra recompensa por todo ese duro trabajo. El psicólogo Abraham

Maslow (que llamó al *flow* por su nombre anterior, «experiencias cumbre») lo explicó así:

La experiencia cumbre se considera un momento de autovalidación y autojustificación. Se considera una experiencia tan valiosa (a veces extraordinariamente valiosa) que intentar justificarla le resta dignidad y valor. De hecho, para muchas personas es una experiencia tan grande y elevada que no sólo se justifica a sí misma, sino incluso a la propia vida. Las experiencias cumbre pueden hacer que la vida valga la pena aunque sean ocasionales. Dan sentido a la propia vida. Demuestran que merece la pena. Por decirlo de forma negativa, supongo que las experiencias cumbre ayudan a prevenir el suicidio.[2]

Pero si no puedes manejar la frustración de la lucha, no puedes acceder al *flow*, lo que significa que no puedes redimir el sufrimiento de la lucha. Y ese sufrimiento aparece tanto si la lucha dura milisegundos como si dura meses.

Desde el punto de vista neurobiológico, el *flow* se produce en el momento en que nuestros sentidos detectan un aumento importante de la relevancia. El cerebro recibe información nueva e importante. Si no sabes cómo manejar esta afluencia, si estás cansado o triste o estresado, los resultados pueden ser la frustración y el agobio. Si la situación es peligrosa, esa afluencia de información puede convertirse en estrés e impotencia. Sin embargo, si te has entrenado para ese momento y automatizado tus respuestas, el cerebro decide «defenderse».

Esta decisión es la «lucha» de lo que durante mucho tiempo se ha descrito como la «respuesta de lucha o huida». La nomenclatura ya no es exacta, ya que el trabajo realizado por el neurocientífico de Stanford Andrew Huberman demuestra que la lucha y la huida son en realidad respuestas diferentes producidas por distintas partes del cerebro.[3]

En el lado de la lucha, la señal se genera en el centro del tálamo, la estación de relevo del cerebro. Cuando se desencadena, experimentamos una paradoja: la sensación que tenemos es de frustración, y sin embargo nos encanta esta sensación. Los humanos, pudiendo autoestimular cualquier área del cerebro, correrán a este punto una y otra vez. ¿Por qué? No porque disfrutemos de la frustración, sino más bien porque esta frustración en particular está entretejida con un sentimiento del que no nos cansamos: el coraje.

La lucha es una conversación. Cuando llega ese flujo de información, el cerebro hace una pregunta: «Oye, esto que estás haciendo es mucho más difícil de lo que esperabas. ¿Quieres gastar una tonelada de energía y luchar, o quieres retroceder y buscar otras opciones?»

El *flow* comienza con la decisión de luchar. La frustración se transforma en coraje gracias a nuestra respuesta a la pregunta del cerebro. Decimos: «Claro que sí, voy a luchar. Hasta aquí hemos llegado».

Esta es otra razón por la que el hábito de la ferocidad es tan grave. Sin la capacidad de responder instintivamente a cualquier desafío, la mayoría de las veces nos hundiremos. Si no automatizamos el reflejo de la «lucha», tendemos a buscar esas otras opciones.

Esto también es biología. El cerebro es un gran consumidor de energía. Utiliza el 25 % de nuestra energía, pero contiene menos del 2 % de nuestra masa corporal. Así que su primera orden de trabajo es la eficiencia. Conserva siempre las calorías. Así, en la mayoría de las circunstancias, el cerebro es favorable a la opción de huir.

El *flow* comienza cuando decimos sí a la lucha.

Por último, una nota práctica: cuando te encuentres en una situación de dificultad, utiliza los desencadenantes en tu favor. Nunca luches fuera del punto óptimo de las habilidades de desafío, sin objetivos claros o estructuras que te proporcionen una retroalimentación inmediata. Si estás realmente atascado, utiliza la novedad, la complejidad y la imprevisibilidad, es decir, ve a luchar a un lugar nuevo y novedoso. Asegúrate de que el sistema de reconocimiento de patrones está bien abastecido y de que no estás bloqueando la creatividad con un mal estado de ánimo (y, si lo estás, utiliza la gratitud, la atención plena, el ejercicio, el sueño, etc., para restablecer tu estado de ánimo).

El único detonante que hay que evitar en la lucha es el de las «altas consecuencias». Ciertamente, necesitas suficiente riesgo para mantenerte en las habilidades de desafío, pero intentar forzar la situación rara vez da buenos resultados, algo que todos los deportistas de aventura aprenden por las malas. En mi caso, recuerdo claramente haberme dicho a mí mismo: «Sólo tienes que esquiar desde este acantilado y después fluirás el resto del día». Pues bien, lo que ocurrió en realidad fue que pasé el resto del día en el hospital y toda la noche en el quirófano, y cuando todo estaba dicho y hecho, sí, consiguieron volver a unir mi mano a mi muñeca, pero no hubo *flow* en el camino.

Los riesgos son cosas que hay que asumir cuando se está en el *flow*, como una forma de profundizar en el estado. Por regla general, los riesgos no son una forma de conducirte al estado de *flow*, a menos que, por supuesto, también quieras ir al hospital.

SEGUNDA ETAPA: LIBERACIÓN

La segunda etapa del ciclo es la fase de *liberación*.

Durante la lucha, el córtex prefrontal está hiperactivo. Trabaja febrilmente para resolver un problema. En la liberación, queremos relajarnos y dejarnos llevar. El objetivo es apartar la mente del problema. Esto nos permite pasar la responsabilidad de procesar la información del consciente al inconsciente. La atención ejecutiva se desconecta y la red de modo por defecto toma el control. La liberación es un periodo de incubación. Se trata de permitir que el sistema de reconocimiento de patrones del cerebro se ocupe del problema durante un tiempo, mientras tú haces otras cosas.

¿Qué tipo de cosas?

Para la liberación, la investigación muestra que la actividad física de bajo impacto funciona muy bien. Hacer un largo viaje en coche. Construir maquetas de aviones. Trabajar en el jardín. Tocar la guitarra. A mí me gusta dibujar, hacer senderismo o leer. A Albert Einstein le gustaba navegar en un barco en medio del lago de Ginebra. Por desgracia, Einstein no sabía nadar y no era muy buen marinero.[4] Como la zona es propensa a las tormentas, a menudo tenían que rescatarlo en medio del lago. Sin embargo, la liberación que le proporcionaba la navegación era tan importante para su proceso de trabajo que prefería arriesgarse a ahogarse antes que renunciar a ella.

Además, puedes aprovechar la fase de liberación para utilizar el método MacGyver. Programa la fase de liberación tanto para alejar tu mente del problema como para resolverlo. Esto también les da a los que se esfuerzan mucho —los que nunca quieren dejar de trabajar— una razón para parar. Con este método, también tienes la certeza de que, cuando vuelvas a la tarea, habrás avanzado.

Tres cosas que hay que saber.

En primer lugar, no te canses demasiado durante la liberación. Esta etapa requiere que dejes de pensar en el problema por el momento, pero necesitarás energía para volver a sumergirte en él más adelante. Si te agotas (por ejemplo, con un duro entrenamiento) necesitarás comer y dormir antes de volver a empezar.

En segundo lugar, la televisión no funciona. La liberación requiere ondas cerebrales en el rango alfa, pero los cortes rápidos de la televisión nos hacen volver a la beta.

En tercer lugar, no todas las luchas son iguales. Cuando estás inmerso en una larga fase de lucha (como tratar de escribir un libro o crear una empresa o aprender los entresijos de la teoría de la probabilidad) hacer una sesión de trabajo duro y después una actividad de liberación tiene sentido. Pero en aquellas situaciones en las que la lucha llega de repente (cuando estás dando un paseo en bicicleta y de repente el camino se vuelve empinado y peligroso), ¿cómo pasas entonces de la lucha a la liberación?

El mismo proceso, pero con menos tiempo. Necesitas desencadenar esa respuesta de lucha para entrar en el *flow*, así que pasa al modo de ataque. Haz todo el esfuerzo. Supera el deseo del cerebro de conservar la energía.

Entonces, inmediatamente, relájate.

«Confía en el entrenamiento», como dicen los Navy SEAL (los Equipos Tierra, Mar y Aire de la Armada de los Estados Unidos). Sumérgete en el problema y cree en la capacidad de tu cerebro para encontrar y ejecutar la solución perfecta. Por eso te esforzaste en la lucha, para automatizar esos planes de acción. Ahora, quítate de en medio. Esa es la verdadera liberación de la fase de liberación: estás liberando la mente consciente para que el inconsciente pueda tomar el control.

Como nota práctica final: la corporeidad profunda es el disparador al que hay que llegar durante la liberación. En eso consiste realmente la actividad física de baja intensidad. Por eso, Zlotoff y tantas otras personas tienen revelaciones en la ducha. No has podido resolver un problema en el trabajo, llegas a casa, te duchas para quitarte el agobio, y la combinación relajante del agua golpeando tu cuerpo y tu propia mano moviendo el jabón es suficiente para apretar el gatillo y deslizarte hacia la liberación y el *flow*.

TERCERA ETAPA: *FLOW*

Por último, hemos llegado a la tercera etapa del ciclo: el estado de *flow* propiamente dicho.

Como ya sabemos qué se siente en estado de *flow*, vamos a centrarnos en las formas de maximizar nuestro tiempo en ese estado.

Empecemos por la conservación del *flow*.

Una vez en la zona, la forma más fácil de permanecer en ella es evitar los cuatro temidos «bloqueadores de *flow*», o las formas más rápidas de salir de la zona.[5]

Distracción: Las interrupciones son la razón número uno por la que la gente se desconecta del *flow*. Y, una vez fuera, es difícil volver a entrar. En estudios realizados con programadores informáticos, los investigadores descubrieron que una vez que se sale de la zona, se tarda un mínimo de quince minutos en volver a ella, si es que se puede volver.

Esta es una buena razón para gestionar las distracciones, y por qué deberías apagar cualquier cosa que pueda interrumpir tu concentración (y por tanto el *flow*) la noche anterior. En serio, ¿para qué arriesgarse?

Pensamiento negativo: ¿Recuerdas por qué es tan importante estar de buen humor para la creatividad? Porque permite que el córtex cingulado anterior busque asociaciones remotas entre las ideas. El *flow* es un estado altamente creativo, en el que el cerebro está buscando estas mismas asociaciones. En el momento en que empiezas a pensar de forma negativa, se pierde esta capacidad. Y lo que es peor, esto hace que el córtex prefrontal encienda de nuevo el crítico interior y deje KO a toda la organización.

Excitación no óptima: Esta es otra razón para entrenar la motivación. Si no tienes energía para luchar, no puedes entrar en el *flow*. Pero lo mismo ocurre cuando entras. Si no tienes energía para mantener esa lucha, sucumbirás a la fatiga y no conseguirás permanecer en la zona durante mucho tiempo. Por eso también son importantes la nutrición, la recuperación activa, la higiene del sueño y el ejercicio regular. Todos ellos te ayudan a conseguir una excitación óptima en cada situación.

Falta de preparación: Esto puede referirse tanto a la preparación física como mental. En cualquiera de los dos casos, si no has automatizado las habilidades y destrezas clave, no podrás fluir.

Mientras tanto, una vez en el *flow*, si el nivel de desafío aumenta (a menudo por razones que escapan a nuestro control), necesitarás tener habilidades para hacer frente a este nuevo desafío. Mi sugerencia: cuando aprendas algo, rodea el problema. Acércate a él desde todos los ángulos, para que no haya eslabones débiles en tu cadena. En resumen, domina la maestría.

El siguiente paso es la amplificación del *flow*.

¿Qué es mejor que el *flow*? Más *flow*. Experiencias más duraderas. Estados de *flow* más profundos. ¿Cuál es el secreto? Vivir mejor a través de la neuroquímica.

Si estás en *flow*, la forma de convertir un estado de microflow en un estado de macroflow es a través de la dopamina y la norepinefrina. Los desencadenantes del *flow* son la forma en que esto sucede. Si estás en estado de *flow* y quieres permanecer más tiempo o profundizar más, añade más desencadenantes. Aumenta el nivel de novedad, complejidad o imprevisibilidad de lo que haces. Sé más creativo en tu enfoque. Aumenta el nivel de desafío ligeramente. Añade un poco más de riesgo.

Sí, riesgo.

En el *flow*, cuando ya estamos rindiendo al máximo, podemos apoyarnos en las «altas consecuencias» para profundizar en el estado. Por ejemplo, si estás dando un discurso (una actividad repleta de desencadenantes del *flow* y que a menudo tiende a producir ese estado), salirse ocasionalmente del guión e improvisar durante uno o dos minutos es una forma fantástica de profundizar en ese estado (y, por extensión, de mejorar la calidad del discurso).

Al mismo tiempo, mantén la concentración y ejerce un poco de control mental. Tenemos que eliminar las distracciones externas para entrar en el *flow*, pero una vez en ese estado, nos volvemos propensos a las distracciones internas. Esto ocurre porque el reconocimiento de patrones se dispara y nos inundan las ideas «sorprendentes». Como la dopamina y la norepinefrina ya están generando sensaciones de interés y emoción, no hace falta mucho para que queramos explorar esas ideas y nos dejemos arrastrar por la atracción de una tangente.

Hay que aprender a contenerse. Sigue la tangente, por supuesto, ya que es donde viven las ideas creativas, pero reconoce los callejones sin salida. Hay que saber cuándo hay que cortar por lo sano y volver a centrarse en la tarea que tenemos entre manos. Esto requiere un poco de práctica. Es de esperar que se pierdan algunos estados de *flow* en el camino. Estar en estado de *flow*, aprender a maximizar la experiencia, también requiere trabajo.

Lo que nos lleva a unas palabras de precaución. A pesar del poder del *flow*, este estado es ideal para algunas tareas, pero inadecuado para otras. En el *flow*, con grandes partes del córtex prefrontal desactivadas, no hay mucha toma de decisiones lógica ni planificación a largo plazo. Así que hay que tener revelaciones profundas en ese estado, pero esperar hasta después para hacer planes para convertirlas en realidad.

También hay que saber que cometemos errores en el *flow*, pero que no los sentimos como tales. El doble golpe del reconocimiento de patrones y la neuroquímica de la sensación de bienestar significa que las revelaciones impactantes pueden ser en realidad malas decisiones. Por ejemplo, no vayas nunca a comprar ropa en *flow*. Con la planificación a largo plazo reducida y el reconocimiento de patrones aumentado, todo te parecerá muy bonito, y te parecerá inteligente comprar ropa discotequera de poliéster de los 70. En resumen, una regla fundamental: nunca confíes en la dopamina.

CUARTA ETAPA: RECUPERACIÓN

El *flow* es un estado de alto nivel de energía. Pero lo que sube debe bajar. Por eso, al final del *flow* hay una fase de recuperación.

En la recuperación, recargamos las pilas. Las sustancias neuroquímicas que se utilizan en el *flow* son costosas de producir para el cerebro. Puede costar un poco llenar esos depósitos de nuevo. La nutrición, la luz del sol y dormir son importantes.

En realidad, el sueño es muy importante. El aprendizaje se amplifica significativamente en el *flow*. Pero para que el cerebro traslade la información de la retención a corto plazo al almacenamiento a largo plazo, es necesario un sueño profundo con ondas delta. La consolidación de la memoria, como se conoce el proceso, exige estas ondas delta.

Esta es otra razón por la que es difícil vivir un estilo de vida de alto nivel de *flow* sin un descanso regular.

Pero la recuperación no consiste sólo en dormir.

Un estilo de vida de alto *flow* exige un protocolo de recuperación activo. Por eso, la recuperación es una habilidad activa. Y no todas las estrategias de recuperación son iguales. La recuperación pasiva (televisión y cerveza) no funciona.[6] La recuperación activa es la atención plena, las saunas, los estiramientos, los baños de sales de Epsom, los masajes, los baños de hielo, etc.

Y la recuperación activa requiere esfuerzo.

Después de un día duro, hasta encontrar la energía que se necesita para darse un baño puede parecer una tarea hercúlea. Pues bien, Hércules, arriba, porque no hay más remedio.

Si lo que te interesa es atravesar el ciclo de *flow* lo más rápido posible (para poder volver a entrar en ese estado) entonces tienes que ponerte serio con la recuperación. Si no rellenas los depósitos en esta etapa, nunca estarás listo para lo que viene después: la dura lucha del combate. Y si no puedes levantarte para la lucha, no podrás volver a fluir.

Por último, aprende a utilizar tu fase de recuperación.

En el *flow*, con el reconocimiento de patrones, todas las ideas parecen grandes ideas. En la recuperación, cuando la neuroquímica del bienestar desaparece y el crítico interior vuelve a estar en línea, nos encontramos en el marco mental perfecto para examinar esas posibles grandes ideas.

Pero no exageres.

En mi caso, si he entrado en *flow* mientras escribía, pasaré por un protocolo de recuperación activa esa noche, y luego revisaré mi trabajo a la mañana siguiente. Todavía estaré en modo de recuperación, así que no intentaré resolver ninguno de los problemas que descubra. En lugar de eso, simplemente tomaré nota para volver a revisarlos durante mi próxima etapa de lucha y luego volveré a relajarme. Sin la neuroquímica que matiza mis opiniones, si me sigue gustando mi trabajo, significará que el trabajo merece la pena.

Y cuando los tanques de recuperación se llenen, pasarás a la lucha, y comenzarás el ciclo de nuevo.

23

Ahora, todo a la vez

A lo largo de este libro, hemos explorado un número considerable de consejos, técnicas, tácticas y estrategias de alto rendimiento. En este último capítulo, quiero ofrecerte un marco para unir todas estas ideas. Se trata de una metaestrategia para lograr un rendimiento máximo constante. En términos más sencillos: lo imposible es una lista de tareas. Este capítulo va sobre todos los elementos que deben figurar en esa lista de tareas.

Vamos a enfocar esto de dos maneras. Primero, vamos a hablar del orden. Luego vamos a examinar la programación.

Empecemos por el orden.

Debido a la naturaleza de la motivación intrínseca, tienes que empezar la búsqueda del máximo rendimiento donde empezó este libro: con curiosidad, pasión y propósito. Y, si realmente sigues los pasos de la receta de la pasión y no intentas apresurar el proceso, te darás cuenta de que puede llevar un tiempo.

Hay que seguir jugando con las intersecciones de las cosas que te interesan durante el tiempo suficiente para averiguar si una determinada intersección es realmente lo suficientemente interesante como para mantener tu atención a largo plazo. Recuerda que no quieres pasarte dos años «persiguiendo tu pasión» para descubrir que sólo fue una etapa. ¿Cómo se sabe que una intersección es perfecta? Bueno, si cada vez que la exploras encuentras que la curiosidad aumenta y tú mismo te deslizas hacia el *flow*, es una buena señal de que estás exactamente donde necesitas estar. ¿Cuánto tiempo pasas al día jugando con esas intersecciones? Una hora está muy bien, pero entre veinte y treinta minutos suelen ser suficientes. Aprende algo interesante sobre algo que te interese, deja que el sistema de reconocimiento de patrones del cerebro lo mastique durante un rato y luego añade más información. Esto no sólo permite alinear la curiosidad, la pasión y el propósito, sino que también añade el siguiente motivador, la autonomía. Si estás jugando con tus curiosidades, pasiones y propósitos, por definición estás haciendo exactamente lo que quieres hacer. Por último, como estás aprendiendo un poco más cada día, estás también entrenándote para recorrer el camino de la maestría.

A continuación, la capa de objetivos.

Comienza con tu propósito masivamente transformador, la declaración de la misión de tu vida. A continuación, convierte esa declaración en una serie fragmentada de objetivos elevados y difíciles, o en todos los pasos necesarios para lograr ese PMM. Ahora, reduce esos objetivos elevados y difíciles a objetivos claros, tu plan de ataque diario, un conjunto de objetivos pequeños y precisos que se sitúen dentro del punto dulce entre tus habilidades y tus desafíos.

Estos son los elementos de una posible lista de tareas: Crear las diez primeras diapositivas de una presentación de PowerPoint. Mantener una conversación con un proveedor. Escribir 500 palabras para el boletín de la empresa. Tareas sencillas. Elementos de una lista de tareas.

Además, recuerda calcular cuántos objetivos claros puedes cumplir en un día, y luego cumplir ese número de objetivos todos los días. Si lo pones en la lista estás dando tu palabra. Cuando el reto resulte ser mucho más difícil de lo esperado, táchalo de la lista o redúcelo a una tarea más pequeña. Realiza esa tarea más pequeña y luego pasa el resto a la lista de tareas de mañana.

Si logras todo lo que hay en la lista de objetivos de hoy, significa que estás un paso más cerca de tus objetivos elevados y difíciles, lo que significa que estás realizando tu misión, lo que significa que tus impulsores intrínsecos están haciendo su trabajo. Si tachas un elemento de la lista, obtienes un poco de dopamina; si tachas otro elemento, obtienes un poco más de dopamina. Una pequeña victoria a la vez, así es como funciona. Apilando pequeñas victorias sobre pequeñas victorias (especialmente si algunas de ellas producen *flow*) es como se gana impulso.

Y esto es todo en lo que respecta al orden.

Cuando los impulsores intrínsecos están alineados y los objetivos están apilados, todo lo demás consiste en programar. Es decir, todo lo que tienes que hacer es añadir una actividad a tu lista de tareas diaria.

En total, hay siete prácticas diarias y seis prácticas semanales que no son negociables. Si quieres mantener un rendimiento máximo durante el tiempo suficiente para lograr lo imposible, sea lo que sea para ti, vas a tener que incluir estos elementos en tu agenda.

Pero esto no lo tienes que hacer de golpe. Empieza por el principio. Añade lo que puedas ahora mismo y, a medida que estas prácticas empiecen a mejorar tu rendimiento, acabarán ahorrándote tiempo. Ahora que tienes un poco más de tiempo libre, añade algunas de estas actividades.

Una cosa a tener en cuenta: los dos mayores problemas de esta lista son la necesidad de empezar el primer día con 90 a 120 minutos de concentración ininterrumpida dedicados a la tarea más difícil y la necesidad, al menos una vez a la semana, de dedicar de dos a seis horas a la actividad de mayor *flow*. Si no puede dedicar tanto tiempo al principio, haz menos. Empieza con 20 minutos de concentración diaria ininterrumpida y 40 minutos de actividades de alto *flow* a la semana. Empieza con 10 y 20. Luego, cuando estas prácticas den sus frutos, reinvierte el tiempo extra en tu agenda.

Aquí está la lista completa:

A DIARIO

- De 90 a 120 minutos de concentración ininterrumpida. Dedica este tiempo a tu tarea más importante, la que producirá la mayor victoria, la que, una vez completada, te hará sentir que has aprovechado bien el día. Además, intenta aplicar una nueva habilidad dentro de este bloque de 90 a 120 minutos (lo que te permitirá el entrenamiento de esa habilidad a tu actividad diaria). Y asegúrate de darlo todo durante esa actividad, para que estés un poco fuera de tu zona de confort y siempre dentro del punto dulce de las habilidades de desafío. Con el tiempo, esta presión constante sobre ti mismo y tus habilidades dará como resultado una cantidad asombrosa de agallas y, aún mejor, el hábito de la ferocidad.

- Cinco minutos para gestionar las distracciones. Coloca estos minutos al final de tu jornada laboral para preparar el período de concentración ininterrumpida del día siguiente. Apaga todo lo que te desconcentre habitualmente: mensajes, alertas, correo electrónico, redes sociales, timbres del móvil, etc.

- Cinco minutos para hacer una lista de objetivos claros —también suele ser al final de la jornada laboral para preparar el periodo de concentración ininterrumpida del día siguiente—. Recuerda, ordena las tareas de la más difícil (y más gratificante) a la menos. Además, no pongas sólo «tareas de trabajo» en tu lista de objetivos claros. Anota en tu lista todo lo que quieras hacer en un día, incluyendo cosas como los entrenamientos y los periodos de recuperación activa (es decir, «ir al gimnasio», «darse un baño caliente» o «practicar mindfulness durante veinte minutos»). Por último, tacha siempre todos los elementos de la lista. Esta es la única regla que no puedes saltarte. Si está en la lista, tienes que realizar esa tarea durante el día. La única excepción son esas raras ocasiones en las que no has alcanzado el punto óptimo de las habilidades de desafío y la tarea que intentas hacer es demasiado difícil. Entonces, reduce la tarea, haz lo que puedas hoy y pasa el resto a la lista de mañana.

• Cinco minutos para una práctica diaria de gratitud.

• Veinte minutos para la liberación y/o veinte minutos para la atención plena. Se puede dedicar más tiempo, pero este parece ser el tiempo mínimo necesario para empezar a obtener resultados. Recuerda precargar la fase de liberación con el método MacGyver, para que tu cerebro pueda resolver el problema mientras tú te tomas un descanso de la resolución de problemas.

• Veinticinco minutos para cargar el sistema de reconocimiento de patrones (lectura fuera de tu área de trabajo). Recuerda que los libros son la mejor forma de obtener el retorno de la inversión de la lectura. Si estás tratando de dominar una habilidad en lugar de aprender nueva información, estos veinticinco minutos también se pueden emplear en el 80/20 de esa habilidad. Además, esos veinticinco minutos son una estimación. El objetivo es leer un mínimo de veinticinco páginas.

• De siete a ocho horas de sueño por noche.

CADA SEMANA

• De dos a seis horas, una o dos veces a la semana: actividad de alto *flow* (esquiar, bailar, cantar, lo que sea). Estas son las actividades que no consideramos importantes y siempre dejamos para el final. Pero cuanto más fluyes, más fluyes. Es una habilidad de concentración. Así que cuando más tiempo dediques a una actividad que prácticamente garantice la producción de *flow* te ayudará a maximizar el *flow* en actividades que no son tan fluidas. Durante esta actividad, intenta desplegar todos los desencadenantes de *flow* que puedas. Siempre hay que insistir en el punto dulce entre las habilidades y los desafíos. Sé creativo. Asume riesgos. Busca la novedad, la complejidad y la imprevisibilidad. Además, intenta aprovechar estas sesiones para entrenar tu valentía y utilizar uno o varios de tus puntos fuertes de una forma nueva.

- 60 minutos, tres veces por semana: ejercicio regular. Asegúrate de esforzarte durante estas sesiones. Se aplican las mismas reglas del equilibrio entre retos y habilidades. Si te encuentras fuera de tu zona de confort, el ejercicio es una forma estupenda de entrenar las agallas al tiempo que restableces el sistema nervioso. Además, por razones que tienen que ver con el impacto del ejercicio en la función cerebral, procura hacer ejercicios que supongan un reto cognitivo, es decir, corre al aire libre por un sendero (para que el cerebro tenga que encontrar la ruta y hacer mapas espaciales, etc.) en lugar de hacerlo en una cinta de correr.

- De 20 a 40 minutos, tres veces por semana: recuperación activa (sauna, masaje, sesión larga de mindfulness, yoga ligero, etc.).

- De 30 a 60 minutos, una vez a la semana: entrena una debilidad y/o intenta ser el mejor en algo cuando estás en tu peor momento y/o practica la asunción de riesgos.

- De 30 a 60 minutos, una vez a la semana: recibe información sobre el trabajo que has realizado durante esos períodos de 90 a 120 minutos de concentración ininterrumpida.

- 120 minutos a la semana: apoyo social. Dedica tiempo a otras personas, especialmente si eres introvertido. Tener personas cariñosas y comprensivas en nuestras vidas y ser comprensivos con nosotros mismos nos ayuda a mantenernos tranquilos y felices, pero también nos ayuda a estar psicológicamente preparados para atacar el punto dulce de las habilidades de desafío. Además, nos permite practicar nuestras habilidades de inteligencia emocional.

PRÁCTICAS DE APILAMIENTO

• Utiliza tus sesiones de ejercicio de tres veces a la semana para entrenar la firmeza de carácter. Es un momento perfecto para trabajar la perseverancia, pero siempre puedes utilizar esta sesión para entrenar una debilidad y, si te agotas durante el entrenamiento y todavía quieres dar un poco más, también puedes entrenar la valentía para ser el mejor cuando estás en tu peor momento.

• Utiliza alguno de tus periodos de recuperación activa (como la sauna y el baño) para practicar también la atención plena y/o para cargar el sistema de reconocimiento de patrones. Cuando cargues el sistema de reconocimiento de patrones, intenta que los libros sean tu principal fuente de información, ya que no puedes igualar su densidad de datos con ningún otro material.

• Utiliza el método MacGyver antes de entrar en tu práctica de liberación. Así, la práctica cumple una doble función.

• Mientras sigues trabajando en la receta de la pasión, aprovecha la necesidad de jugar en las intersecciones de tus curiosidades para cargar el sistema de reconocimiento de patrones con la información que necesita para encontrar conexiones entre las ideas.

• Incorpora siempre activadores de *flow* a cada actividad. Haz de la novedad, la complejidad y la imprevisibilidad tus mejores amigos. Asegúrate de que los elementos de tu lista de objetivos claros se encuentran en el punto óptimo de las habilidades de desafío. Encuentra un compañero con quien comentar tus progresos. Practica la asunción de riesgos. Repite.

• Cuando dediques 120 minutos semanales al apoyo social, aprovecha este periodo para entrenar la Inteligencia Emocional y practicar con los desencadenantes del *flow* grupal.

• La creatividad y la búsqueda de la maestría deben estar integradas en todo lo que hagas.

Y ahora que sabes el secreto, bastante decepcionante, ¿verdad? Y ese es el verdadero problema. Ninguna de estas actuaciones es especialmente atractiva. No hay ninguna pieza de tecnología ingeniosa con la que jugar o una sustancia inusual que ingerir. Son sólo elementos de una lista de tareas. Y, lo que es peor, el progreso suele ser invisible. El rendimiento máximo funciona como el interés compuesto. Un poco hoy, un poco mañana, haciéndolo durante semanas, meses y años, y el resultado no sólo será una vida que supere tus expectativas, sino que superará tu imaginación.

Lo más importante es que creo que toda la información contenida en este manual supone una gran, aunque terrible, carga para cada uno de nosotros. Piénsalo: ¿Qué retos imposibles abordarías si supieras que puedes ser un 500% más productivo? ¿Y si pudieras ser un 600% más creativo? ¿Y si pudieras reducir el tiempo de aprendizaje a la mitad? Eso es exactamente lo que las herramientas y las técnicas de este libro pueden proporcionarte, lo que significa que es exactamente lo que está disponible para todos y cada uno de nosotros. ¿Qué vas a hacer con esta información? Bueno, eso depende totalmente de ti.

¡Así que a por ello!

Epílogo

A estas alturas, ya entiendes los fundamentos del máximo rendimiento. El siguiente paso es aprovechar esos fundamentos y unirlos en pos de objetivos imposiblemente grandes. ¿Cómo hacerlo?

Poniéndote a trabajar.

El plan que se expone en este libro contiene todo lo que necesitas para hacer añicos tus limitaciones, superar tus expectativas y convertir tus sueños más salvajes en logros reales. Pero si estás interesado en pisar el acelerador, vale la pena explorar el entrenamiento de máximo rendimiento insignia del Flow Research Collective.

Construido en base a más de veinte años de investigación sobre el *flow*, *Zero-to-Dangerous* es tan bueno, tan atómico, que, en serio, debería ser ilegal. Pero como no lo es, ya que de alguna manera está bien que alguien te ofrezca la vía rápida a la excelencia, el mejor entrenamiento de rendimiento máximo basado en la ciencia en la larga historia del universo conocido, déjame contarte un poco más.

Zero-to-Dangerous está construido en torno a tres elementos fundamentales. En primer lugar, hay un coaching individual con un psicólogo o neurocientífico del Flow Research Collective. A continuación, hay un programa paso a paso que ofrece todas las herramientas y técnicas de máximo rendimiento que necesitarás para lograr objetivos elevados y difíciles. Por último, obtienes acceso de por vida a las llamadas semanales de coaching grupal, facilitadas por nuestro equipo de psicólogos y neurocientíficos, y a las que asiste el

298 • EL ARTE DE LO IMPOSIBLE

increíble grupo de personas de máximo rendimiento que conforman el colectivo.

Si estás interesado en inscribirte en *Zero-to-Dangerous*, por favor ve a zerotodangerous.com/impossible. Te apuntarás para programar una reunión rápida con un miembro de mi equipo.

Por último, una pequeña bonificación.

El Flow Research Collective ha identificado diez obstáculos para alcanzar el máximo rendimiento. Son los puntos problemáticos con los que la mayoría de nosotros tropezamos. Los llamamos los «bloqueadores del *flow*». Para ayudarte a descubrir lo que se interpone en tu camino y superar el problema, hemos creado un test gratuito. Puedes encontrarlo aquí: flowresearchcollective.com/flowblocker (en inglés).

SK

Agradecimientos

La lista de personas que han colaborado en este libro es increíblemente larga. Sin el amor y el apoyo de mi maravillosa esposa, Joy Nicholson, y de todos nuestros perros, pasados y presentes, este libro nunca se habría realizado. También estoy en deuda con mis padres, Norma y Harvey Kotler. Sin su ayuda, nunca habría iniciado este viaje ni me habría acercado a donde he llegado. Mi gran amigo y editor desde hace mucho tiempo, Michael Wharton, desempeñó un gran papel tanto consiguiendo que escribiera este libro como ayudando a dar forma a gran parte del producto final. Rian Doris, como siempre, ha sido una fuerza de la naturaleza. Paul Bresnick, mi viejo agente y amigo, gracias de nuevo, sigue nadando. Peter Diamandis, ha sido un largo viaje, hermano, y he amado cada minuto. Joshua Lauber, como siempre. Karen Rinaldi, mi editora en Harper Wave, ha sido, una vez más, increíble. También, el gran grupo de personas de Harper Wave que ayudaron a hacer realidad este libro: se os aprecia profundamente. Y sin Ryan Wickes persiguiendo las cimas, nunca habría mantenido la cordura en el camino.

Mi increíble equipo en el Flow Research Collective merece un agradecimiento enorme, pero especialmente Conor Murphy, que siempre me hizo reír y me obligó a pensar profundamente en el camino, y Scott Barry Kaufman, que me prestó su enorme corazón y su enorme cerebro en las conversaciones sin fin sobre el *flow*. Heidi Williams también merece una mención honorífica por su heroica batalla con las notas finales. Además, Clare Sarah, Brent Hogarth, Sarah Sarkis, Chris

Bertram, Michael Mannino, Otto Kumbar, Will Kliedon, Troy Erstling, Jeremy Jensen, Scott Gies y Anne Valentino. Muchos de los científicos y/o artistas de alto rendimiento cuyas ideas llenan estas páginas han sido amigos de toda la vida, compañeros de aventuras y asesores fundamentales en mi investigación. Muchas gracias a: Andrew Newberg; Michael Gervais; David Eagleman; Adam Gazzaley; Mark Twight; Paul Zak; Kristin Ulmer; Keoki Flagg; Andrew Huberman; Laird Hamilton; JT Holmes; Jeremy Jones; Glen Plake; Ned Hallowell; Jason Silva; John Kounios; Ray Kurzweil; Salim Ismail; Andy Walshe; Glenn Fox; Andrew Hessel; Mendel Kaleem; Miles Daisher; Gretchen Bleiler; Jimmy Chin; Dirk Collins; Micah Abrams; Danny Way; Leslie Sherlin; Mike Horn; Robert Suarez; Mihaly Csikszentmihalyi; Gregory Berns; Patricia Wright; Arne Dietrich; Burk Sharpless; Don Moxley; Doug Stoup; Doug Ammons; Nichol Bradford; Chase Jarvis; Christopher Voss; Jeffery Martin; Sir Ken Robinson; Josh Waitzkin; Tim Ferriss; Judson Brewer; Lee Zlotoff; Susan Jackson; Gary Latham; Keith Sawyer; Christopher Jerard y todo el equipo de Inkwell; Jessica Flack y David Krakauer y todos los asistentes a las siempre alocadas y brillantes conferencias sobre el rendimiento máximo del Santa Fe Institute; todos nuestros socios de investigación en el Center for the Edge de Deloitte, la USC, Stanford, la UCLA y el Imperial College; y todos los increíbles hombres y mujeres valientes de las fuerzas especiales y la comunidad militar que compartieron sus historias, lecciones y vidas conmigo, especialmente Rich Diviney, Brian Ferguson y Joe «It Is The Prophecy» Augustine.

Un profundo agradecimiento a los difuntos John Barth, Joe Lefler, Dean Potter y Shane McConkey. Sigo echándoles de menos, señores, sigo estando agradecido. También hay un puñado de investigadores del cerebro/*flow*/rendimiento máximo a los que sólo conozco un poco o a los que aún no he conocido, pero cuyo trabajo ha proporcionado mucha información a este libro. Hay que dar las gracias especialmente al difunto Jaak Panksepp, y a los vivos: Angela Duckworth, K. Anders

Ericsson, Michael Posner, Brian Mackenzie, Falko Rheinberg, Stefan Engeser, Corinna Peifer, Frederik Ullen, Orjan de Manzano, Giovanni Moneta, Johannes Keller, Martin Ulrich, Ritchie Davidson, Daniel Goleman, Allen Braun y Charles Limb.

Notas

Introducción: Una fórmula para lo imposible

1. Jeremy Jones, entrevista con el autor, 2012.

2. Matt Warshaw, *The Encyclopedia of Surfing* (San Diego: Harcourt, 2005), 79.

3. Susan Casey, *The Wave* (Farmington Hills, MI: Gale, 2011), 14.

4. Outside TV hizo un pequeño y estupendo documental sobre el surf en olas de 30 metros en Nazaré, en Portugal. Ver «The 100 Foot Waves of Nazare», Outside TV, 16 de junio de 2016, https://www.youtube.com/watch?v=vDzXerJkBwY

5. Thomas Pynchon, *Gravity's Rainbow* (Nueva York: Vintage, 2013), 735. (*El arco iris de la gravedad*, Tusquets, Barcelona 2021).

6. Steven Kotler, *Tomorrowland: Our Journey from Science Fiction to Science Fact* (Nueva York: New Harvest, 2015).

7. Peter Diamandis y Steven Kotler, *Bold: How to Go Big, Create Wealth, and Impact the World* (Nueva York: Simon & Schuster, 2015).

8. Steven Kotler y Peter Diamandis, *Abundance: The Future Is Better Than You Think* (Nueva York: Free Press, 2012). (*Abundancia. El futuro es mejor de lo que piensas*, Antoni Bosch, Barcelona 2013).

9. Flow Research Collective (sitio web), www.flowresearchcollective.com

10. Mihaly Csikszentmihalyi, *Flow: The Psychology of Optimal Experience* (Nueva York: HarperPerennial, 2008), 4-5. (*Fluir: Una psicología de la felicidad*, Kairós, Barcelona 1997).

11. Para un desglose completo sobre el impacto del *flow* en el rendimiento, véase Steven Kotler, *The Rise of Superman: Decoding the Science of Ultimate Human Performance* (Nueva York: New Harvest, 2014).

12. James Carse, *Finite and Infinite Games* (Nueva York: Free Press, 1986). (*Juegos finitos y juegos infinitos*, Sirio, Málaga 2000).

13. William James, «Energies of Man», *Journal of Philosophical Review* (1907), 15.

14. Chuck Barris, Charlie Kaufman, *Confesiones de una mente peligrosa* (Miramax, 2002).

Parte I: La motivación

1. William James, *The Will to Believe* (Mineola, NY: Dover, 2015), 61. (*La voluntad de creer*, Marbot, Barcelona 2009).

1: La motivación, explicada

1. Celeste Kidd y Benjamin Y. Hayden, «The Psychology and Neuroscience of Curiosity», *Neuron* 88, n.º 3 (2015): 449-460; véase también George Loewenstein, «The Psychology of Curiosity», *Psychological Bulletin 116*, n.º 1 (1994): 75-98.

2. Lao Tzu, *Tao Te Ching* (Nueva York: HarperPerennial, 1992), 38. (*Tao Te Ching*, Alianza, Madrid 2022).

3. Edward Deci y Richard Ryan, «Self-Determination Theory and the Facilitation of Intrinsic Motivation, Social Development and Well-Being», *American Psychologist* 55, n.º 1 (enero de 2000): 68-78; véase también Daniel H. Pink, *Drive: The Surprising Truth About What Motivates Us* (Nueva York: Riverhead, 2009). (*La sorprendente verdad sobre qué nos motiva*, Gestión 2000, Madrid 2010).

4. D. Kahneman y A. Deaton, «High Income Improves Evaluation of Life but Not Emotional Well-Being», *Proceedings of the National Academy of Sciences* 107, n.º 38 (2010): 16489-16493.

5. Para un desglose exhaustivo de la neurobiología de la señalización química y eléctrica, véase Marie T. Banich y Rebecca J. Compton, *Cognitive Neuroscience* (Nueva York: Cambridge, 2018).

6. Ibíd.

7. David R. Euston, Aaron J. Gruber y Bruce L. McNaughton, «The Role of Medial Prefrontal Cortex in Memory and Decision Making», *Neuron* 76, n.º 6 (2012): 1057-1070.

8. Para un análisis exhaustivo de las redes, véase György Buzsáki. *Rhythms of the Brain* (Nueva York: Oxford University Press, 2011).

9. Jaak Panksepp, *Affective Neuroscience: The Foundations of Human and Animal Emotions* (Nueva York: Oxford University Press, 1998).

10. Hay un gran trabajo sobre la evolución de la moralidad a partir del comportamiento lúdico. Véase Steven Kotler, *A Small Furry Prayer: Dog Rescue and the Meaning of Life* (Nueva York: Bloomsbury, 2010), y Marc Bekoff, *The Emotional Lives of Animals* (Novato, CA: New World Library, 2007), 85-109.

11. Para la dopamina, véase Oscar Arias-Carrión, Maria Stamelou, Eric Murillo-Rodríguez, Manuel Menéndez-González y Ernst Pöppel, «Sistema de recompensa dopaminérgico: Una breve reseña integradora», *Archivos Internacionales de Medicina* 3, n.º 1 (2010), 24; véase también Daniel Z. Lieberman y Michael E. Long, *La molécula del más: Cómo una sola sustancia química en tu cerebro impulsa el amor, el sexo y la creatividad, y determinará el destino de la raza humana* (Dallas: BenBella, 2019). (*Dopamina: Cómo una molécula condiciona de quién nos enamoramos, con quién nos acostamos, a quién votamos y qué nos depara el futuro*, Península, Barcelona 2021).

12. Para la oxitocina, véase Paul Zak, *The Moral Molecule* (Nueva York: Penguin, 2012). (*La molécula de la felicidad*, Indicios, Barcelona 2012).

13. Helen Fisher, *Why We Love: The Nature and Chemistry of Romantic Love* (Nueva York: Owl Books, 2004), 55-98 (*Por qué amamos*, Taurus, Madrid 2004); véase también Adrian Fischer y Markus Ullsperger, «An Update on the Role of Serotonin and Its Interplay with Dopamine for Reward», *Frontiers in Human Neuroscience* (11 de octubre de 2017), https://www.frontiersin.org/articles/10.3389/fnhum.2017.00484/full

14. Helen Fisher, 55-98.

15. Jaak Panksepp, «Affective Neuroscience of the Emotional BrainMind: Evolutionary Perspectives and Implications for Understanding Depression», *Dialogues in Clinical Neuroscience* 12, n.º 4 (diciembre de 2010): 533-545; para la oxitocina y el juego, véase Sarah F. Brosnan et al., «Urinary Oxytocin in Capuchin Monkeys: Validation and the Influence of Social Behavior», *American Journal of Primatology* 80, n.º 10 (2018); sobre la dopamina y el juego, véase Louk J. M. J. Vanderschuren, E. J. Marijke Achterberg y Viviana Trezza, «The Neurobiology of Social Play and Its Rewarding Value in Rats», *Neuroscience and Biobehavioral Reviews* 70 (2016): 86-105.

16. Steven Kotler, *The Rise of Superman* (Nueva York: New Harvest, 2014), 86; entrevistas del autor con Shane McConkey, 1996, 1997, 1998; Steve Winter, *AI*, 26 de mayo de 2011. Una versión de esta cita y un gran artículo sobre la importancia de McConkey para los deportes de acción y aventura aparecen en Rob Story, «Skiing Will Never Be the Same: The Life and Death of Shane McConkey», *Skiing*, agosto de 2009.

17. Kidd y Hayden, «The Psychology and Neuroscience of Curiosity», 449-460.

18. Adriana Kraig et al., «Social Purpose Increases Direct-to-Borrower Microfinance Investments by Reducing Physiologic Arousal», *Journal of Neuroscience, Psychology, and Economics* 11, n.º 2 (2018): 116-126.

2: La receta de la pasión

1. Timothy J. Smoker, Carrie E. Murphy y Alison K. Rockwell, «Comparing Memory for Handwriting versus Typing», *Proceedings of the Human Factors and Ergonomics Society Annual Meeting* 53, n.º 22 (2009): 1744-1747.

2. Para más información sobre el reconocimiento de patrones y la dopamina, véase Andrei T. Popescu, Michael R. Zhou y Mu-Ming Poo, «Phasic Dopamine Release in the Medial Prefrontal Cortex Enhances Stimulus Discrimination», *Proceedings of the National Academy of Sciences* 113, n.º 22 (2016); para más información sobre la atención y la dopamina, véase A. Nieoullon, «Dopamine and the Regulation of Cognition and Attention», *Progress in Neurobiology* 67, n.º 1 (2002): 53-83; para más información sobre la relación señal-ruido y la dopamina, véase Caitlin M. Vander Weele, Cody A. Siciliano, Gillian A. Matthews, Praneeth Namburi, Ehsan M. Izadmehr, Isabella C. Espinel, Edward H. Nieh y otros, «Dopamine Enhances Signal-to-Noise Ratio in Cortical-Brainstem Encoding of Aversive Stimuli» (La dopamina mejora la relación señal-ruido en la codificación cortical del tronco cerebral de los estímulos aversivos), *Nature* 563, n.º 7731 (2018): 397-401.

3. Oscar Arias-Carrión, Maria Stamelou, Eric Murillo-Rodríguez, Manuel Menéndez-González y Ernst Pöppel, «Dopaminergic Reward System: A Short Integrative Review», *International Archives of Medicine* 3, n.º 1 (2010): 24, https://doi.org/10.1186/1755-7682-3-24

4. Eric Nestler, «The Neurobiology of Cocaine Addiction» (La neurobiología de la adicción a la cocaína), *Science & Practice Perspectives* 3, n.º 1 (2005): 4-10, https://doi.org/10.1151/spp05314

5. M. Victoria Puig, Jonas Rose, Robert Schmidt y Nadja Freund, «Dopamine Modulation of Learning and Memory in the Prefrontal Cortex: Insights from Studies in Primates, Rodents, and Birds», *Frontiers in Neural Circuits* 8 (2014); para un breve resumen de la memoria, el aprendizaje y los neurotransmisores, véase S. Ackerman, «Learning, Recalling, and Thinking», cap. 8 en Discovering the Brain (Washington DC: National Academies Press, 1992), https://www. ncbi.nlm.nih.gov/books/NBK234153/

6. Wendy Wood y Dennis Rünger, «Psychology of the Habit», *Annual Review of Psychology* 67, n.º 1 (2016), 289-314.

7. Para una gran visión general sobre la incubación creativa, véase Keith Sawyer, «Enhancing Creative Incubation», *Psychology Today*, 19 de abril de 2013, https://www.psychologytoday.com/us/blog/zig-zag/201304/enhancing-creative-incubation para más investigaciones sobre la incubación, véase Simone M. Ritter y Ap Dijksterhuis, «Creativity-the Unconscious Foundations of the Incubation Period», *Frontiers in Human Neuroscience* 8 (2014).

8. Para más información sobre el reconocimiento de patrones, véase Arkady Konovalov e Ian Krajbich, «Neurocomputational Dynamics of Sequence Learning», *Neuron* 98, n.º 6 (2018): 13; y Allan M. Collins y Elizabeth F. Loftus, «A Spreading-Activation Theory of Semantic Processing», *Psychological Review* 82, n.º 6 (1975): 407-428.

9. Susanne Vogel y Lars Schwabe, «Learning and Memory Under Stress», *Science of Learning* 1, n.º 16011 (2016), https://doi.org/10.1038/ npjscilearn.2016.11

10. Para un estudio sobre las respuestas de los lectores a los límites de los eventos en las historias, véase Cody C. Delistraty, «The Psychological Comforts of Storytelling», *Atlantic*, 2 de noviembre de 2014, https://www.theatlantic. com/health/archive/2014/11/the-psychological-comforts-of-storytelling/381964/ Nicole K.Speer, Jeffrey M. Zacks y Jeremy R. Reynolds, "Human Brain Activity Time-Locked to Narrative Event Boundaries", *Psychological Science* 18, n.º 5 (2007): 449-455.

11. Signos tempranos de inferencia de causa y efecto en bebés y niños: David M. Sobel y Natasha Z. Kirkham, «Blickets and Babies: The Development of Causal Reasoning in Toddlers and Infants», *Developmental Psychology* 42, n.º 6 (2006): 1103-1115.

12. Sören Krach, Frieder M. Paulus, Maren Bodden y Tilo Kircher, «The Rewarding Nature of Social Interactions», *Frontiers in Behavioral Neuroscience* (2010), https://doi.org/10.3389/fnbeh.2010.00022 véase también R. M. Jones, L. H. Somerville, J. Li, E. J. Ruberry, V. Libby, G. Glover, H. U. Voss, D. J. Ballon y B. J. Casey, «Behavioral and Neural Properties of Social Reinforcement Learning», *Journal of Neuroscience* 31, n.º 37 (2011): 13039-13045.

13. Krach et al.

14. Edward Deci y Richard Ryan, *Intrinsic Motivation and Self-Determination in Human Behavior* (Nueva York: Plenum Press, 1985).

15. Para la amígdala, véase Richard Davidson et al., «Purpose in Life Predicts Better Emotional Recovery from Negative Stimuli», *PLoS One* 8, n.º 11 (2013): e80329; para la corteza insular y la corteza temporal medial, véase Gary Lewis et al., «Neural Correlates of the "Good Life"», *Social Cognitive and Affective Neuroscience* 9, n.º 5 (9 de mayo de 2014): 615-618.

16. Adam Kaplin y Laura Anzaldi, «New Movement in Neuroscience: A Purpose-Driven Life», *Cerebrum* (mayo-junio de 2015): 7.

17. Davidson et al., «Purpose in Life Predicts Better Emotional Recovery from Negative Stimuli»; para la productividad, véase Morten Hansen, «Find Success In Your Career By Learning How to Match Your Passion With Your Purpose», Morten Hansen (sitio web), 27 de abril de 2018, https://www.mortenhansen.com/find-success-in-your-career-by-learning-how-to-match-your-passion-with-your-purpose/

18. Keisuke Takano y Yoshihiko Tanno, «Self-Rumination, Self-Reflection, and Depression: Self-Rumination Counteracts the Adaptive Effect of Self-Reflection», *Behavior Research and Therapy* 47, n.º 3 (2009): 260-64.

19. Steven Kotler y Peter Diamandis, *Bold: How to Go Big, Create Wealth, and Impact the World* (Nueva York: Simon & Schuster, 2015).

20. La frase «Propósito masivamente transformador» fue acuñada por Salim Ismail, que luego exploró a fondo en su excelente libro *Exponential Organizations* (Nueva York: Diversion Books, 2014), (*Organizaciones Exponenciales,* Bubok Publishing, Madrid 2016).

21. Tim Ferriss, entrevista con el autor, 2015.

3: Llenar el almacén intrínseco

1. Para un breve resumen de la historia de Ryan y Deci, véase Delia O'Hara, «The Intrinsic Motivation of Richard Ryan and Edward Deci», American Psychological Association, 18 de diciembre de 2017, https://www.apa.org/members/content/intrinsic-motivation/

2. Dan N. Stone, Edward L. Deci y Richard M. Ryan, «Beyond Talk: Creating Autonomous Motivation Through Self-Determination Theory», *Journal of General Management* 34, n.º 3 (2009): 75-91.

3. Ibíd.

4. Véase la entrevista de Mashable con Eric Schmidt: Petrana Radulovic, «How the "20% time rule" Led to Google's Most Innovative Products», *Mashable*, 11 de mayo de 2018, https://mashable.com/2018/05/11/google-20-percent-rule/

5. Kaomi Goetz, «How 3M Gave Everyone Days Off and Created an Innovation Dynamo», *Fast Company*, 9 de julio de 2018.

6. Ryan Tate, «Google Couldn't Kill 20 Percent Time Even If They Wanted To», *Wired*, 21 de agosto de 2013, https://www.wired.com/2013/08/20-percent-time-will-never-die/

7. Kacy Burdette, «Patagonia», *Fortune*, 14 de febrero de 2019, https://fortune.com/best-companies/2019/patagonia/

8. Yvon Chouinard, *Let My People Go Surfing* (Nueva York: Penguin, 2016).

9. «How Much Sleep Do I Need? Sleep and Sleep Disorders», Centers for Disease Control and Prevention, 2 de marzo de 2017, https://www.cdc.gov/sleep/about_sleep/how_much_sleep.html

10. June J. Pilcher y Allen I. Huffcutt, «Effects of Sleep Deprivation on Performance: A Meta-analysis», *Sleep* 19, n.º 4 (1996): 318-326.

11. Laura Mandolesi et al., «Effects of Physical Exercise on Cognitive Functioning and Wellbeing», *Frontiers of Psychology* (27 de abril de 2018); véase también «Stress and Exercise», American Psychological Association, 2014, https://www.apa.org/news/press/releases/stress/2013/exercise

12. Para las endorfinas, véase Hannah Steinberg y Elizabeth Sykes, «Introduction to Symposium on Endorphins and Behavioral Processes: Review of Literature on Endorphins and Exercise», *Pharmacology Biochemistry and Behavior* 5, n.º 23 (noviembre de 1985): 857-862; para la anandamida, véase

Arne Dietrich y William F. Mcdaniel, «Endocannabinoids and Exercise», *British Journal of Sports Medicine* 38, n.º 5 (2004): 536-541.

13. David C. McClelland, John W. Atkinson, Russell A. Clark y Edgar L. Lowell, *The Achievement Motive* (Nueva York: Appleton-Century-Crofts, 1953), 195.

14. Gregory Berns, *Satisfaction: Sensation Seeking, Novelty, and the Science of Seeking True Fulfillment* (Nueva York: Henry Holt, 2005), 3-5; véase también Gregory Berns, *Iconoclast: A Neuroscientist Reveals How to Think Differently* (Cambridge, MA: Harvard Business Press, 2008), 44-45.

15. Daniel H. Pink, *Drive: The Surprising Truth About What Motivates Us* (Nueva York: Riverhead, 2009). (*La sorprendente verdad sobre qué nos motiva*, Gestión 2000, Madrid 2010.)

16. Para un relato completo de la vida de Csikszentmihalyi, véase Steven Kotler, *The Rise of Superman* (Nueva York: New Harvest, 2014), 17-22; véase también su charla TED: Mihaly Csikszentmihalyi, «Flow, the Secret to Happiness», filmada en febrero de 2004, TED Talk, 18:43, https://www.ted.com/talks/mihaly_csikszentmihalyi_flow_the_secret_to_happiness?language=en

17. Jeanne Nakamura y Mihaly Csikszentmihalyi, «The Concept of Flow», en C. R. Snyder y S. J. López, *The Oxford Handbook of Positive Psychology* (Nueva York: Oxford University Press, 2009), 89-105.

18. Para un desglose completo de los desencadenantes del *flow*, véase Kotler, *The Rise of Superman*, 93-153.

19. Para un debate realmente bueno sobre lo que ocurre cuando la motivación intrínseca se desvía, véase Johann Hari, *Lost Connections* (Nueva York: Bloomsbury Circus, 2018).

20. Mihaly Csikszentmihalyi, *Flow: The Psychology of Optimal Experience* (Nueva York: HarperPerennial, 2008), 71-76 (*Fluir: Una psicología de la felicidad*, Kairós, Barcelona 1997), véase también Stefan Engeser, *Further Advances in Flow Research* (Nueva York: Springer, 2012), 54-57.

21. Hari, *Lost Connections*, 71-128.

4: Objetivos

1. Andrea Falcon, «Aristotle on Causality», en *Stanford Encyclopedia of Philosophy*, Stanford University, 7 de marzo de 2019, https://plato.stanford.edu/entries/aristotle-causality

2. Edwin A. Locke, «Toward a Theory of Task Motivation and Incentives», *Organizational Behavior and Human Performance* 3, n.º 2 (1968): 157-189.

3. Edwin Locke y Gary Latham, *Goal Setting: A Motivational Technique That Works!* (Englewood Cliffs, NJ: Prentice-Hall, 1984), 10-19.

4. Gary P. Latham y Gary A. Yukl, «Assigned versus Participative Goal Setting with Educated and Uneducated Woods Workers», *Journal of Applied Psychology* 60, n.º 3 (1975): 299-302.

5. E. L. Deci y R. M. Ryan, «The "What" and "Why" of Goal Pursuits: Human Needs and the Self-Determination of Behavior», *Psychological Inquiry* 11 (2000): 227-268.

6. David Eagleman, *Incognito: The Secret Lives of the Brain* (Nueva York: Pantheon, 2011), 46-54. (*Incognito*, Anagrama, Barcelona 2018.)

7. George A. Miller, «The Magical Number Seven, Plus or Minus Two: Some Limits on Our Capacity for Processing Information», *Psychological Review* 63, n.º 2 (1956): 81-97.

8. Mihaly Csikszentmihalyi, *Flow: The Psychology of Optimal Experience* (Nueva York: HarperPerennial, 2008), 29. (*Flow: La psicología de la felicidad*, Kairós, Barcelona 1997.)

9. Richard M. Ryan y Edward L. Deci, «Self-Determination Theory and the Facilitation of Intrinsic Motivation, Social Development, and Well-Being», *American Psychologist* 55, n.º 1 (2000): 68-78.

10. Gary Latham, entrevista con el autor, 2014.

11. Peter M. Gollwitzer, Paschal Sheeran, Verena Michalski y Andrea E. Seifert, «When Intentions Go Public», *Psychological Science* 20, n.º 5 (2009): 612-168.

12. Csikszentmihalyi, *Flow*, 54-59; véase también M. Csikszentmihalyi, *Flow and the Foundations of Positive Psychology* (Nueva York: Springer, 2014), 204-207.

5: Agallas

1. Esto puede ser un rumor. Carlyle tiene citas por todas partes diciendo esto, pero no parece haber ninguna fuente original.

2. Angela Duckworth, *Grit: The Power of Passion and Perseverance* (Nueva York: Scribner, 2018), 8. (*Grit: El poder de la pasión y la perseverancia,* Urano, Barcelona 2016.)

3. David Eagleman, *Incognito: The Secret Lives of the Brain* (Nueva York: Pantheon, 2011), 182-86. (*Incognito,* Anagrama, Barcelona 2018.)

4. Song Wang, Ming Zhou, Taolin Chen, Xun Yang, Guangxiang Chen, Meiyun Wang y Qiyong Gong, «Grit and the Brain», *Social Cognitive and Affective Neuroscience* 12, n.º 3 (2016): 452-460.

5. Irma Triasih Kurniawan, Marc Guitart-Masip y Ray J. Dolan, «Dopamine and Effort-Based Decision Making», *Frontiers in Neuroscience* 5 (2011): 8.

6. Este hallazgo es el resultado final de veinte años de entrevistas a personas de alto rendimiento sobre las agallas y la persistencia. Entre los principales colaboradores de esta idea se encuentran Michael Gervais, Josh Waitzkin, Tim Ferriss, Angela Duckworth, Scott Barry Kaufman, Rich Diviney, Byron Fergusson, y todos los asistentes a las conferencias de alto rendimiento del Santa Fe Institute.

7. Francis Galton, *Hereditary Genius: An Inquiry into Its Laws and Consequences* (Londres: Macmillan, 1869).

8. Duckworth, *Grit,* 14.

9. Martin E. P. Seligman, *Authentic Happiness: Using the New Positive Psychology to Realize Your Potential for Lasting Fulfillment* (Nueva York: Random House, 2002), 102-139. (*La auténtica felicidad,* Ediciones B, Barcelona 2011.)

10. Katherine R. Von Culin, Eli Tsukayama y Angela L. Duckworth, «Unpacking Grit: Motivational Correlates of Perseverance and Passion for Long-Term Goals», *Journal of Positive Psychology* 9, n.º 4 (2014): 306-312.

11. A pesar de la propaganda, sigo pensando que el libro de Baumeister sobre el tema es una lectura obligada para el rendimiento máximo: Roy F. Baumeister y John Tierney, *Willpower* (Nueva York: Penguin, 2012).

12. Carol Dweck, *Mindset: The New Psychology of Success* (Nueva York: Ballantine, 2006), 1-14. (*Mindset: La actitud del éxito,* Sirio, Málaga 2106.)

13. Jennifer A. Mangels, Brady Butterfield, Justin Lamb, Catherine Good y Carol S. Dweck, «Why Do Beliefs About Intelligence Influence Learning Success? A Social Cognitive Neuroscience Model», *Social Cognitive and Affective Neuroscience* 1, n.º 2 (2006): 75-86.

14. John Irving, *The Hotel New Hampshire* (Nueva York: Dutton, 1981), 401. (*El hotel New Hampshire,* Tusquets, Barcelona 1995.)

15. Todas las citas de Michael Gervais proceden de una serie de entrevistas a autores realizadas entre 2011 y 2020.

16. Discurso impreso en forma de libro: David Foster Wallace, *This Is Water:Some Thoughts, Delivered on a Significant Occasion, about Living a Compassionate Life* (Nueva York: Little, Brown, 2009).

17. Para un recuento de la vida, la contribución y el suicidio de Wallace, véase Tom Bissell, «Great and Terrible Truths», *New York Times,* 24 de abril de 2009.

18. Stewart I. Donaldson, Barbara L. Fredrickson y Laura E. Kurtz, «Cultivating Positive Emotions to Enhance Human Flourishing», en *Applied Positive Psychology: Improving Everyday Life, Schools, Work, Health, and Society* (Nueva York: Routledge Academic, 2011).

19. Michele M. Tugade y Barbara L. Fredrickson, «Resilient Individuals Use Positive Emotions to Bounce Back from Negative Emotional Experiences», *Journal of Personality and Social Psychology* 86, n.º 2 (2004): 320.

20. Joanne V. Wood, W. Q. Elaine Perunovic y John W. Lee, «Positive Self-Statements: Power for Some, Peril for Others», *Psychological Science* 20, n.º 7 (2009): 860-866.

21. M. Zimmermann, «Neurophysiology of Sensory Systems», *Fundamentals of Sensory Physiology* (1986): 115.

22. Joseph LeDoux, *The Emotional Brain: The Mysterious Underpinnings of Emotional Life* (Nueva York: Simon & Schuster, 2004), 159-178. (*El cerebro emocional,* Ariel, Barcelona 1999.)

23. Shawn Achor, *The Happiness Advantage: How a Positive Brain Fuels Success in Work and Life* (Nueva York: Crown Business, 2010).

24. Mark Beeman y John Kounios, *El factor Eureka: Aha Moments, Creative Insight, and the Brain* (Nueva York: Windmill Books, 2015), 119.

25. Glenn R. Fox, Jonas Kaplan, Hanna Damasio y Antonio Damasio, «Neural Correlates of Gratitude», *Frontiers in Psychology* 6 (2015): 1491.

26. Roderik Gerritsen y Guido Band, «Breath of Life», *Frontiers in Human Neuroscience* (9 de octubre de 2018): 397.

27. Amy Lam, «Effects of Five-Minute Mindfulness Meditation on Mental Health Care Professionals», *Journal of Psychology and Clinical Psychiatry* (26 de marzo de 2015).

28. Para una revisión realmente buena de los beneficios del mindfulness, véase Daniel Goleman y Richard J. Davidson, *Altered Traits* (Nueva York: Avery, 2018). (*Rasgos alterados*, Ediciones B, Barcelona 2018.)

29. Lorenza S. Colzato, Ayca Ozturk y Bernhard Hommel, «Meditate to Create: The Impact of Focused-Attention and Open-Monitoring Training on Convergent and Divergent Thinking», *Frontiers in Psychology* 3 (2012): 116.

30. La respiración en caja es una técnica desarrollada por el ex SEAL Mark Divine. Véase «Box Breathing and Meditation Technique w/ Mark Divine of SealFit», Barbell Shrugged, subido el 25 de febrero de 2015, vídeo de YouTube, https://www.youtube.com/watch?v=GZzhk9jEkkI También: Ana Gotter, «Box Breathing», Healthline Media, 17 de junio de 2020, https://www. healthline.com/health/box-breathing

31. Steven Kotler, «They've Been Around the Block More Than a Few Times, but Shaun Palmer, Laird Hamilton and Tony Hawk Can Still Rev It Up», ESPN, 10 de julio de 2012, https://tv5.espn.com/espn/magazine/archives/news/story?page=magazine-19990222-article11

32. Todas las citas de Laird Hamilton proceden de una serie de entrevistas realizadas entre 1999 y 2020.

33. Kristin Ulmer, entrevistas con autores, 2014-2020.

34. Michael Gervais, entrevista con el autor, 2019.

35. Crystal A. Clark y Alain Dagher, «The Role of Dopamine in Risk Taking: A Specific Look at Parkinson's Disease and Gambling», *Frontiers in Behavioral Neuroscience* 8 (2014).

36. Todas las citas proceden de una serie de entrevistas con Josh Waitzkin entre 2013 y 2016, pero véase también Josh Waitzkin, *The Art of Learning: An Inner Journey to Optimal Performance* (Nueva York: Free Press, 2008). Además, Tim Ferriss ha realizado dos increíbles podcasts con Josh; véase Tim Ferriss, «Josh Waitzkin Interview», *Tim Ferriss Show* (podcast), 22 de julio de 2014, https://www.youtube.com/watch?v=LYaMtGuCgm8

37. William James, «The Energies of Men», *Philosophical Review* 16, n.º 1 (1907): 1.

38. Harry D. Krop, Cecilia E. Alegre y Carl D. Williams, «Effect of Induced Stress on Convergent and Divergent Thinking», *Psychological Reports* 24, n.º 3 (1969): 895-898.

39. Keith Ablow, entrevista con el autor, 2015.

40. Una vez más, ésta podría ser apócrifa, pero Quora hace un buen trabajo de comprobación de hechos: Respuesta a «¿Cuál es el origen de la cita atribuida a un SEAL de la Marina: "Bajo presión, no te pones a la altura de las circunstancias, te hundes hasta el nivel de tu entrenamiento"? ¿Dónde y cuándo se dijo?», Quora, 2016, https://www.quora.com/What-is-the-origin-of-the-quote-attributed-to-a-Navy-SEAL-Under-pressure-you-dont-rise-to-the-occasion-you-sink-to-the-level-of-your-training-Where-and-when-was-this-said

41. Norman B. Schmidt, J. Anthony Richey, Michael J. Zvolensky y Jon K. Maner, «Exploring Human Freeze Responses to a Threat Stressor», *Journal of Behavior Therapy and Experimental Psychiatry* 39, n.º 3 (2008): 292-304.

42. Richard Feynman, *Surely You're Joking, Mr. Feynman!* (Nueva York: W. W. Norton, 1997).

43. «Burn-out an "Occupational Phenomenon"». Organización Mundial de la Salud, 28 de mayo de 2019, https:// www.who.int/mental_health/evidence/burn-out/en/ véase también Harry Levinson, «When Executives Burn Out», *Harvard Business Review*, 21 de agosto de 2014, https://hbr.org/1996/07/when-executives-burn-out

44. Irshaad O. Ebrahim, Colin M. Shapiro, Adrian J. Williams y Peter B. Fenwick, «Alcohol and Sleep I: Effects on Normal Sleep», *Alcoholism: Clinical and Experimental Research* 37, n.º 4 (2013).

45. Esther Thorson y Annie Lang, «The Effects of Television Videographics and Lecture Familiarity on Adult Cardiac Orienting Responses and Memory», *Communication Research* 19, n.º 3 (1992): 346-369; véase también Meghan Neal, «Is Watching TV Actually a Good Way to Rest Your Brain?», *Vice*, 18 de enero de 2016, https://www.vice.com/en_us/article/3daqaj/is-watching-tv-actually-a-good-way-to-rest-your-brain

46. Björn Rasch y Jan Born, «About Sleep's Role in Memory», *Physiological Reviews* 93, n.º 2 (2013): 681-766.

47. Levinson, «When Executives Burn Out».

6: El hábito de la ferocidad

1. Todas las citas proceden de entrevistas con Peter Diamandis realizadas entre 1997 y 2020, www.diamandis.com

2. Luke J. Norman, Stephan F. Taylor, Yanni Liu, Joaquim Radua, Yann Chye, Stella J. De Wit, Chaim Huyser, et al., «Error Processing and Inhibitory Control in Obsessive-Compulsive Disorder: A Meta-Analysis Using Statistical Parametric Maps,» *Biological Psychiatry* 85, n.º 9 (2019): 713-725.

3. Michael Wharton, entrevista con el autor, 2019.

4. William James, *Psychology: The Briefer Course* (Nueva York: Henry Holt, 1892), 1-17.

Parte II: Aprender

1. Annie Dillard, *The Writing Life* (Nueva York: HarperPerennial, 2013), 32. (*Vivir, escribir*, Fuentetaja, Madrid 2002.)

7: Los ingredientes de lo imposible

1. Gary Klein, *Sources of Power: How People Make Decisions* (Cambridge, MA: MIT Press, 2017), 149.

2. Comisión de la Comunidad Europea, «Adult Learning: It Is Never Too Late to Learn», COM, 614 final. Bruselas, 23 de octubre de 2006; véase también Patricia M. Simone y Melinda Scuilli, «Cognitive Benefits of Participation in Lifelong Learning Institutes», *LLI Review* 1 (2006): 44-51, https://scholarcommons.scu.edu/cgi/viewcontent. cgi?article=1144&context=psych

8: Mentalidad de crecimiento y filtros de la verdad

1. Carol Dweck, *Mindset: The New Psychology of Success* (Nueva York: Ballantine, 2006). (*Mindset: La actitud del éxito*, Sirio, Málaga 2016.)

2. Steven Kotler y Peter Diamandis, *Bold: How to Go Big, Create Wealth, and Impact the World* (Nueva York: Simon & Schuster, 2015), 120.

3. Ver la entrevista de Kevin Rose con Elon Musk en 2012, https://www.youtube.com/watch?v=L-s_3b5fRd8

4. Chris Anderson, «Elon Musk's Mission to Mars», *Wired*, 21 de octubre de 2012.

9: La rentabilidad de la lectura

1. «To read or not to read», *Arts Education Policy Review* 110, n.º 1 (2008): 9–22, https://doi.org/10.3200/aepr.110.1.9-22

2. Andrew Perrin, «Who Doesn't Read Books in America?», Pew Research Center, 26 de septiembre de 2019.

3. Marc Brysbaert, "How Many Words Do We Read per Minute?" (2019), https://www.researchgate.net/publication/332380784_How_many_words_do_we_read_per_minute_A_review_and_meta-analysis_of_reading_rate

4. Para una visión general sobre los beneficios de la lectura, véase Honor Whiteman, «Five Ways Reading Can Improve Health and Well-Being», *Medical News Today*, 12 de octubre de 2016.

5. Chris Weller, «9 of the Most Successful People Share Their Reading Habits», *Business Insider*, 20 de julio de 2017.

6. J. B. Bobo, *Modern Coin Magic* (Nueva York: Dover, 1952).

10: Cinco pasos no tan fáciles para aprenderlo casi todo

1. Hailan Hu, Eleonore Real, Kogo Takamiya, Myoung-Goo Kang, Joseph Ledoux, Richard L. Huganir y Roberto Malinow, «Emotion Enhances Learning via Norepinephrine Regulation of AMPA-Receptor Trafficking», *Cell* 131, n.º 1 (2007).

2. Craig Thorley, «Note Taking and Note Reviewing Enhance Jurors' Recall of Trial Information», *Applied Cognitive Psychology* 30, n.º 5 (2016): 655-63.

3. Steven Kotler, *The Angle Quickest for Flight* (Nueva York: Four Walls Eight Windows, 2001).

4. Thomas Gifford, *Assassini* (Nueva York: Bantam, 1991).

5. Malachi Martin, *The Decline and Fall of the Roman Church* (Nueva York: G. P. Putnam's Sons, 1981).

6. Karen Armstrong, *A History of God: The 4,000-Year Quest of Judaism, Christianity and Islam* (Nueva York: Vintage, 1999). (*Una historia de Dios*, Paidós, Barcelona 2016.)

7. Maria Luisa Ambrosini y Mary Willis, *The Secret Archives of the Vatican* (Boston: Little, Brown, 1969).

8. Thomas Reese, *Inside the Vatican* (Cambridge, MA: Harvard University Press, 1998).

9. Dan Rowinski, «The Slow Hunch: How Innovation Is Created Through Group Intelligence», *ReadWrite*, June 9, 2011, https://readwrite. com/2011/06/09/the_slow_hunch_how_innovation_is_created_through_g/ véase también Steven Johnson, *Where Good Ideas Come From* (Nueva York: Riverhead, 2011).

10. Wolfram Schultz, «Predictive Reward Signal of Dopamine Neurons». *Journal of Neurophysiology* 80, n.º 1 (1998): 1-27.

11. Diana Martínez, Daria Orlowska, Rajesh Narendran, Mark Slifstein, Fei Liu, Dileep Kumar, Allegra Broft, Ronald Van Heertum y Herbert D. Kleber, «Dopamine Type 2/3 Receptor Availability in the Striatum and Social Status in Human Volunteers», *Biological Psychiatry* 67, n.º 3 (2010): 275-278.

12. Alfredo Meneses, «Neurotransmitters and Memory», en *Identification of Neural Markers Accompanying Memory* (Ámsterdam: Elsevier, 2014), 5-45.

11: La habilidad de la habilidad

1. Esta entrevista apareció por primera vez en un blog que escribí para *Forbes*; véase Steven Kotler, «Tim Ferriss and the Secrets of Accelerated Learning», *Forbes*, 4 de mayo de 2015, https://www.forbes.com/sites/stevenkotler/2015/05/04/tim-ferriss-and-the-secrets-of-accelerated-learning/

12: Más fuerte

1. Christopher Peterson, Willibald Ruch, Ursula Beermann, Nansook Park y Martin E. P. Seligman, «Strengths of Character, Orientations to Happiness, and Life Satisfaction», *Journal of Positive Psychology* 2, n.º 3 (2007): 149-156.

2. Christopher Peterson y Martin E. P. Seligman, *Character Strengths and Virtues: A Handbook and Classification* (Oxford: Oxford University Press, 2004).

3. Andrew Huberman, de la Universidad de Stanford, y Glenn Fox, de la USC, entrevistas con autores, 2020.

4. Gallup, «CliftonStrengths», Gallup.com, 13 de junio de 2020, https://www. gallup.com/cliftonstrengths/en/252137/home.aspx véase también «Be Your Best SELF with STRENGTHS», Strengths Profile, https://www. strengthsprofile.com/

5. Martin E. P. Seligman, Tracy A. Steen, Nansook Park y Christopher Peterson, «Positive Psychology Progress: Empirical Validation of Interventions», *American Psychologist* 60, n.º 5 (2005): 410; véase también Fabian Gander, René T. Proyer, Willibald Ruch y Tobias Wyss, «Strength-Based Positive Interventions: Further Evidence for Their Potential in Enhancing Well-Being and Alleviating Depression», *Journal of Happiness Studies* 14, n.º 4 (2013): 1241-1259.

13: El 80/20 de la inteligencia emocional

1. Christopher Peterson, «Other People Matter: Two Examples», *Psychology Today*, 17 de junio de 2008, https://www.psychologytoday.com/us/blog/the-good-life/200806/other-people-matter-two-examples

2. Daniel Goleman, *Emotional Intelligence: Why It Can Matter More Than IQ* (Nueva York: Bantam, 2005). (*Inteligencia emocional,* Kairós, Barcelona 2018.)

3. Para una visión general del conductismo y de las opiniones de Skinner, véase George Graham, «Behaviorism», *Stanford Encyclopedia of Philosophy*, Stanford University, 19 de marzo de 2019.

4. Jaak Panksepp, *Affective Neuroscience: The Foundations of Human and Animal Emotions* (Nueva York: Oxford University Press, 2014).

5. Ibíd. Véase también Li He et al., «Examining Brain Structures Associated with Emotional Intelligence and the Mediated Effect on Trait Creativity in Young Adults», *Frontiers in Psychology* (15 de junio de 2018).

6. Nancy Gibbs, «The EQ Factor», *Time*, 24 de junio de 2001.

7. Goleman, *Emotional Intelligence.*

8. William James, *Psychology: The Briefer Course* (Nueva York: Henry Holt, 1892), 10.

9. Charles Duhigg, *The Power of Habit: Why We Do What We Do in Life & Business* (Nueva York: Random House, 2012), xvi (*El poder de los hábitos,*

Vergara, Barcelona 2019); véase también Timothy Wilson, *Strangers to Ourselves: Discovering the Adaptive Unconscious (Nueva York:* Harvard University Press, 2002).

10. Ludwig Wittgenstein, *Tractatus Logico-Philosophicus* (Nueva York: Cosimo Classics, 2010), 43.

11. Keith Sawyer, «What Mel Brooks Can Teach Us about "Group Flow"», *Revista Greater Good,* 24 de enero de 2012.

12. Claus Lamm y Jasminka Majdandžić, «The Role of Shared Neural Activations, Mirror Neurons, and Morality in Empathy-A Critical Comment», *Neuroscience Research* 90 (2015): 15-24; véase también Zarinah Agnew et al., «The Human Mirror System: A Motor-Resonance Theory of Mind Reading», *Brain Research Reviews* 54, n.º 2 (junio de 2007): 286-293.

13. Daniel Goleman y Richard J. Davidson, *Altered Traits: Science Reveals How Meditation Changes Your Mind, Brain, and Body* (New York: Random House, 2018), 250. (*Rasgos alterados,* Ediciones B, Barcelona 2018.)

14. Rich Bellis, «Actually, We Don't Need More Empathy», *Fast Company,* October 20, 2017.

15. Olga M. Klimecki, Susanne Leiberg, Claus Lamm y Tania Singer, «Functional Neural Plasticity and Associated Changes in Positive Affect After Compassion Training», *Cerebral Cortex* 23, n.º 7 (2012): 1552-1561.

14: El camino más corto hacia Superman

1. K. Anders Ericsson, Ralf T. Krampe y Clemens Tesch-Römer, «The Role of Deliberate Practice in the Acquisition of Expert Performance», *Psychological Review* 100, n.º 3 (1993): 363-406.

2. Anders Ericsson, *The Cambridge Handbook of Expertise and Expert Performance* (Cambridge, Reino Unido: Cambridge University Press, 2018); véase también Malcolm Gladwell, *Outliers* (Nueva York: Little, Brown, 2013). (*Fuera de serie,* Taurus, Madrid 2009.)

3. David Epstein, *Range: Why Generalists Triumph in a Specialized World* (Nueva York: Riverhead, 2019), 15-35. (*Amplitud,* Empresa Activa, Barcelona 2020.)

4. Nick Skillicorn, «The 10,000-Hour Rule Was Wrong, According to the People Who Wrote the Original Study», *Inc.,* 9 de junio de 2016.

5. Anders Ericcson, entrevista con el autor, 2016.

6. Steven Kotler, *The Rise of Superman* (Nueva York: New Harvest, 2014), 78-82.

7. Robert Plomin, Nicholas G. Shakeshaft, Andrew McMillan y Maciej Trzaskowski, «Nature, Nurture, and Expertise», *Intelligence* 45 (2014): 46-59.

8. W. Mischel, Y. Shoda y M. Rodríguez, «Delay of Gratification in Children», *Science* 244, n.º 4907 (1989): 933-938.

9. David Epstein, «Fit Looks Like Grit», Franklin Covey, 5 de diciembre de 2019, vídeo de YouTube, https://www.youtube.com/watch?v=v27vQCGCCLs

10. Chloe Gibbs, Jens Ludwig, Douglas L. Miller, y Na'ama Shenhav, «Short-Run Fade-out in Head Start and Implications for Long-Run Effectiveness», UC Davis Center for Poverty Research, *Policy Brief* 4, n.º 8 (February 2016), https://poverty.ucdavis.edu/policy-brief/short-run-fade-out-head-start-and-implications-long-run-effectiveness

11. Epstein, *Range.*

12. Chris Berka, «A Window on the Brain», TEDx San Diego, 2013, https://www.youtube.com/watch?v=rBt7LMrIkxg&feature=emb_logo

Parte III: Creatividad

1. Javier Pérez Andújar, *Salvador Dalí: A la conquista de lo irracional* (Madrid: Algaba Ediciones, 2003), 245.

15: La ventaja creativa

1. Bri Stauffer, «What Are the 4 C's of 21st Century Skills?», Applied Educational Systems, 7 de mayo de 2020, https://www.aeseducation.com/blog/four-cs-21st-century-skills véase también *Preparing 21st Century Students for a Global Society: An Educator's Guide to the "Four Cs"*, informe de la National Education Association, http://www.nea.org/assets/docs/A-Guide-to-Four-Cs.pdf

2. «IBM 2010 Global CEO Study», IBM, 18 de mayo de 2010, https://www-03.ibm.com/press/us/es/pressrelease/31670.wss

3. Adobe, *State of Create Study: Global Benchmark Study on Attitudes and Beliefs about Creativity at Work, Home and School*, abril de 2012, https://www.adobe.com/aboutadobe/pressroom/pdfs/Adobe_State_of_Create_Global_Benchmark_Study.pdf

4. Tom Sturges, *Every Idea Is a Good Idea* (Nueva York: Penguin, 2014), 29.

5. Gerhard Heinzmann y David Stump, «Henri Poincaré», *Stanford Encyclopedia of Philosophy*, Stanford University, 10 de octubre de 2017; véase también Dean Keith Simonton, *Origins of Genius: Darwinian Perspectives on Creativity* (Nueva York: Oxford University Press, 1999).

6. Graham Wallas, *The Art of Thought* (Tunbridge Wells, Reino Unido: Solis Press, 2014), 37-55.

7. A. N. Whitehead, *Process and Reality. An Essay in Cosmology. Gifford Lectures Delivered in the University of Edinburgh During the Session 1927-1928* (Nueva York: Macmillan, 1927).

8. Alex Osborn, *Your Creative Power* (Gorham, ME: Myers Education Press, 2007).

9. Lori Flint, «How Creativity Came to Reside in the Land of the Gifted», *Knowledge Quest* 42, n.º 5 (mayo-junio de 2014): 64-74.

10. Para un gran resumen de Guilford, véase: New World Encyclopedia, s.v., «J. P. Guilford», https://www.newworldencyclopedia.org/entry/J._P._Guilford

11. Lisa Learman, «Left vs. Right Brained», Perspectives in Research, 22 de mayo de 2019, https://biomedicalodyssey.blogs.hopkinsmedicine.org/2019/05/left-vs-right-brained-why-the-brain-laterality-myth-persists/

12. Arne Dietrich, *How Creativity Happens in the Brain* (Nueva York: Palgrave Macmillan, 2015), 3-6.

13. Anthony Brandt y David Eagleman, *The Runaway Species* (Edimburgo: Canongate, 2017), 24-27. (*La especie desbocada*, Anagrama, Barcelona 2022.)

14. Ibídem, 27-29.

15. Teresa M. Amabile y Michael G. Pratt, «The Dynamic Componential Model of Creativity and Innovation in Organizations», *Research in Organizational Behavior* 36 (2016): 157-183.

16. Scott Barry Kaufman, «The Real Neuroscience of Creativity», *Scientific American*, 19 de abril de 2013.

17. William James, *The Principles of Psychology* (Nueva York: Cosimo Classics, 2013), 402.

18. Michael I. Posner, Charles R. Snyder y Brian J. Davidson, «Attention and the Detection of Signals», *Journal of Experimental Psychology* 109, n.º 2 (1980): 160-174.

19. Michael I. Posner y Steven E. Petersen, «The Attention System of the Human Brain», *Annual Review of Neuroscience* 13, n.º 1 (1990): 25-42.

20. Scott Barry Kaufman y Carolyn Gregoire, *Wired to Create* (Nueva York: TarcherPerigee, 2016), xxvii.

21. Roger Beaty et al., «Creativity and the Default Mode Network», *Neuropsychologia* 64 (noviembre de 2014): 92-98.

22. Randy L. Buckner, «The Serendipitous Discovery of the Brain's Default Mode Network», *NeuroImage* 62, n.º 2 (15 de agosto de 2012):1137-45.

23. Laura Krause y otros, «The Role of Medial Prefrontal Cortex in Theory of Mind: A Deep rTMS Study», *Behavioral Brain Research* 228, n.º 1 (2012): 87-90.

24. Brandt y Eagleman, *Runaway Species*, 55-104.

25. Lucina Uddin, *Salience Network of the Human Brain* (Ámsterdam: Elsevier, 2017).

26. Posner, Snyder y Davidson, «Attention and the Detection of Signals».

27. «The Creative Brain Is Wired Differently», *Neuroscience News*, 23 de enero de 2018.

28. David Eagleman, entrevista con el autor, 2017; Scott Barry Kaufman, entrevista con el autor, 2019. Además, en psicología lo llaman «inhibición latente»; véase Shelley Carson, Jordan Peterson y Daniel Higgins, «Decreased Latent Inhibition Is Associated with Increased Creative Achievement in High-Functioning Individuals», *Journal of Personality and Social Psychology* 85, n.º 3 (2003): 499-506.

29. Scott Barry Kaufman, «The Myth of the Neurotic Creative», *Atlantic*, 29 de febrero de 2016, https://www.theatlantic.com/science/archive/2016/02/myth-of-the-neurotic-creative/471447/

16: Hackear la creatividad

1. John Kounios y Mark Beeman, *The Eureka Factor: Aha Moments, Creative Insight, and the Brain* (Nueva York: Windmill Books, 2015), 89-90.

2. G. Rowe, J. B. Hirsh y A. K. Anderson, «Positive Affect Increases the Breadth of Attentional Selection», *Proceedings of the National Academy of Sciences* 104 (2007): 383-388; véase también Barbara Fredrickson, «Positive Emotions Open Our Mind», Greater Good Science Center, 21 de junio de 2011, https://www.youtube.com/watch?time_continue=1&v=Z7dFDHzV36g&feature=emb_logo

3. Glenn Fox, entrevista con el autor, 2020; y Kate Harrison, «How Gratitude Can Make You More Creative and Innovative», *Inc.* 16 de noviembre de 2016.

4. Lorenza S. Colzato, Ayca Ozturk y Bernhard Hommel, «Meditate to Create: the Impact of Focused-Attention and Open-Monitoring Training on Convergent and Divergent Thinking», *Frontiers in Psychology* 3 (2012): 116; Viviana Capurso, Franco Fabbro y Cristiano Crescentini, «Mindful Creativity», *Frontiers in Psychology (*10 de enero de 2014).

5. John Kounios, entrevista con el autor, 2019; véase también Penelope Lewis, Gunther Knoblich y Gina Poe, «How Memory Replay in Sleep Boosts Creative Problem Solving», *Trends in Cognitive Sciences* 22, n.º 6 (2018): 491-503.

6. Para un análisis realmente bueno de las diferencias hemisféricas, véase Iain McGilchrist, *The Master and His Emissary* (New Haven, CT: Yale University Press, 2009).

7. Kounis y Beeman, *The Eureka Factor*, 171.

8. Mark Burgess y Michael E. Enzle, «Defeating the Potentially Deleterious Effects of Externally Imposed Deadlines: Practitioners' Rules-of-Thumb», *PsycEXTRA Dataset* (2000).

9. Ruth Ann Atchley, David L. Strayer y Paul Atchley, «Creativity in the Wild», *PLoS ONE* 7, n.º 12 (12 de diciembre de 2012).

10. Andrew F. Jarosz, Gregory J. H. Colflesh y Jennifer Wiley, «Uncorking the Muse: Alcohol Intoxication Facilitates Creative Problem Solving», *Consciousness and Cognition* 21, n.º 1 (2012): 487-93.

11. John Kounios, entrevista con el autor, 2019.

12. Kiki De Jonge, Eric Rietzschel y Nico Van Yperen, «Stimulated by Novelty?», *Personality and Social Psychology Bulletin* 44, n.º 6 (junio de 2018): 851-867.

13. David Cropley y Arthur Cropley, «Functional Creativity: "Products" and the Generation of Effective Novelty», en James C. Kaufman y Robert J. Sternberg, eds., *The Cambridge Handbook of Creativity* (Nueva York: Cambridge University Press, 2010), 301-317.

14. Gene Santoro, *Myself When I Am Real: The Life and Music of Charles Mingus* (Nueva York: Oxford University Press, 2001), 197; al parecer, esto se lo dijo Mingus a Timothy Leary. Personalmente, me encantaría saber qué dijo Leary en respuesta.

15. Catrinel Haught-Tromp, «The *Green Eggs and Ham* Hypothesis», *Psychology of Aesthetics, Creativity and the Arts* 11, n.º 1 (14 de abril de 2016).

16. Chip Heath y Dan Heath, *The Myth of the Garage: And Other Minor Surprises* (Nueva York: Currency, 2011); véase también Keith Sawyer, *Group Genius: The Creative Power of Collaboration* (Nueva York: Basic Books, 2017).

17. Scott Barry Kaufman, entrevista con el autor, 2019.

18. Lee Zlotoff, entrevista con el autor, 2015; véase también The MacGyver Secret (sitio web), https://macgyversecret.com Kenneth Gilhooly, *Incubation in Problem Solving and Creativity* (Nueva York: Routledge, 2019).

17: Creatividad a largo plazo

1. Esto no quiere decir que otras personas no hayan abordado esta idea. Un libro que me encanta sobre cómo el envejecimiento afecta a la creatividad y por qué es posible la creatividad a largo plazo es Gene Cohen, *The Creative Age* (Nueva York: William Morrow, 2000).

2. John Barth, entrevista con el autor, 1993. Hay que tener en cuenta que cuento esta conversación de memoria; la redacción exacta puede haber cambiado con los años.

3. Para los frikis de Pynchon como yo, los dos relatos son «Byron and the Lightbulb» y la historia de Franz Pokler, el científico de cohetes cuya hija ha sido secuestrada por los nazis.

4. Tim Ferriss, entrevista con el autor, 2017.

5. Véase Paul Graham, «Maker's Schedule, Manager's Schedule», Paul Graham (sitio web), julio de 2009, http://www.paulgraham.com/makersschedule.html

6. Tim Ferriss, entrevista con el autor, 2017.

7. No es solo Ferriss quien piensa así; investigadores de Stanford descubrieron lo mismo: Marily Oppezzo y Daniel Schwartz, «Give Your Ideas Some Legs», *Experimental Psychology, Learning, Memory and Cognition* 40, n.º 4 (julio de 2014): 1142-1152.

8. Hay un gran artículo sobre la entrevista (que se ha hecho famosa por sí misma): Cristóbal Vásquez, «The Interview Playboy Magazine Did with Gabriel García Márquez», *ViceVersa*, 25 de agosto de 2014.

9. Ernest Hemingway y Larry W. Phillips, *Ernest Hemingway on Writing* (Nueva York: Scribner, 2004).

10. Sigmund Freud, *Civilization and Its Discontents*, volumen 21 en *The Complete Psychological Works of Sigmund Freud: The Future of an Illusion, Civilization and Its Discontents, and Other Works* (Richmond: Hogarth Press, 1961), 79-80. (*El malestar en la cultura*, Alianza, Madrid 2010.)

11. Roger Barker, Tamara Dembo y Kurt Lewin, *Frustration and Regression: An Experiment with Young Children*, Studies in Topological and Vector Psychology II (Iowa City: University of Iowa Press, 1941), 216-219.

12. Mark Beeman y John Kounios, *The Eureka Factor: Aha Moments, Creative Insight, and the Brain* (Nueva York: Windmill Books, 2015), 102-103.

13. Edward Albee, *The Zoo Story* (Nueva York: Penguin, 1960); véase http://edwardalbeesociety.org/works/the-zoo-story/

14. Sir Ken Robinson, «Do Schools Kill Creativity?», TED Talk, 2006, https://www.ted.com/talks/sir_ken_robinson_do_schools_kill_creativity?language=en

15. Ken Robinson, entrevista con el autor, 2016.

16. Burk Sharpless, entrevista con el autor, 2014.

17. Gretchen Bleiler, entrevista con el autor, 2016.

18. Mihaly Csikszentmihalyi, *Creativity: The Psychology of Discovery and Invention* (Nueva York: HarperPerennial, 1996), 51-76. (*Creatividad: El fluir y la psicología del descubrimiento y la invención*, Paidós, Barcelona 1996.)

19. Ibíd.

18: El *flow* de la creatividad

1. George Land, «The Failure of Success», TEDxTuscon, 16 de febrero de 2011, https://www.youtube.com/watch?v=ZfKMq-rYtnc.

2. Para más información sobre esta historia, véase George Land y Beth Jarman, *Breakpoint and Beyond: Mastering the Future-Today* (Nueva York: HarperCollins, 1992).

3. John Kounios, entrevista con el autor, 2019.

4. Para un gran debate sobre la creatividad, el *flow* y las redes, véase Scott Barry Kaufman, «The Neuroscience of Creativity, Flow, and Openness to Experience», BTC Institute, 17 de julio de 2014, https://www.youtube.com/watch?v=Un_LroX0DAA

Parte IV: *Flow*

1. Friedrich Nietzsche, *Beyond Good and Evil*, trans. Helen Zimmern (Hampshire, Reino Unido: Value Classics Reprints, 2018), 212. (*Más allá del bien y del mal*, Alianza, Madrid 2012.)

19: El anillo decodificador

1. Para un relato más completo de esta historia, véase Steven Kotler, *West of Jesus: Surfing, Science and the Origin of Belief* (Nueva York: Bloomsbury, 2006). Además, hablé de esto en profundidad en el podcast de Joe Rogan: «Steven Kotler on Lyme Disease & The Flow State», *Joe Rogan Experience*, 16 de febrero de 2011, https://www.youtube.com/watch?v=X_yq-4remO0

2. Rob Schultheis, *Bone Games: One Man's Search for the Ultimate Athletic High* (Halcottsville, NY: Breakaway Books, 1996).

3. Andrew Newberg y Eugene D'Aquili, *Why God Won't Go Away: Brain Science and the Biology of Belief* (Nueva York: Ballantine, 2001), 120-127.

4. Andrew Newberg, entrevistas con autores, 2000-2020.

20: La ciencia del *flow*

1. Friedrich Nietzsche, *Thus Spoke Zarathustra* (Digireads.com, 2016), 25. (*Así habló Zaratustra*, Austral, Madrid 2017.)

2. Charles Darwin, *On the Origin of Species by Means of Natural Selection, or, The Preservation of Favoured Races in the Struggle for Life* (Londres, 1859;

reimpresión digital, Adam Goldstein, ed., American Museum of Natural History, 2019), https://darwin.amnh.org/files/images/pdfs/e83461.pdf

3. La Academy of Ideas ha realizado una excelente serie de conferencias en vídeo sobre este tema. Para un discurso realmente bueno sobre Nietzsche y muchas de sus ideas presentadas en esta sección, ver https://academyofideas.com/tag/nietzsche/

4. Friedrich Nietzsche, *Ecce Homo*, trad. R. J. Hollingdale (Nueva York: Penguin, 2004), 44. (*Ecce Homo: Cómo se llega a ser lo que es,* Tecnos, Madrid 2017.)

5. Friedrich Nietzsche, *Beyond Good and Evil*, trans. Helen Zimmern (Hampshire, Reino Unido: Value Classics Reprints, 2018), 90. (*Más allá del bien y del mal,* Alianza, Madrid 2012.)

6. «Nietzsche and Zapffe: Beauty, Suffering, and the Nature of Genius», Academy of Ideas, 6 de diciembre de 2015, https://academyofideas.com/2015/12/nietzsche-zapffe-beauty-suffering-nature-of-genius/ véase también Nitzan Lebovic, «Dionysian Politics and the Discourse of "Rausch"» en Arpad von Klimo y Malte Rolf, eds., *Rausch und Diktatur: Inszenierung, Mobilisierung und Kontrolle in totalitären Systemen* (Frankfurt: Campus Verlag, 2006), https://www.academia.edu/310323/Dionysian_Politics_and_The_Discourse_of_Rausch

7. Friedrich Nietzsche, *Twilight of the Idols* (Nueva York: Penguin Classics, 1990), 55. (*Crepúsculo de los ídolos,* Alianza, Madrid 2013.)

8. Mihaly Csikszentmihalyi, *Flow: The Psychology of Optimal Experience* (Nueva York: HarperPerennial, 2008). Si te interesa su metodología, consulta también Joel Hektner, Jennifer Schmidt y Mihaly Csikszentmihalyi, *Experience Sampling Method (Nueva York*: Sage, 2007).

9. Richard Ryan, *The Oxford Handbook of Human Motivation* (Nueva York: Oxford University Press, 2005), 128.

10. Christian Jarrett, «All You Need to Know About the 10 Percent Brain Myth in 60 Seconds», *Wired*, 24 de julio de 2014.

11. Arne Dietrich, «Transient Hypofrontality as a Mechanism for the Psychological Effects of Exercise», *Psychiatry Research* 145, n.º 1 (2006): 79-83; véase también Arne Dietrich, *Introduction to Consciousness* (Nueva York: Palgrave Macmillan, 2007), 242-244.

12. Arne Dietrich, entrevista, 2012.

13. Rhailana Fontes, Jéssica Ribeiro, Daya S. Gupta, Dionis Machado, Fernando Lopes-Júnior, Francisco Magalhães, Victor Hugo Bastos, et al., «Time Perception Mechanisms at Central Nervous System», *Neurology International* 8, n.º 1 (2016).

14. Istvan Molnar-Szakacs y Lucina Q. Uddin, «Self-Processing and the Default Mode Network: Interactions with the Mirror Neuron System», *Frontiers in Human Neuroscience* 7 (2013).

15. Charles J. Limb y Allen R. Braun, «Neural Substrates of Spontaneous Musical Performance: An FMRI Study of Jazz Improvisation», *PLoS ONE* 3, n.º 2 (2008).

16. Frances A. Maratos, Paul Gilbert, Gaynor Evans, Faye Volker, Helen Rockliff y Gina Rippon, «Having a Word with Yourself: Neural Correlates of Self-Criticism and Self-Reassurance», *NeuroImage* 49, n.º 2 (2010): 1849-1856.

17. La primera vez que oí hablar de esto fue a través de la doctora Leslie Sherlin, que aún no ha publicado este trabajo, pero la historia está completamente relatada en *The Rise of Superman*. Véase también Kenji Katahira et al., «EEG Correlates of the Flow State», *Frontiers in Psychology* (9 de marzo de 2018); E. Garcia-Rill et al., «The 10 Hz Frequency», *Translation Brain Rhythm* 1, n.º 1 (24 de marzo de 2016). Por último, Csikszentmihalyi y muchos otros han observado los cerebros de los ajedrecistas en *flow* y han encontrado algo similar. Para una versión de la cultura pop de esta historia, véase Amy Brann, *Engaged* (Nueva York: Palgrave Macmillan, 2015), 103-105.

18. Mark Beeman y John Kounios, *The Eureka Factor: Aha Moments, Creative Insight, and the Brain* (Nueva York: Windmill Books, 2015), 71-77.

19. Gina Kolata, «Runner's High? Endorphins? Fiction, Some Scientists Say», *New York Times*, 21 de mayo de 2002, https://www.nytimes.com/2002/05/21/health/runner-s-high-endorphins-fiction-some-scientists-say.html

20. Arne Dietrich, «Endocannabinoids and Exercise», *British Journal of Sports Medicine* 38, n.º 5 (2004): 536–541, https://doi.org/10.1136/bjsm.2004.011718

21. Henning Boecker, Till Sprenger, Mary E. Spilker, Gjermund Henriksen, Marcus Koppenhoefer, Klaus J. Wagner, Michael Valet, Achim Berthele y Thomas R. Tolle, «The Runner's High: Opioidergic Mechanisms in the Human Brain», *Cerebral Cortex* 18, n.º 11 (2008): 2523-2531; véase también Henning Boecker, «Brain Imaging Explores the Myth of Runner's High», *Medical News Today*, 4 de marzo de 2008.

22. Gregory Berns, *Satisfaction: Sensation Seeking, Novelty, and the Science of Seeking True Fulfillment* (Nueva York: Henry Holt, 2005), 146-174.

23. Corinna Peifer, «Psychophysiological Correlates of Flow-Experience», en S. Engeser, ed., *Advances in Flow Research* (Nueva York: Springer, 2007), 151-152; A. J. Marr, «In the Zone: A Behavioral Theory of the Flow Experience», *Athletic Insight: The Online Journal of Sport Psychology* 3 (2001).

24. Para una visión general de la norepinefrina, véase Eddie Harmon-Jones y Piotr Winkielman, *Social Neuroscience: Integrating Biological and Psychological Explanations of Social Behavior* (Nueva York: Guilford Press, 2007), 306; también, para una gran mirada a toda la neurociencia que rodea la atención, véase Michael Posner, *Cognitive Neuroscience of Attention* (Nueva York: Guilford Press, 2004). Por último, sobre la relación entre la norepinefrina y el *flow*, véase el cardiólogo de Harvard Herbert Benson. Para la versión no especializada de este trabajo, véase Herbert Benson y William Proctor, *The Breakout Principle: How to Activate the Natural Trigger That Maximizes Creativity, Athletic Performance, Productivity and Personal Well-Being* (Nueva York: Scribner, 2003), 46-68.

25. Paul Zak, entrevista con el autor, 2020.

26. Scott Keller y Susie Cranston, «Increasing the "Meaning Quotient" of Work», McKinsey & Company, 2013, https://www.mckinsey.com/business-functions/organization/our-insights/increasing-the-meaning-quotient-of-work

27. El director general de ABM, Chris Berka, dio una gran charla TEDx sobre esta investigación: «What's Next-A Window on the Brain: Chris Berka at TEDxSanDiego 2013», 5 de febrero de 2014, https://www.youtube.com/watch?v=rBt7LMrIkxg véase también «9-Volt Nirvana», *Radiolab*, junio de 2014, http://www.radiolab.org/story/9-volt-nirvana/ Sally Adee, «Zap Your Brain into the Zone», *New Scientist*, 1 de febrero de 2012.

28. Teresa M. Amabile, Sigal G. Barsade, Jennifer S. Mueller y Barry M. Staw, «Affect and Creativity at Work», *Administrative Science Quarterly* 50, n.º 3 (2005): 367-403.

29. Peifer, «Psychophysiological Correlates of Flow-Experience», 149-151; Andrew Huberman, entrevista con el autor, 2020; Scott Barry Kaufman, «Flow: Instead of Losing Yourself, You Are Being Yourself», *SBK* (blog), 28 de enero de 2016, https://scottbarrykaufman.com/flow-instead-of-losing-yourself-you-are-being-yourself/

21: Activadores de *flow*

1. Jeanne Nakamura y Mihaly Csikszentmihalyi, «The Concept of Flow», en *The Oxford Handbook of Positive Psychology* (Nueva York: Oxford University Press, 2009), 89-105.

2. Para uno de los intentos más interesantes de llegar a la neurobiología tanto de los desencadenantes del *flow* como de sus efectos fenomenológicos, véase Martin Klasen, René Weber, Tilo Kircher, Krystyna Mathiak y Klaus Mathiak, «Neural Contributions to Flow Experience during Video Gaming», *Social Cognition and Affective Neuroscience* 7, n.º 4 (abril de 2012): 485-495.

3. Los desencadenantes del *flow* son un concepto muy reciente y se han identificado y ampliado con el tiempo. Para un análisis completo, véase Steven Kotler, *The Rise of Superman* (Nueva York: New Harvest, 2014). El concepto también recibe atención en Johannes Keller y Anne Landhasser, «The Flow Model Revisited«, en Stefan Engeser, ed., *Advances in Flow Research* (Nueva York: Springer, 2007), 61.

4. Mihaly Csikszentmihalyi, «Attention and the Holistic Approach to Behavior», en Kenneth S. Pope y Jerome L. Singer, eds., *The Stream of Consciousness: Scientific Investigations into the Flow of Human Experience* (Boston: Springer, 1978), 335-58.

5. Ernest Becker, *The Denial of Death* (Nueva York: Free Press, 1997).

6. John Hagel, entrevista con el autor, 2016.

7. Wanda Thibodeaux, «Why Working in 90-Minute Intervals Is Powerful for Your Body and Job, According to Science», *Inc.*, 27 de enero de 2019; véase también Drake Baer, «Why You Need to Unplug Every 90 Minutes», *Fast Company*, 19 de junio de 2013.

8. Mihaly Csikszentmihalyi, *Good Business: Leadership, Flow, and the Making of Meaning* (Nueva York: Penguin, 2004), 42-43 (*Fluir en los negocios*, Kairós, Barcelona 2003); para ver cómo funcionan en las organizaciones los «objetivos claros compartidos», un desencadenante del flujo grupal, véase también ibíd., 113-122.

9. Ibíd, 43-44.

10. Adrian Brady, «Error and Discrepancy in Radiology», *Insights Imaging* 8, n.º 1 (7 de diciembre de 2016): 171-182; véase también Stephen J. Dubner y Steven D. Levitt, «A Star Is Made», *New York Times*, 7 de mayo de 2006.

11. Mihaly Csikszentmihalyi, *Flow and Foundations of Positive Psychology: The Collected Works of Mihaly Csikszentmihalyi* (Nueva York: Springer, 2014), 191-193.

12. La mayoría de los desencadenantes de la dopamina (riesgo, reconocimiento de patrones, novedad, complejidad e imprevisibilidad) se describieron por primera vez en mi libro *West of Jesus: Surfing, Science and the Origin of Belief* (2006) y posteriormente en *The Rise of Superman* (2013). Para más información, véase Elaine Houston, «11 Activities and Exercises to Induce Flow», PositivePsychology.com 29 de mayo de 2020; Robert Sapolsky habla ampliamente sobre la novedad, la complejidad y la imprevisibilidad y la dopamina en Robert Sapolsky, «¡Dopamine Jackpot! Sapolsky on the Science of Pleasure», FORA.tv, 2 de marzo de 2011, https://www.youtube.com/watch?v=axrywDP9Ii0 La complejidad también aparece en Melanie Rudd, Kathleen Vohs y Jennifer Aaker, «Awe Expands People's Perception of Time and Enhances Well-Being», *Psychological Science* 23, n.º 10 (2012): 1130-1136.

13. Ned Hallowell, entrevista con el autor, 2012.

14. Kotler, *The Rise of Superman* y *West of Jesus*.

15. Por lo que sé, la corporeidad profunda aparece por primera vez en la literatura en E. J. Chavez, «Flow in Sport», *Imagination, Cognition and Personality* 28, n.º 1 (2008): 69-91. La idea se vuelve a explorar a fondo en *The Rise of Superman* y aparece repetidamente en el trabajo de Christian Swann; véase Christian Swann, Richard Keegan, Lee Crust y David Piggott, «Exploring Flow Occurrence in Elite Golf», *Athletic Insight: The Online Journal of Sport Psychology* 4, n.º 2 (2011).

16. Kevin Rathunde, «Montessori Education and Optimal Experience». *NAMTA* 26, n.º 1 (2001): 11-43.

17. Para una revisión completa del trabajo de Keith Sawyer sobre el *flow* grupal y los desencadenantes del *flow* grupal, véase Keith Sawyer, *Group Genius: The Creative Power of Collaboration* (Nueva York: Basic Books, 2017).

18. Jef J. J. van den Hout, Orin C. Davis y Mathieu C. D. P. Weggeman, «Conceptualization of Group Flow», *Journal of Psychology* 152, n.º 6 (2018).

19. Marisa Salanova, Eva Cifre, Isabel Martinex y Susana Gumbau, «Preceived Collective Efficacy, Subjective Well-Being and Task Performance among Electronic Work Groups», *Small Group Research* 34, n.º 1 (febrero de 2003).

22: El ciclo del *flow*

1. Benson, siguiendo una larga historia de investigadores del *flow*, optó por renombrar el *flow* (por *breakout*) en este libro. Sin embargo, su investigación es muy acertada. Véase Herbert Benson y William Proctor, *The Breakout Principle: How to Activate the Natural Trigger That Maximizes Creativity, Athletic Performance, Productivity, and Personal Well-Being* (Nueva York: Scribner, 2004).

2. Abraham Maslow, *Religion, Values, and Peak-Experiences* (Nueva York: Compass, 1994), 62.

3. Lindsey D. Salay, Nao Ishiko y Andrew D. Huberman, «A Midline Thalamic Circuit Determines Reactions to Visual Threat», *Nature* 557, n.º 7704 (2018): 183-189.

4. Benyamin Cohen, «Albert Einstein Loved Sailing (but Didn't Even Know How to Swim)», *From the Grapevine*, 27 de julio de 2016, https://www.fromthegrapevine.com/nature/albert-einstein-fascination-sailing

5. La investigación de los bloqueadores está repartida. Para la «distracción», véase Tom DeMarco y Timothy Lister, *Peopleware* (Nueva York: Dorset House, 1999), 62-68. Para el pensamiento negativo, véase Jennifer A. Schmidt, «Flow in Education», en E. Bakker, P. P. Peterson y B. McGaw, eds., *International Encyclopedia of Education*, 3ª ed. (Londres: Elsevier, 2010), 605-611.; véase también E. J. Chavez, «Flow in Sport», *Imagination, Cognition and Personality* 28, n.º 1 (2008): 69-91. Para la baja energía, véase Stefan Engeser, *Advances in Flow Research* (Nueva York: Springer, 2007), 62. Para la falta de preparación: A. Delle Fave, M. Bassi y F. Massimini, «Quality of Experience and Daily Social Context of Italian Adolescents», en A. L. Comunian y U. P. Gielen, eds., *It's All About Relationships* (Lengerich, Alemania: Pabst, 2003), 159-172.

6. Esther Thorson y Annie Lang, «The Effects of Television Videographics and Lecture Familiarity on Adult Cardiac Orienting Responses», *Communication, Media Studies, Language & Linguistics* (1 de junio de 1992).

STEVEN KOTLER es escritor de bestsellers de *The New York Times*, periodista galardonado y director ejecutivo del Flow Research Collective. Es uno de los principales expertos del mundo en rendimiento humano. Es autor de once libros, entre los que destacan *El futuro va más rápido de lo que crees, Robar el fuego, Abundancia* o *El ala oeste de Jesús*. Su obra ha sido nominada a dos premios Pulitzer, se ha traducido a más de cuarenta idiomas y ha aparecido en más de cien publicaciones, como *The New York Times Magazine, Atlantic Monthly, Time, Wired* y *Forbes*. También es cofundador de Rancho de Chihuahua, una organización de bienestar y educación canina. Puedes encontrarlo en línea en www.stevenkotler.com